BORUTO

-NARUTO NEXT GENERATION-

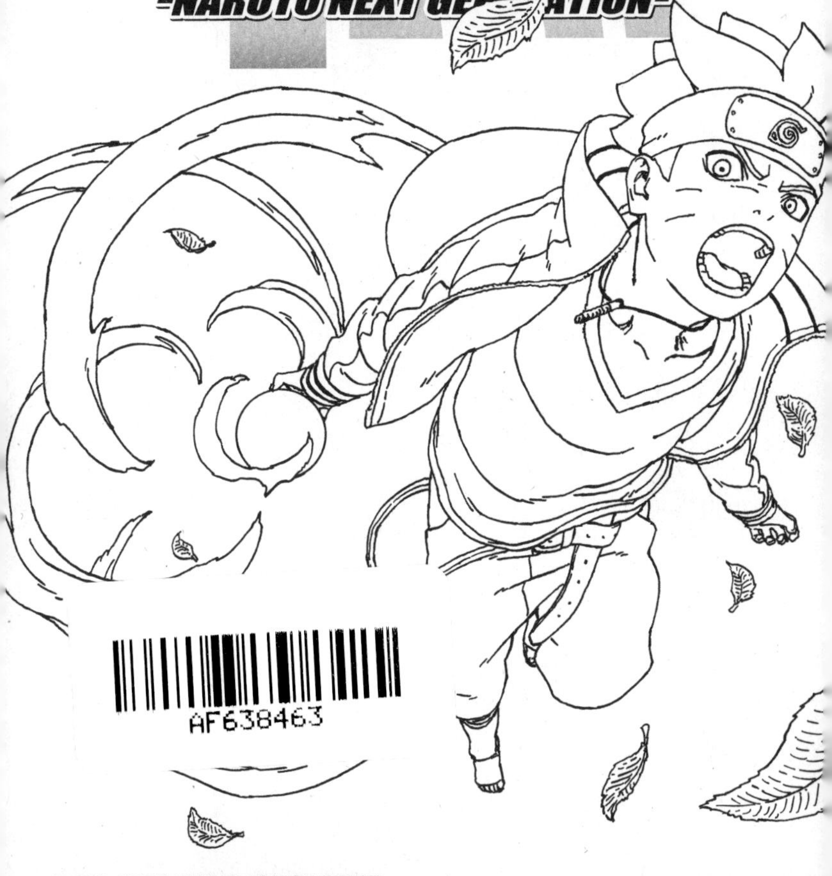

DAS WAHRE GESICHT
12. SCHRIFTROLLE

ORIGINAL STORY AND SUPERVISING
MASASHI KISHIMOTO
MANGA: MIKIO IKEMOTO
SCENARIO: UKYO KODACHI

BORUTO -NARUTO NEXT GENERATION- CHARAKTERE

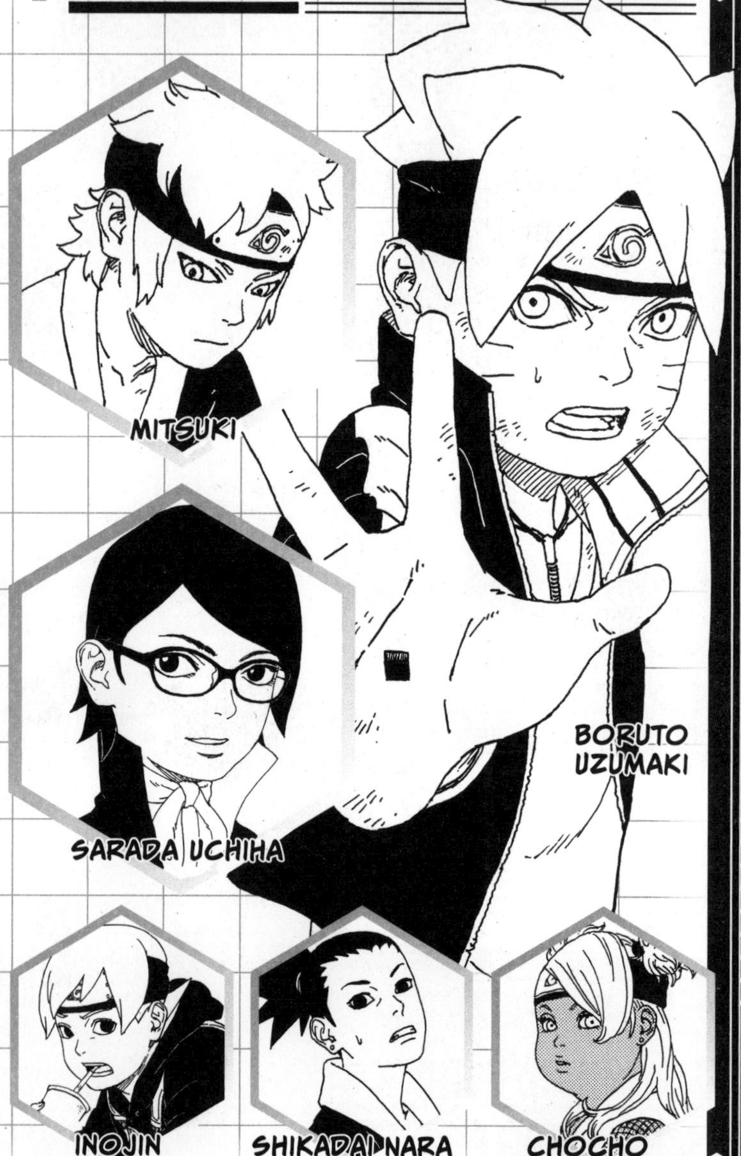

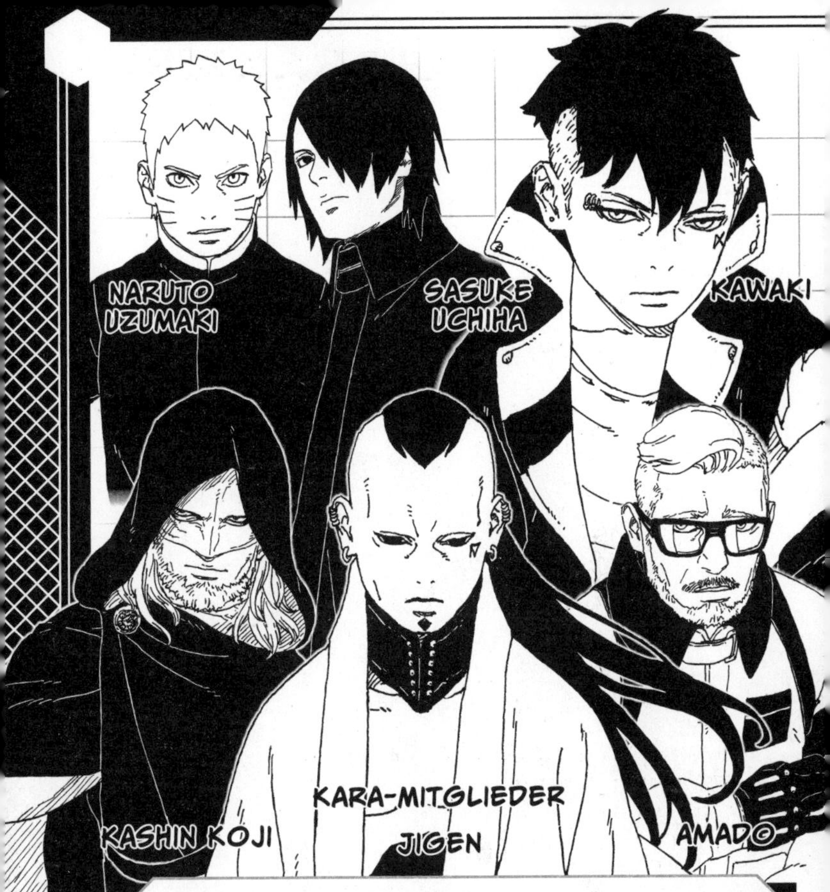

STORY

Der Ninja-Weltkrieg ist Vergangenheit, die Menschen im Dorf Konohagakure geniessen den Frieden. Doch als Boruto, der Sohn von Naruto, dem siebten Hokage, an der Chu-nin-Prüfung teilnimmt, greifen Momoshiki und Kinshiki Otsutsuki an. Die Konoha-Ninja besiegen die Angreifer, auf Borutos rechter Hand bleibt aber ein seltsames Mal, Kama, zurück.

Auf einer Mission stösst Boruto auf einen Jungen namens Kawaki, der ebenfalls ein solches Mal trägt. Es stellt sich heraus, dass dieser Junge das »Gefäss« ist, nach dem die dubiose Organisation Kara sucht.

Naruto nimmt Kawaki in seine Obhut und lässt ihn bei sich und seiner Familie wohnen, um den Jungen zu beschützen. Boruto und Kawaki verstehen sich anfangs nicht, aber allmählich gewinnt Kawaki Vertrauen in die Konoha-Ninja und freundet sich mit Boruto an.

Aber Kara will Kawaki zurückholen. Der Anführer Jigen sucht das Dorf heim und verschleppt Naruto. Gemeinsam schaffen Boruto, Kawaki und ihre Kameraden es, Naruto zu retten. Aber Borutos Mutation durch Kama schreitet fort... Unterdessen kommt es bei Kara zu einer unerwarteten Wendung: Kashin Koji hat die Absicht, Jigen zu bekämpfen...!

BORUTO

BORUTO

-NARUTO NEXT GENERATION-

12. SCHRIFTROLLE

DAS WAHRE GESICHT

INHALT

44: AMADO

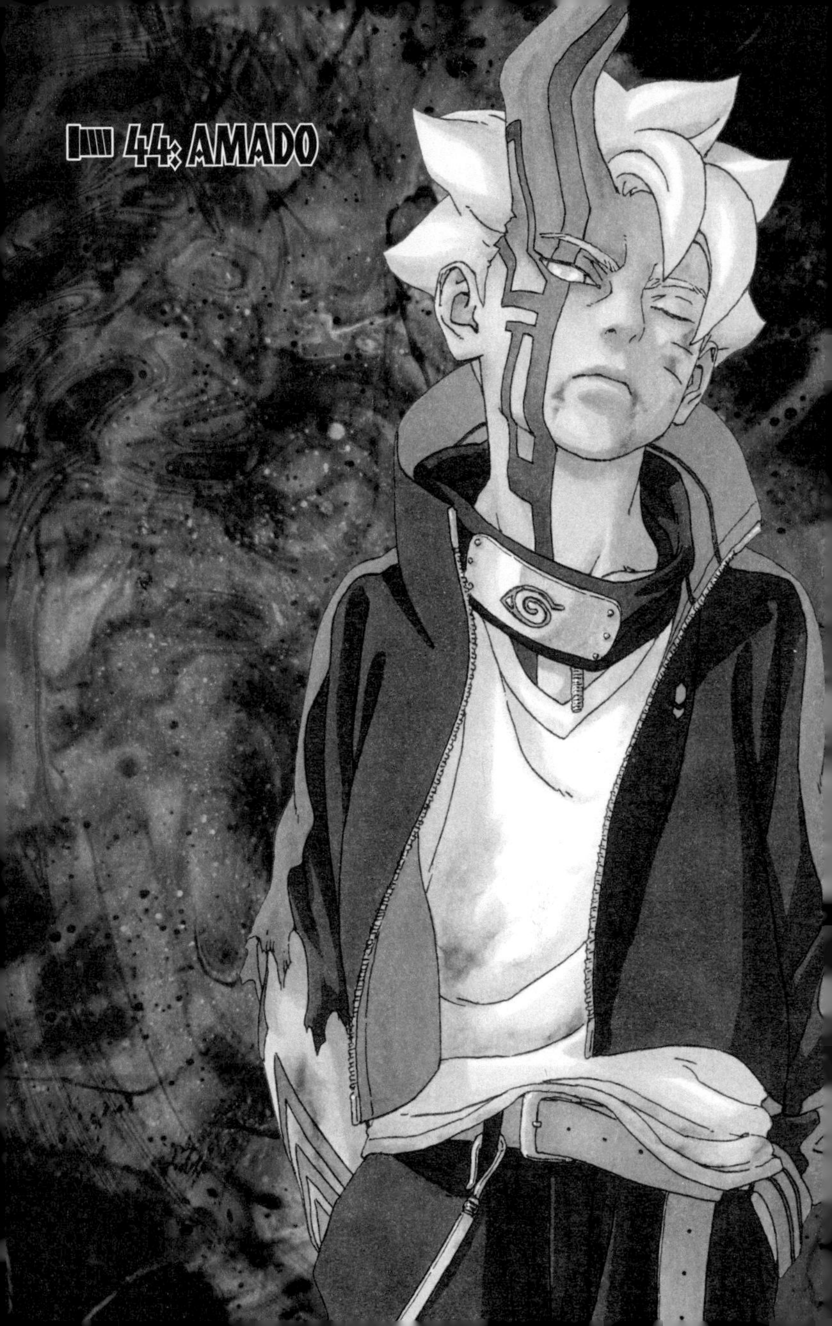

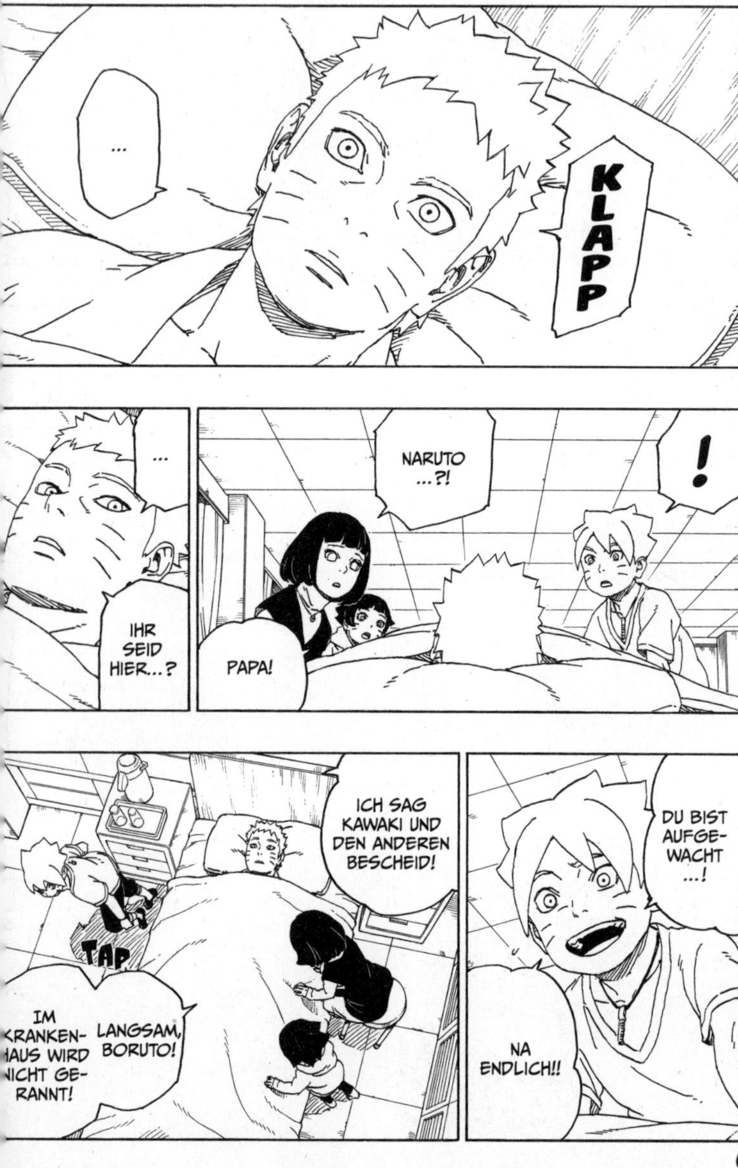
KLAPP
...
!
NARUTO ...?!
PAPA!
...
IHR SEID HIER...?
DU BIST AUFGE-WACHT ...!
NA ENDLICH!!
ICH SAG KAWAKI UND DEN ANDEREN BESCHEID!
TAP
LANGSAM, BORUTO!
IM KRANKEN-HAUS WIRD NICHT GE-RANNT!

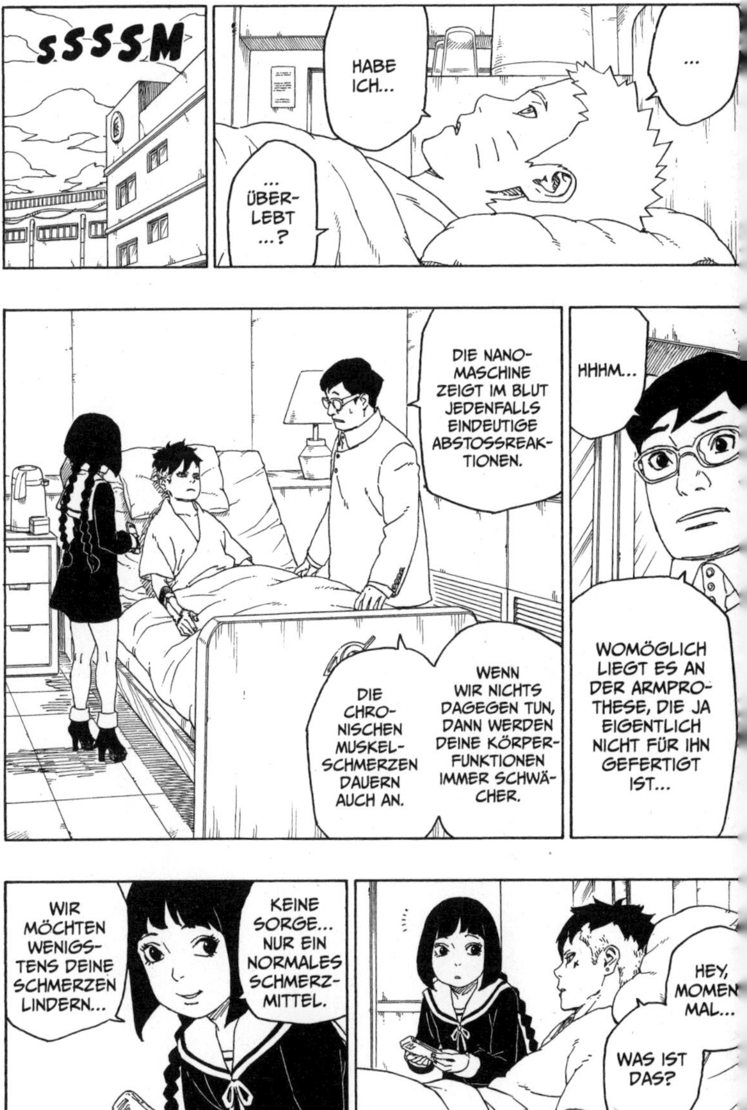
...
HABE ICH...
... ÜBERLEBT ...?
SSSSM
HHHM...
WOMÖGLICH LIEGT ES AN DER ARMPROTHESE, DIE JA EIGENTLICH NICHT FÜR IHN GEFERTIGT IST...
DIE NANOMASCHINE ZEIGT IM BLUT JEDENFALLS EINDEUTIGE ABSTOSSREAKTIONEN.
WENN WIR NICHTS DAGEGEN TUN, DANN WERDEN DEINE KÖRPERFUNKTIONEN IMMER SCHWÄCHER.
DIE CHRONISCHEN MUSKELSCHMERZEN DAUERN AUCH AN.
HEY, MOMEN MAL...
WAS IST DAS?
KEINE SORGE... NUR EIN NORMALES SCHMERZMITTEL.
WIR MÖCHTEN WENIGSTENS DEINE SCHMERZEN LINDERN...

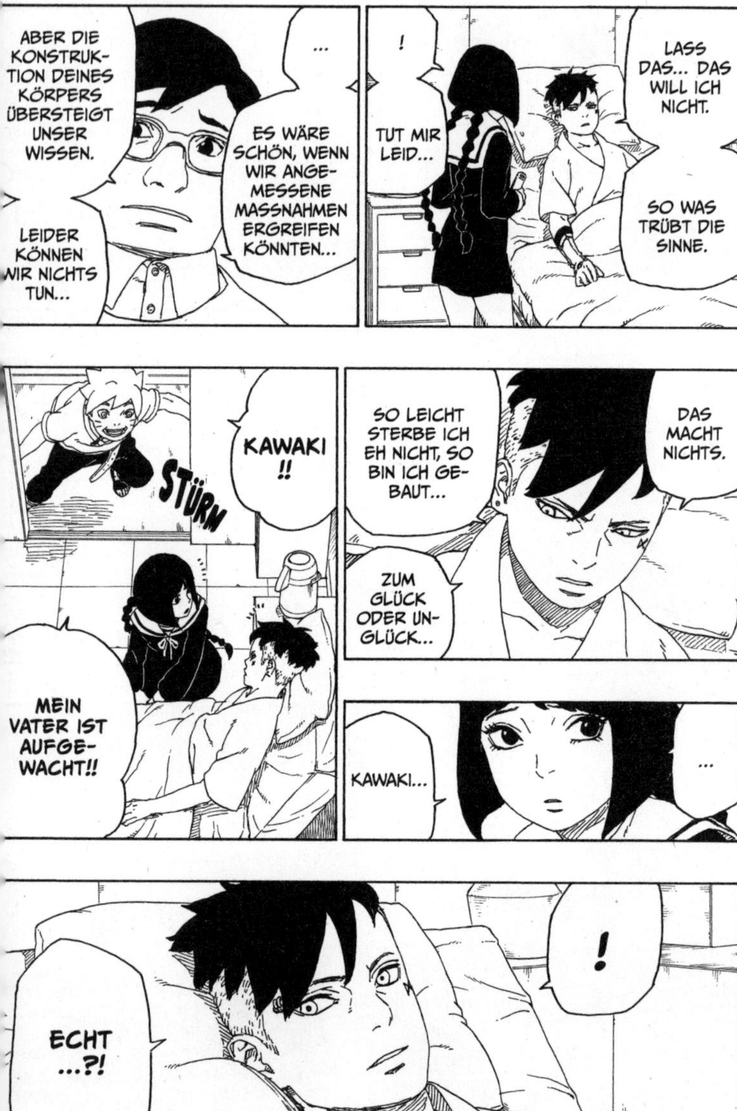
LASS DAS… DAS WILL ICH NICHT.
SO WAS TRÜBT DIE SINNE.
!
TUT MIR LEID…
…
ES WÄRE SCHÖN, WENN WIR ANGEMESSENE MASSNAHMEN ERGREIFEN KÖNNTEN…
ABER DIE KONSTRUKTION DEINES KÖRPERS ÜBERSTEIGT UNSER WISSEN.
LEIDER KÖNNEN WIR NICHTS TUN…
DAS MACHT NICHTS.
SO LEICHT STERBE ICH EH NICHT, SO BIN ICH GEBAUT…
ZUM GLÜCK ODER UNGLÜCK…
…
KAWAKI…
KAWAKI!!
STÜRM
MEIN VATER IST AUFGEWACHT!!
!
ECHT …?!

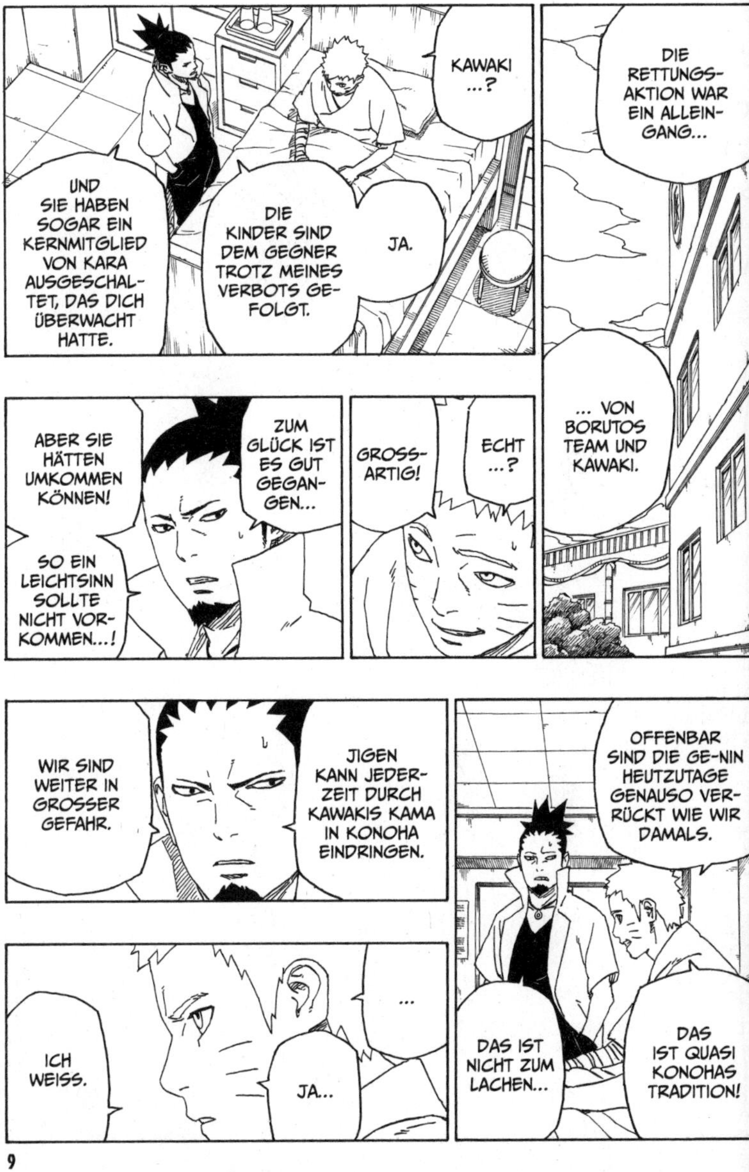
DIE RETTUNGSAKTION WAR EIN ALLEINGANG...
... VON BORUTOS TEAM UND KAWAKI.
KAWAKI ...?
JA.
DIE KINDER SIND DEM GEGNER TROTZ MEINES VERBOTS GEFOLGT.
UND SIE HABEN SOGAR EIN KERNMITGLIED VON KARA AUSGESCHALTET, DAS DICH ÜBERWACHT HATTE.
ECHT ...?
GROSSARTIG!
ZUM GLÜCK IST ES GUT GEGANGEN...
ABER SIE HÄTTEN UMKOMMEN KÖNNEN!
SO EIN LEICHTSINN SOLLTE NICHT VORKOMMEN...!
OFFENBAR SIND DIE GE-NIN HEUTZUTAGE GENAUSO VERRÜCKT WIE WIR DAMALS.
DAS IST QUASI KONOHAS TRADITION!
DAS IST NICHT ZUM LACHEN...
JIGEN KANN JEDERZEIT DURCH KAWAKIS KAMA IN KONOHA EINDRINGEN.
WIR SIND WEITER IN GROSSER GEFAHR.
...
JA...
ICH WEISS.

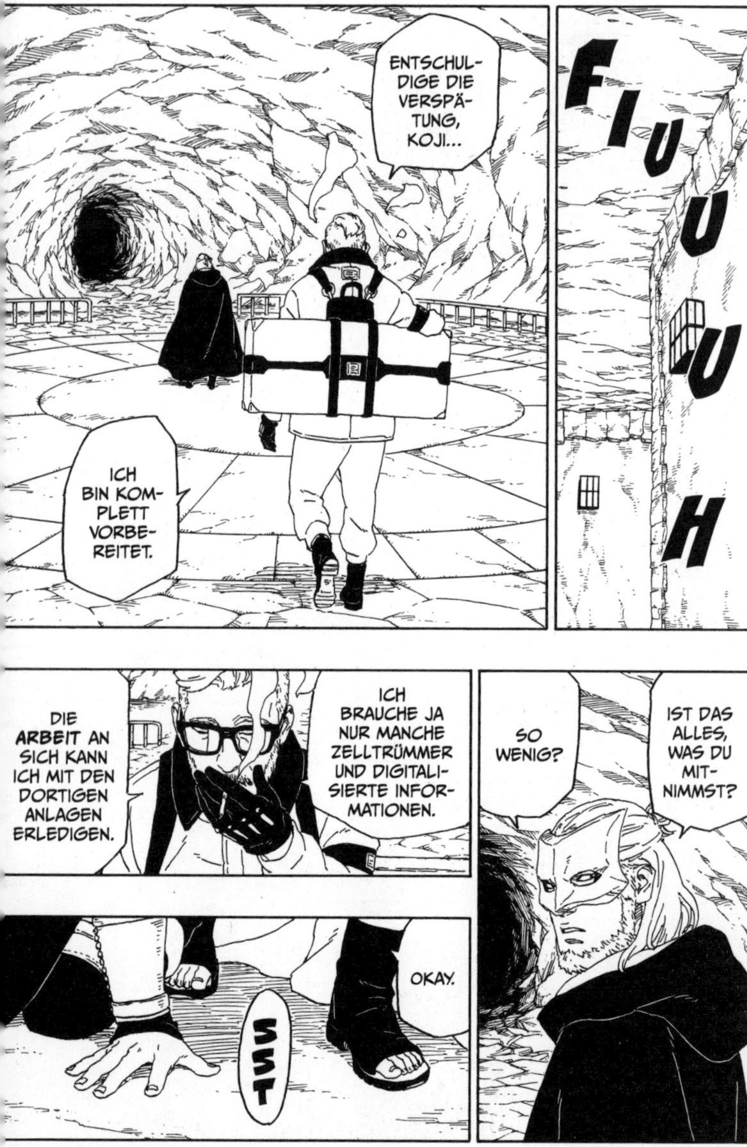
FIIUUUUH
ENTSCHULDIGE DIE VERSPÄTUNG, KOJI...
ICH BIN KOMPLETT VORBEREITET.
IST DAS ALLES, WAS DU MITNIMMST?
SO WENIG?
ICH BRAUCHE JA NUR MANCHE ZELLTRÜMMER UND DIGITALISIERTE INFORMATIONEN.
DIE **ARBEIT** AN SICH KANN ICH MIT DEN DORTIGEN ANLAGEN ERLEDIGEN.
OKAY.
SST

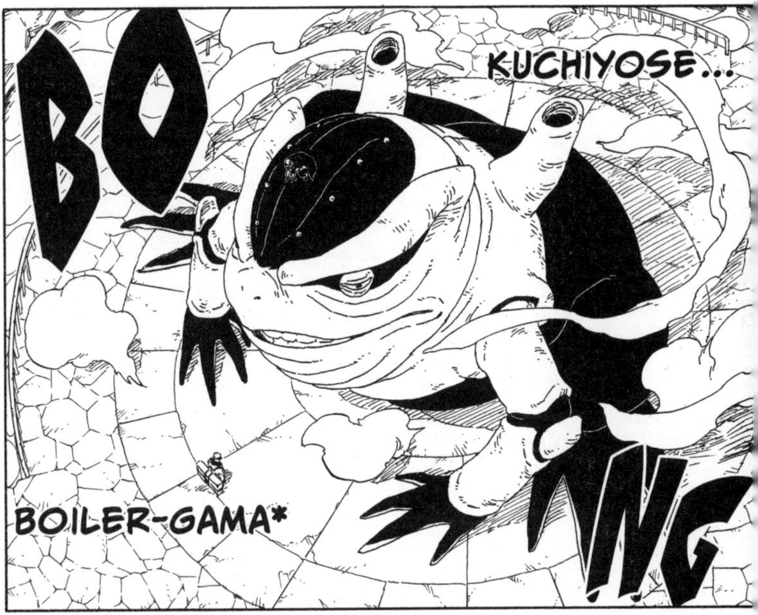
KUCHIYOSE...
BOILER-GAMA*
BO
NG

* GAMA = KRÖTE

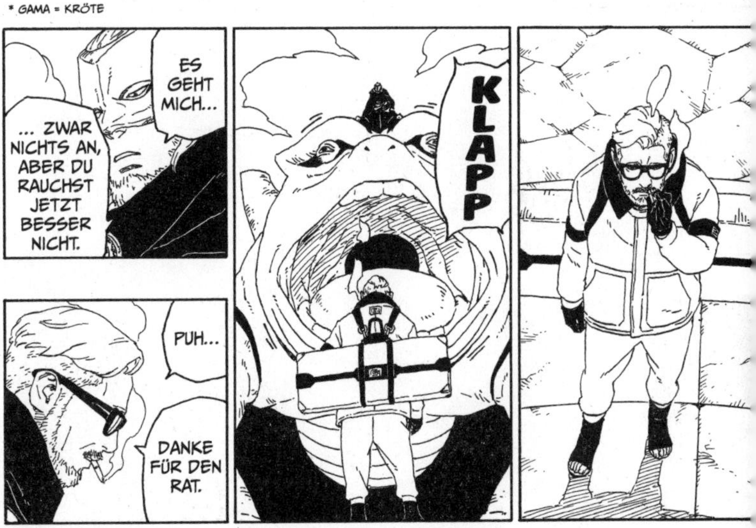
KLAPP
ES GEHT MICH...
... ZWAR NICHTS AN, ABER DU RAUCHST JETZT BESSER NICHT.
PUH...
DANKE FÜR DEN RAT.

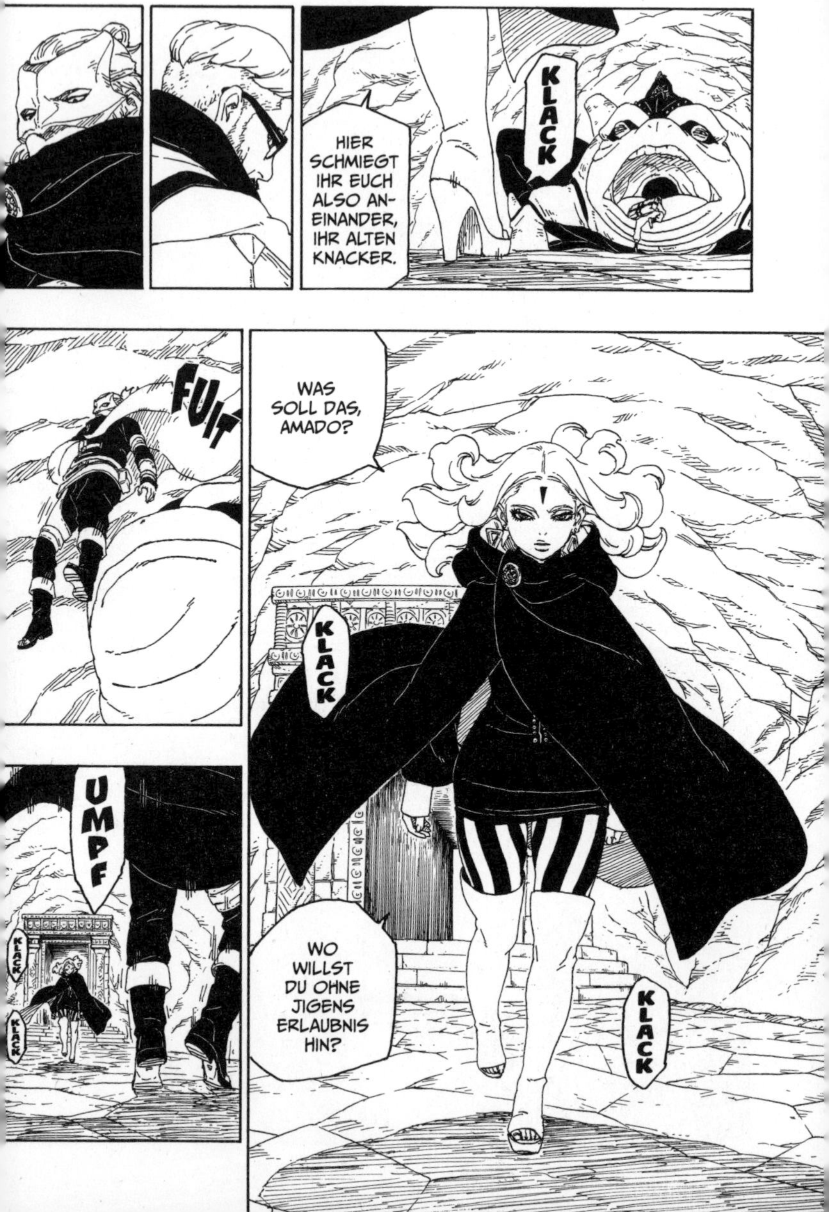
KLACK
HIER SCHMIEGT IHR EUCH ALSO AN-EINANDER, IHR ALTEN KNACKER.
WAS SOLL DAS, AMADO?
KLACK
WO WILLST DU OHNE JIGENS ERLAUBNIS HIN?
KLACK
FUIT
UMPF
KLACK
KLACK

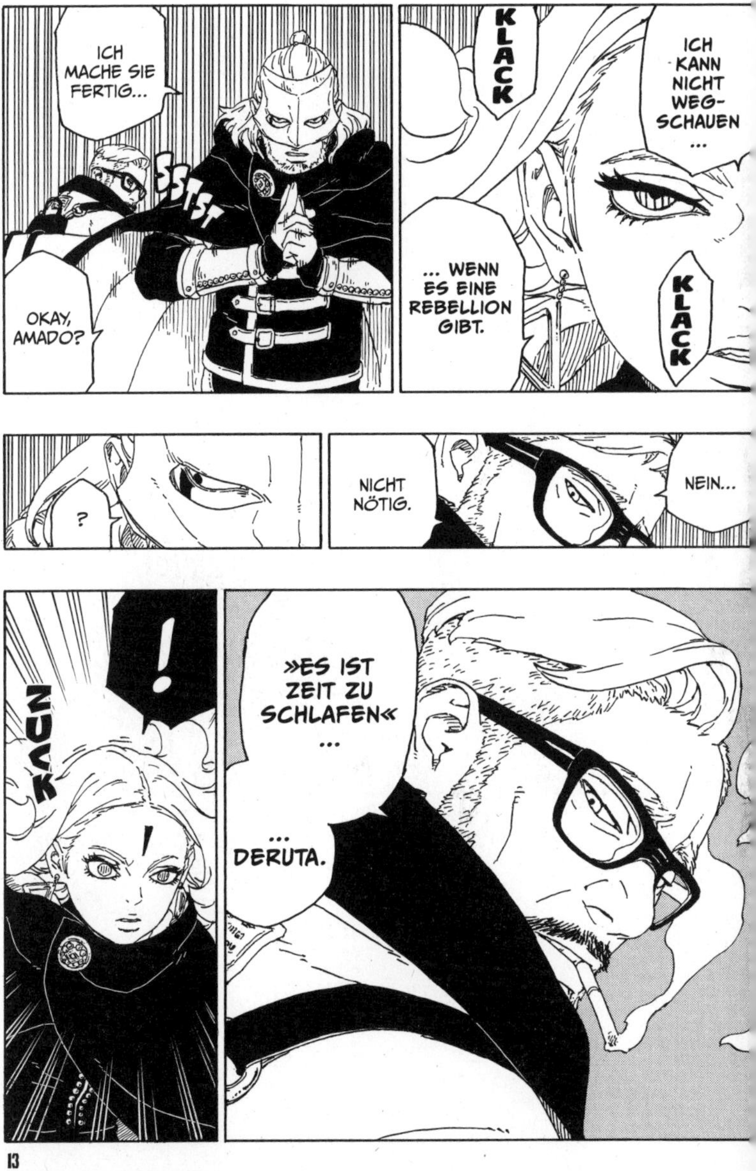
KLACK
ICH KANN NICHT WEG-SCHAUEN ...
... WENN ES EINE REBELLION GIBT.
KLACK
ICH MACHE SIE FERTIG...
SSTST
OKAY, AMADO?
NEIN...
NICHT NÖTIG.
?
»ES IST ZEIT ZU SCHLAFEN« ...
... DERUTA.
!
ZUCK

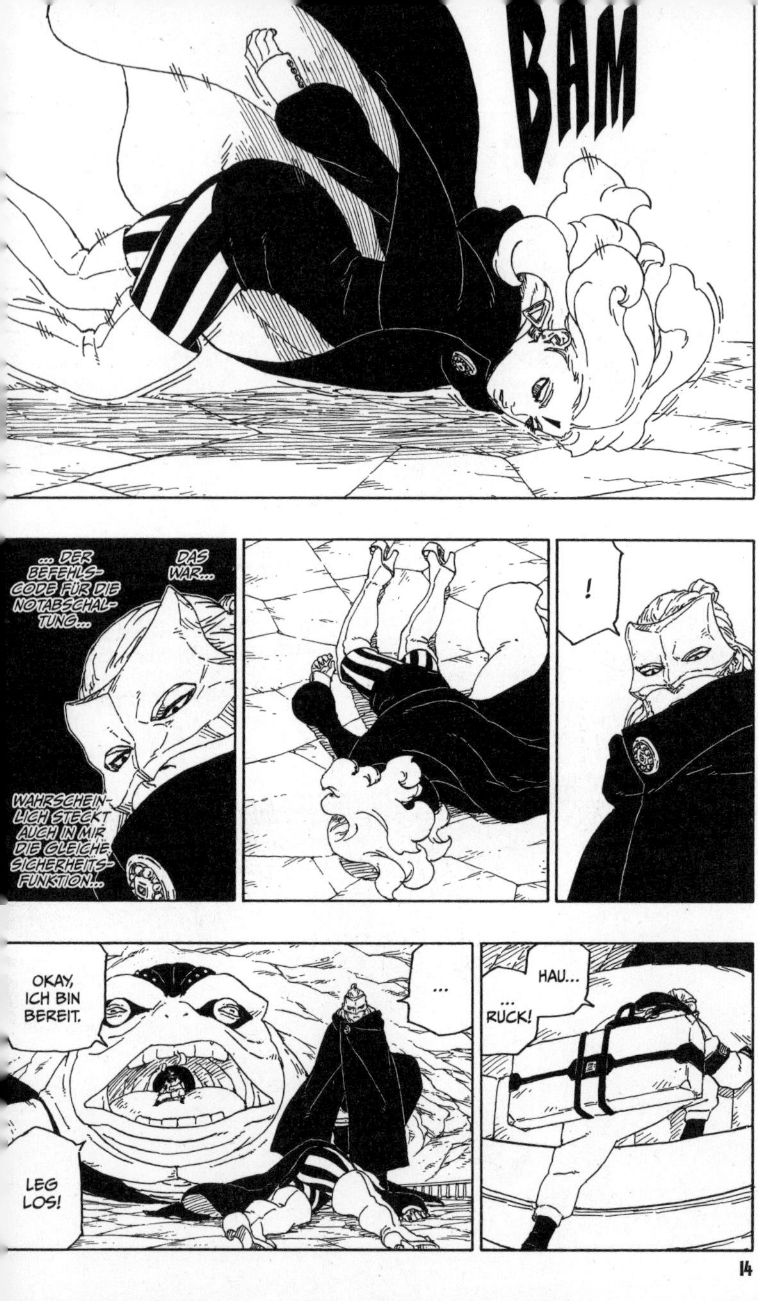
BAM
!
DAS WAR...
... DER BEFEHLSCODE FÜR DIE NOTABSCHALTUNG...
WAHRSCHEINLICH STECKT AUCH IN MIR DIE GLEICHE SICHERHEITSFUNKTION...
HAU...
... RUCK!
...
OKAY, ICH BIN BEREIT.
LEG LOS!

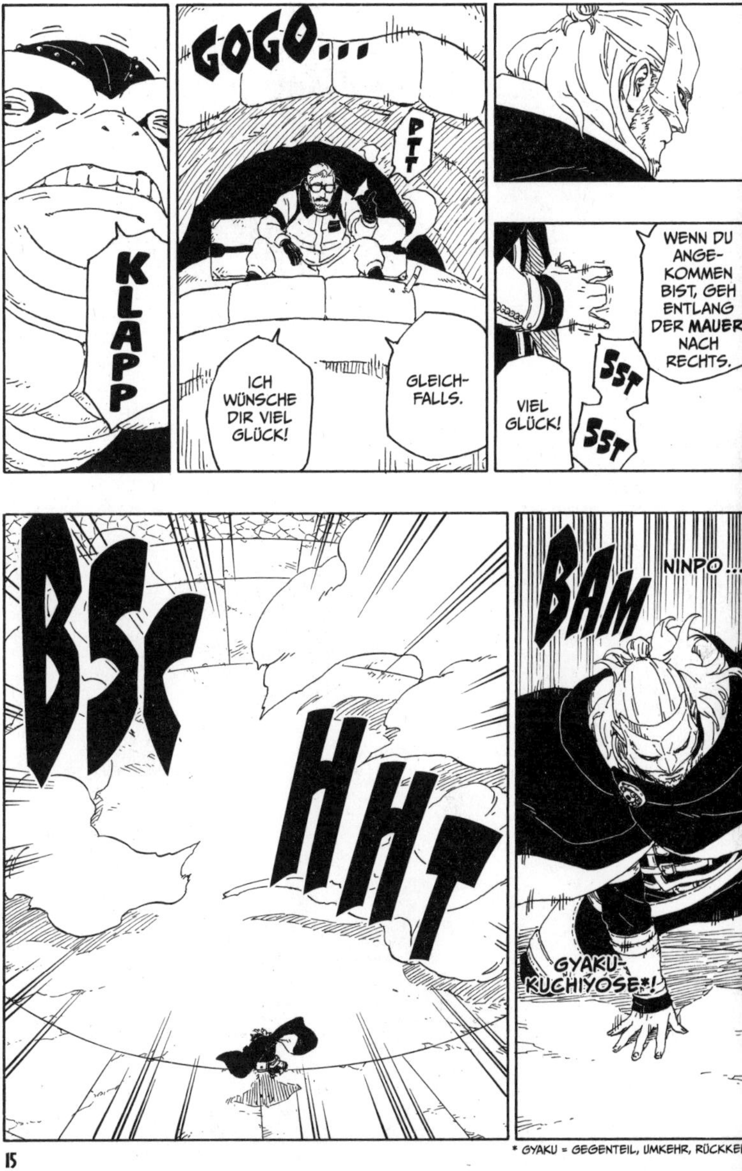

* GYAKU = GEGENTEIL, UMKEHR, RÜCKKEH

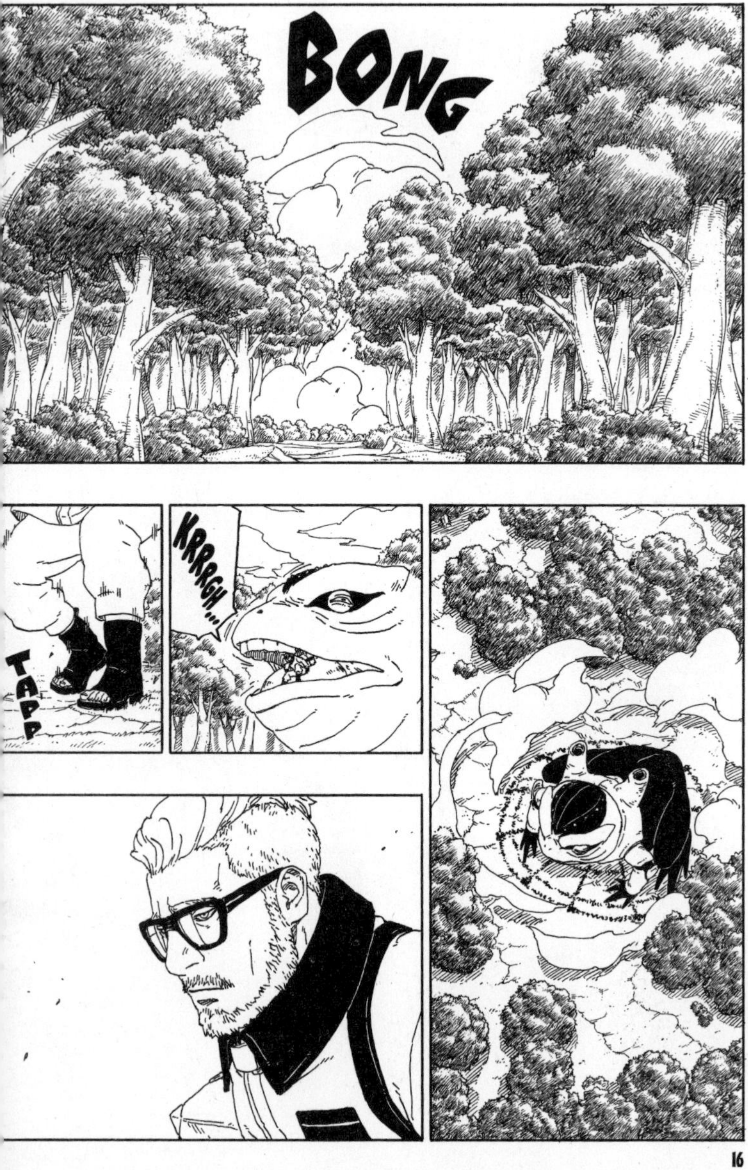
BONG
KRRRGH...
TAPP

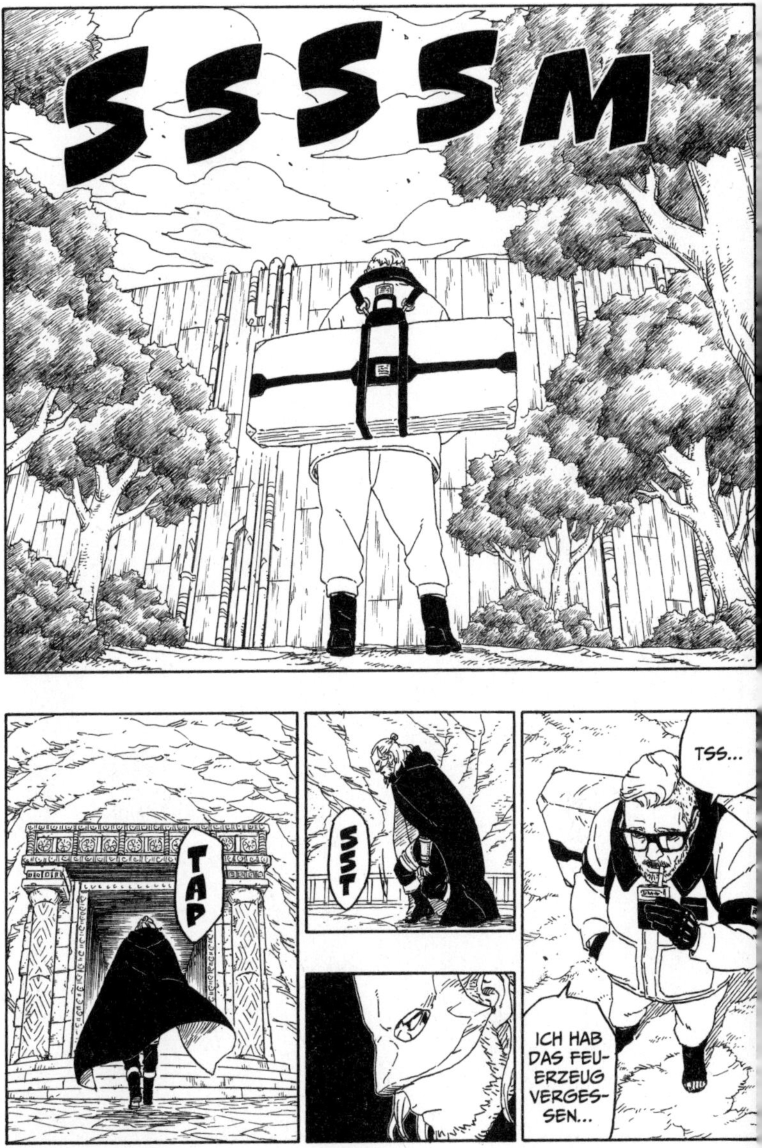
SSSSM
TSS...
ICH HAB DAS FEUERZEUG VERGESSEN...
SST
TAP

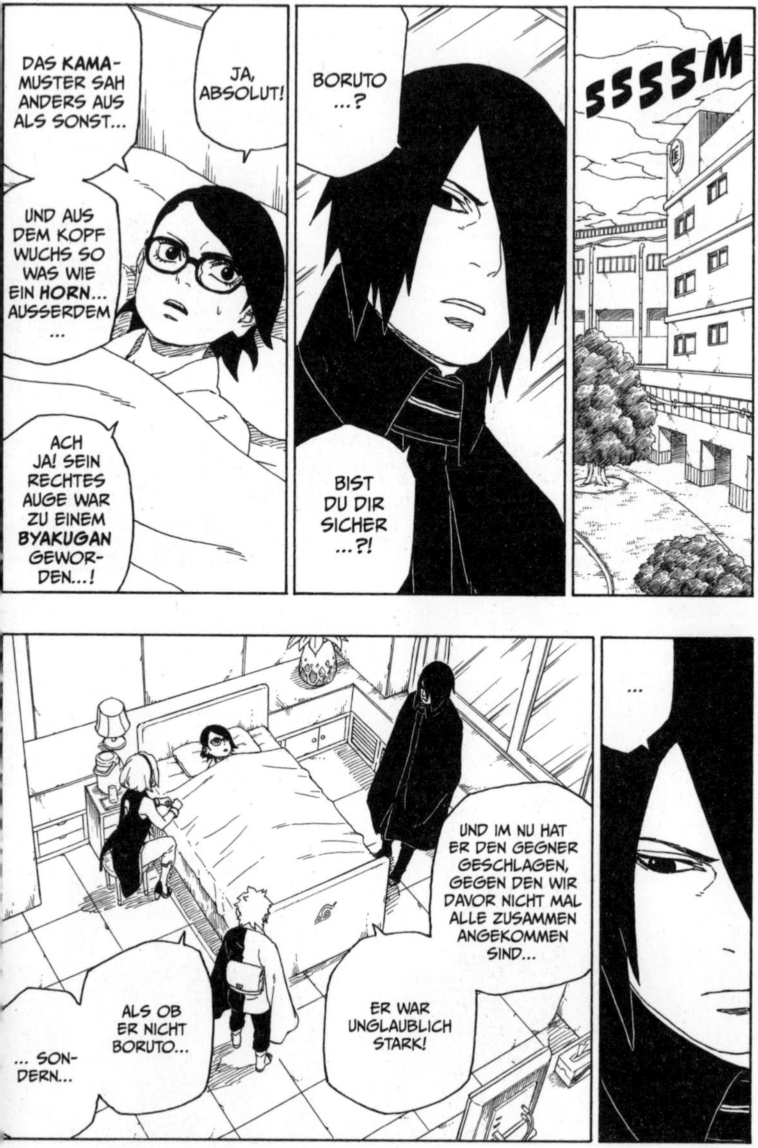
SSSSM
BORUTO ...?
BIST DU DIR SICHER ...?!
JA, ABSOLUT!
DAS KAMA-MUSTER SAH ANDERS AUS ALS SONST...
UND AUS DEM KOPF WUCHS SO WAS WIE EIN HORN... AUSSERDEM ...
ACH JA! SEIN RECHTES AUGE WAR ZU EINEM BYAKUGAN GEWORDEN...!
...
UND IM NU HAT ER DEN GEGNER GESCHLAGEN, GEGEN DEN WIR DAVOR NICHT MAL ALLE ZUSAMMEN ANGEKOMMEN SIND...
ER WAR UNGLAUBLICH STARK!
ALS OB ER NICHT BORUTO...
... SONDERN...

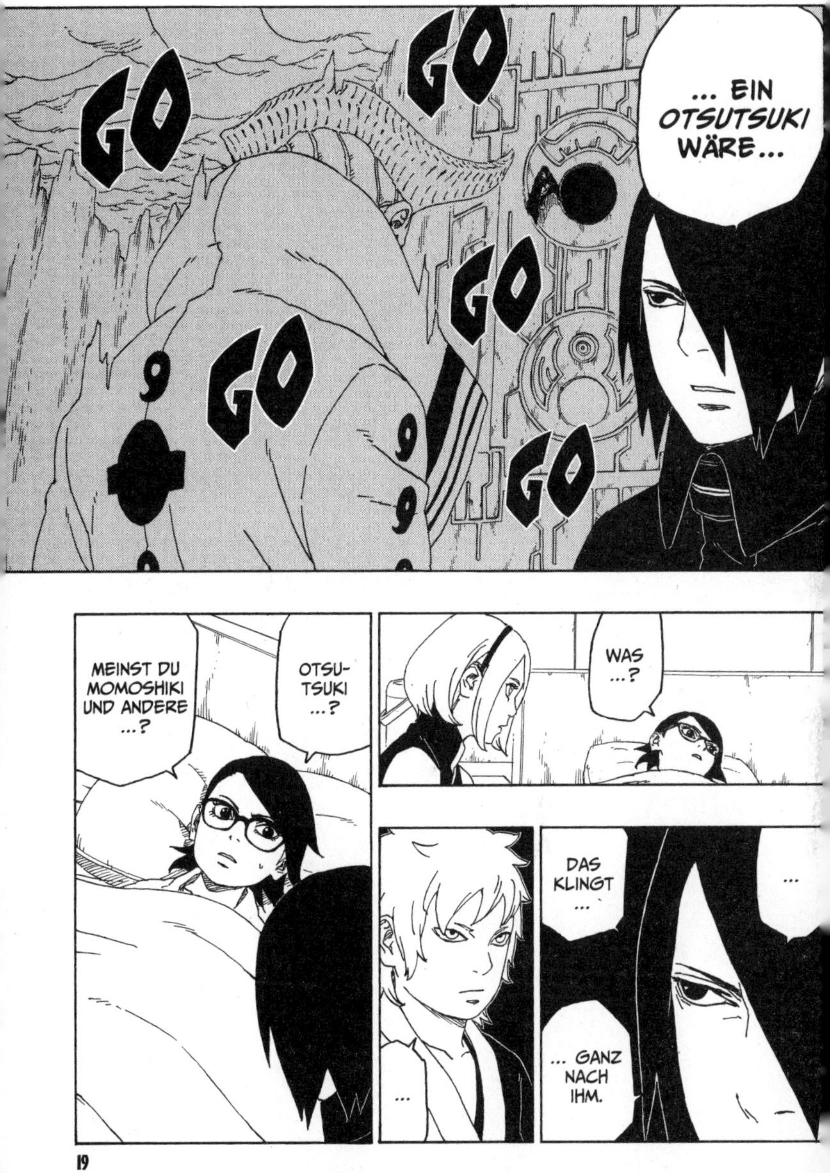
GO
GO
GO
GO
GO
... EIN OTSUTSUKI WÄRE ...
WAS ...?
OTSU-TSUKI ...?
MEINST DU MOMOSHIKI UND ANDERE ...?
...
DAS KLINGT ...
... GANZ NACH IHM.
...

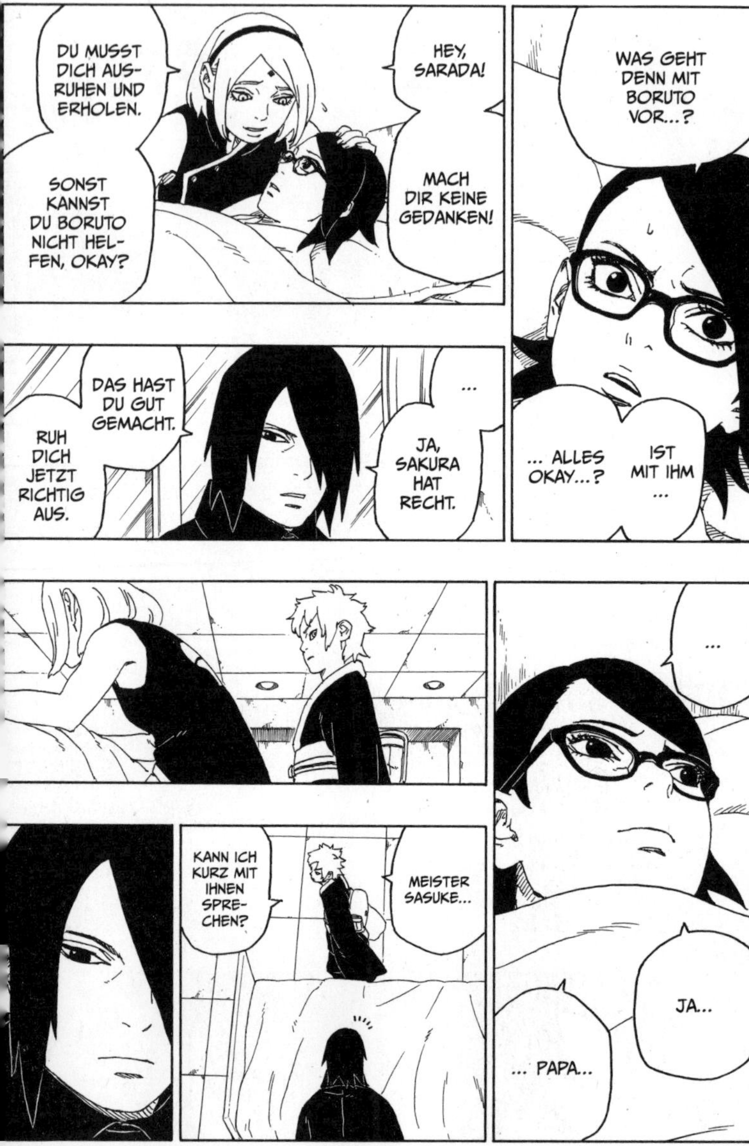

WAS GEHT DENN MIT BORUTO VOR...?
IST MIT IHM ...
... ALLES OKAY...?
HEY, SARADA!
MACH DIR KEINE GEDANKEN!
DU MUSST DICH AUS-RUHEN UND ERHOLEN.
SONST KANNST DU BORUTO NICHT HEL-FEN, OKAY?
...
JA, SAKURA HAT RECHT.
DAS HAST DU GUT GEMACHT.
RUH DICH JETZT RICHTIG AUS.
...
JA...
... PAPA...
MEISTER SASUKE...
KANN ICH KURZ MIT IHNEN SPRE-CHEN?

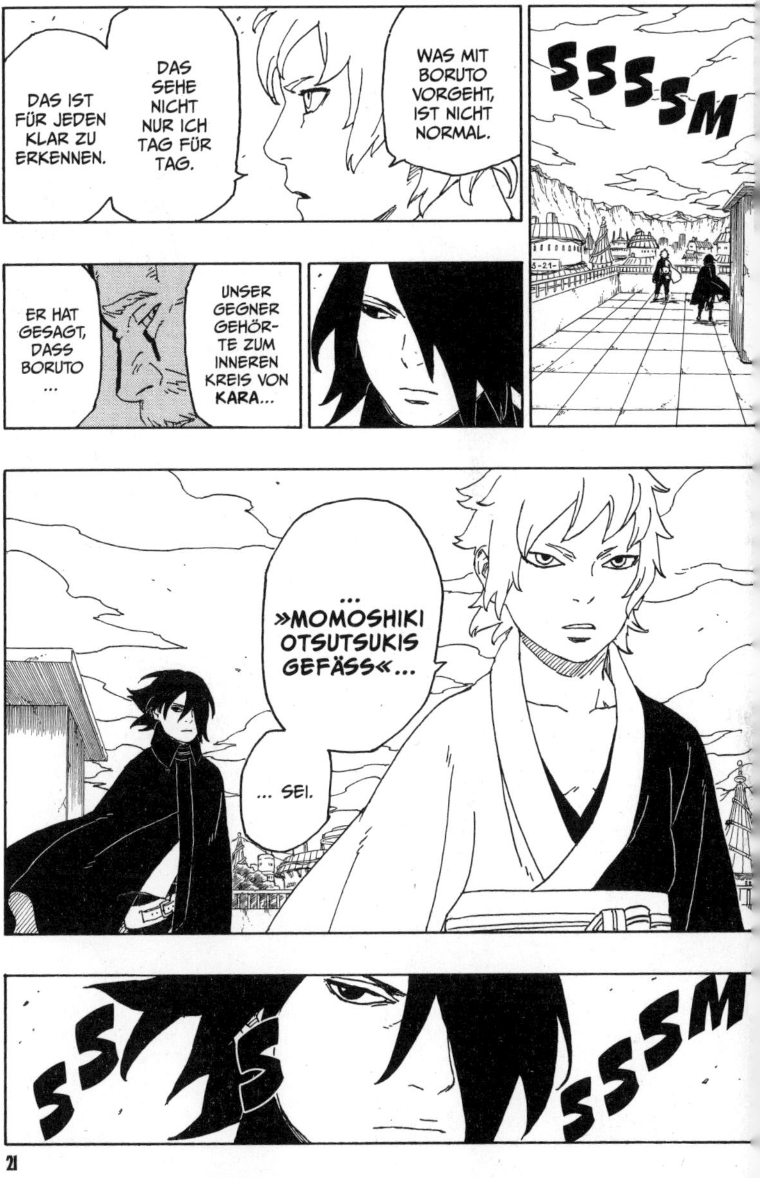
SSSSM
WAS MIT BORUTO VORGEHT, IST NICHT NORMAL.
DAS SEHE NICHT NUR ICH TAG FÜR TAG.
DAS IST FÜR JEDEN KLAR ZU ERKENNEN.
UNSER GEGNER GEHÖRTE ZUM INNEREN KREIS VON KARA...
ER HAT GESAGT, DASS BORUTO ...
... »MOMOSHIKI OTSUTSUKIS GEFÄSS«...
... SEI.
SSSSM

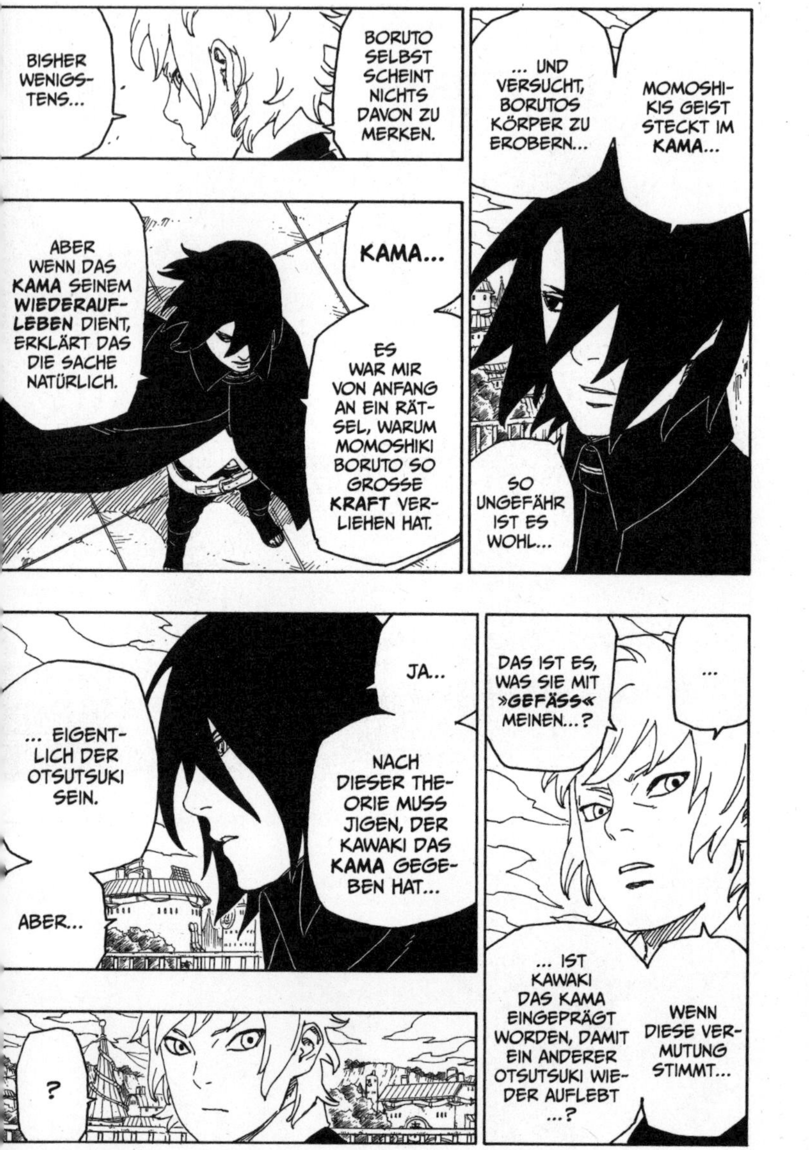
MOMOSHIKIS GEIST STECKT IM KAMA...
... UND VERSUCHT, BORUTOS KÖRPER ZU EROBERN...
SO UNGEFÄHR IST ES WOHL...
BORUTO SELBST SCHEINT NICHTS DAVON ZU MERKEN.
BISHER WENIGSTENS...
KAMA...
ES WAR MIR VON ANFANG AN EIN RÄTSEL, WARUM MOMOSHIKI BORUTO SO GROSSE KRAFT VERLIEHEN HAT.
ABER WENN DAS KAMA SEINEM WIEDERAUFLEBEN DIENT, ERKLÄRT DAS DIE SACHE NATÜRLICH.
...
DAS IST ES, WAS SIE MIT »GEFÄSS« MEINEN...?
WENN DIESE VERMUTUNG STIMMT...
... IST KAWAKI DAS KAMA EINGEPRÄGT WORDEN, DAMIT EIN ANDERER OTSUTSUKI WIEDER AUFLEBT ...?
JA...
NACH DIESER THEORIE MUSS JIGEN, DER KAWAKI DAS KAMA GEGEBEN HAT...
ABER...
... EIGENTLICH DER OTSUTSUKI SEIN.
?

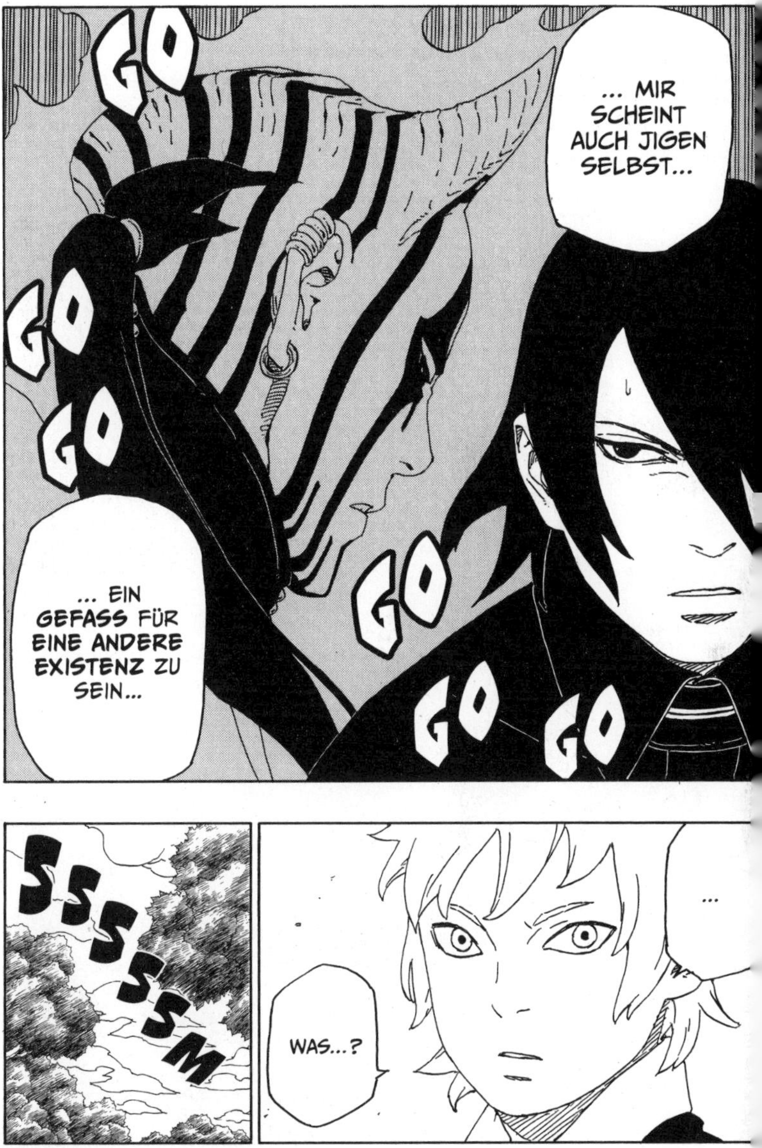
... MIR SCHEINT AUCH JIGEN SELBST...
GO GO GO GO GO GO GO
... EIN GEFASS FÜR EINE ANDERE EXISTENZ ZU SEIN...
...
WAS...?
SSSSSM

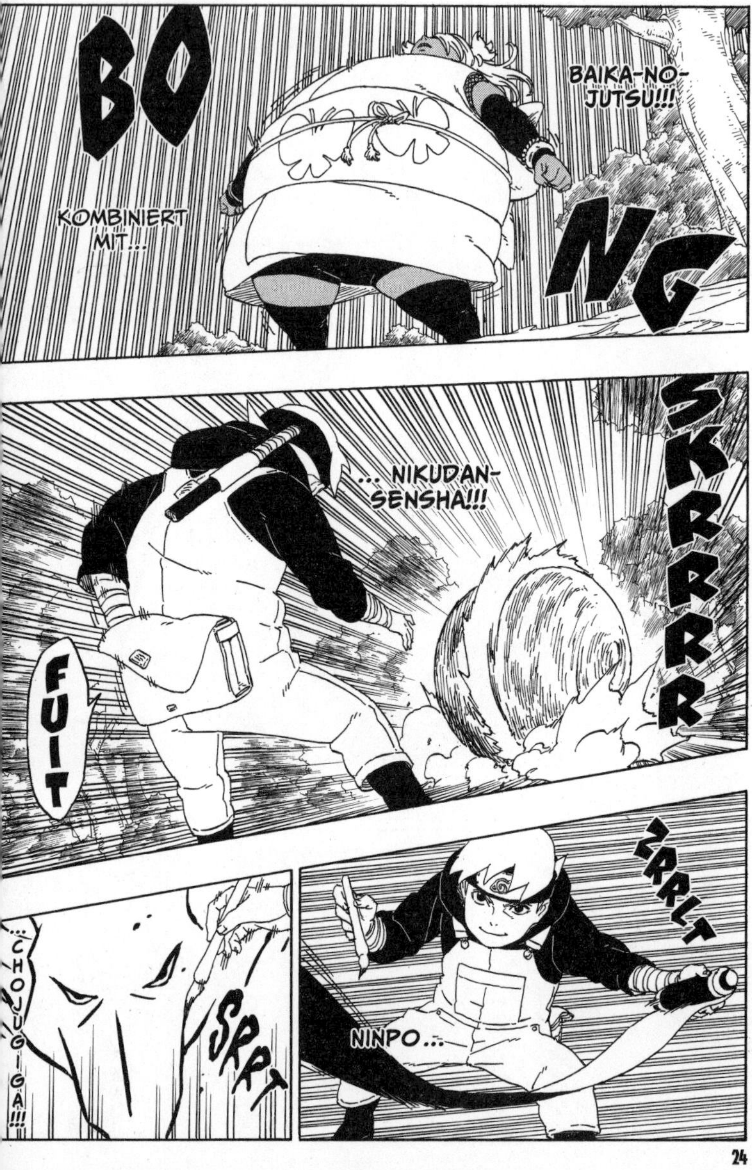
BAIKA-NO-JUTSU!!!
BO
NG
KOMBINIERT MIT...
SKRRRR
... NIKUDAN-SENSHA!!!
FUIT
ZRRLT
NINPO ...
SRRT
... CHOJUGIGA!!!

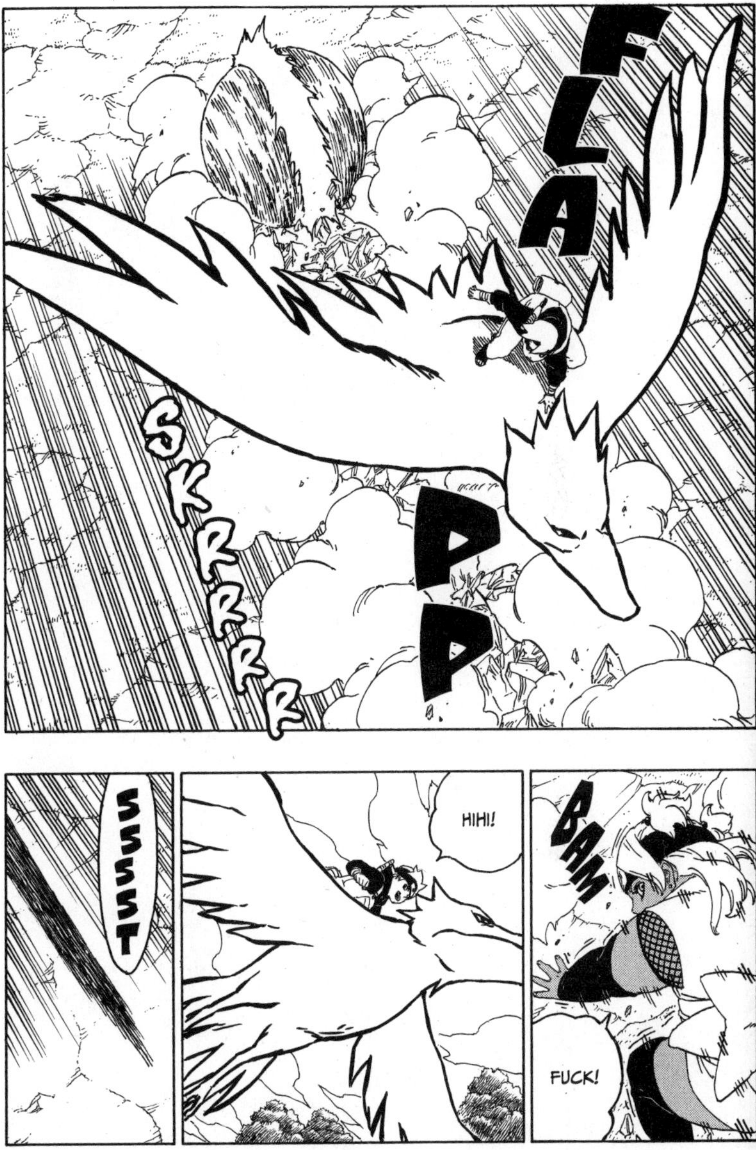
FLA
PP
SKRRRR
BAM
FUCK!
HIHI!
SSSST

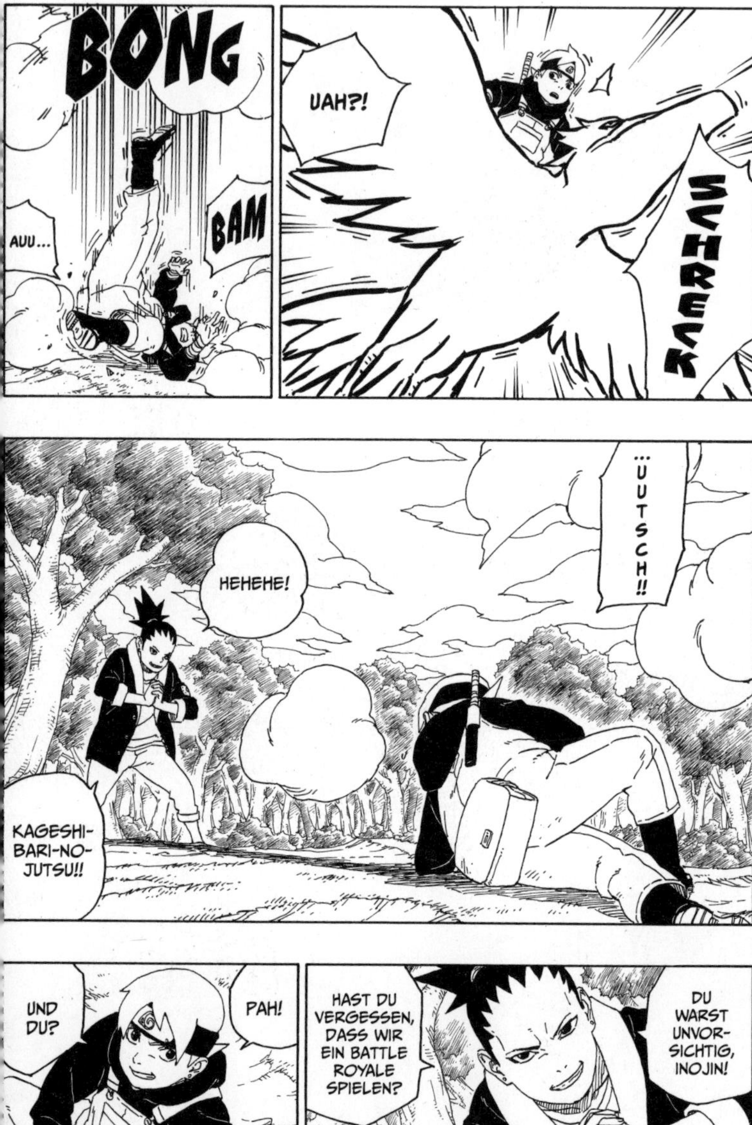
UAH?!
SCHRECK
BONG
BAM
AUU...
...ÜUTSCH!!
HEHEHE!
KAGESHIBARI-NO-JUTSU!!
DU WARST UNVORSICHTIG, INOJIN!
HAST DU VERGESSEN, DASS WIR EIN BATTLE ROYALE SPIELEN?
PAH!
UND DU?

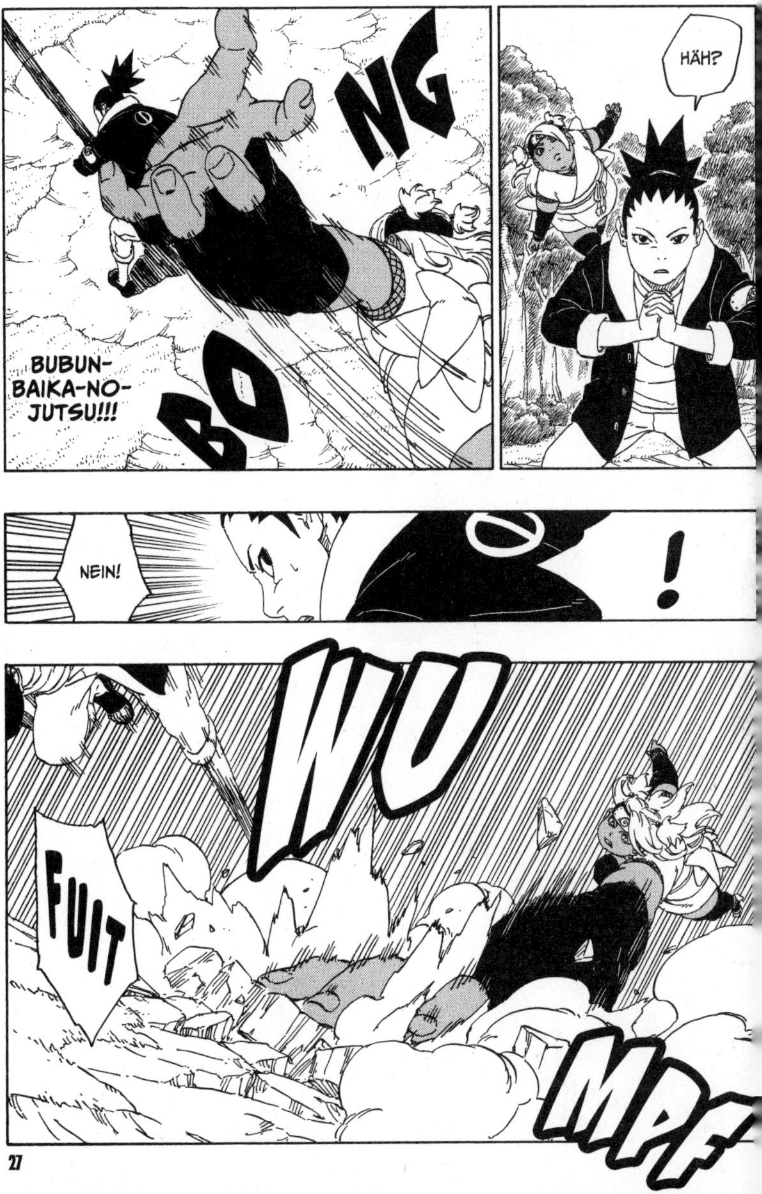
HÄH?
BUBUN-BAIKA-NO-JUTSU!!!
BO
NG
!
NEIN!
WU
FUIT
MPF

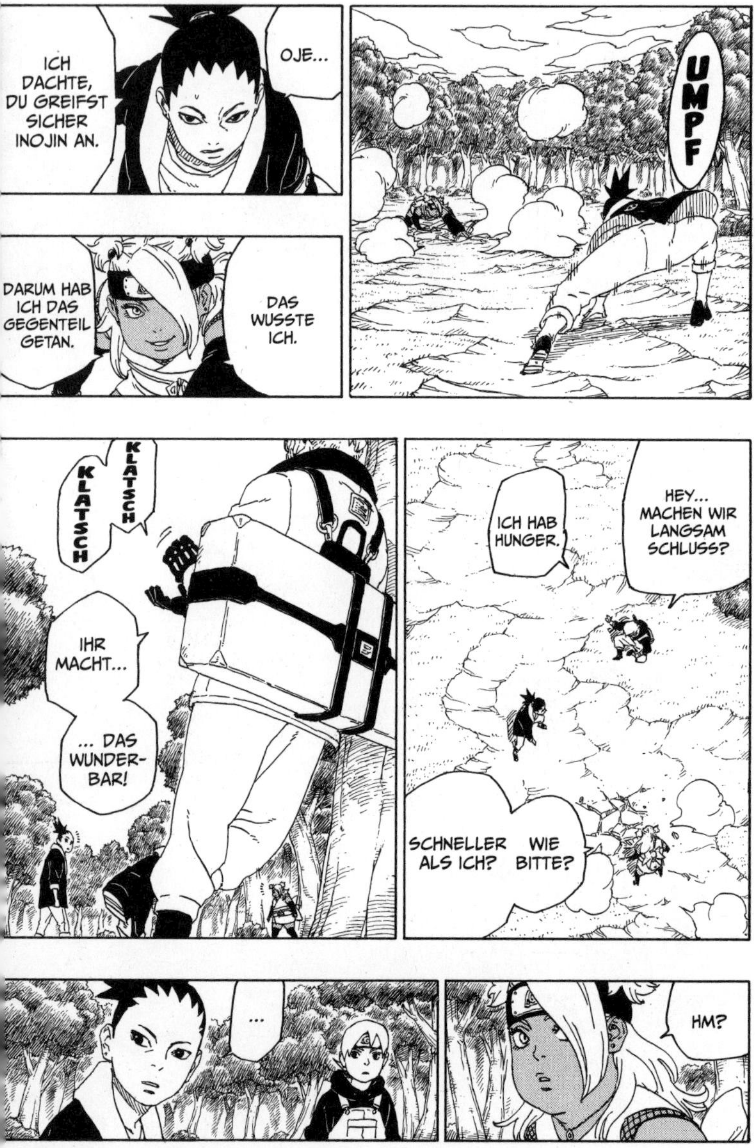
UMPF
OJE...
ICH DACHTE, DU GREIFST SICHER INOJIN AN.
DAS WUSSTE ICH.
DARUM HAB ICH DAS GEGENTEIL GETAN.
HEY... MACHEN WIR LANGSAM SCHLUSS?
ICH HAB HUNGER.
WIE BITTE?
SCHNELLER ALS ICH?
KLATSCH
KLATSCH
IHR MACHT...
... DAS WUNDER-BAR!
HM?
...

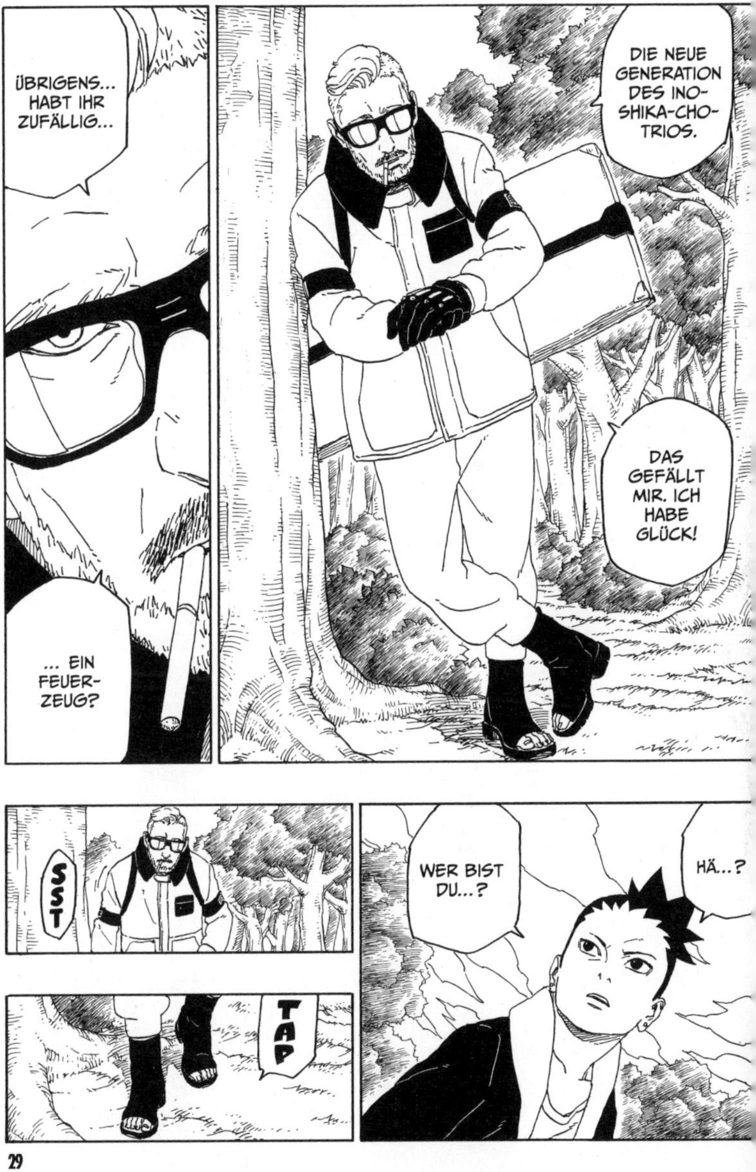
DIE NEUE GENERATION DES INO-SHIKA-CHO-TRIOS.
DAS GEFÄLLT MIR. ICH HABE GLÜCK!
ÜBRIGENS... HABT IHR ZUFÄLLIG...
... EIN FEUER-ZEUG?
HÄ...?
WER BIST DU...?
SST
TAP

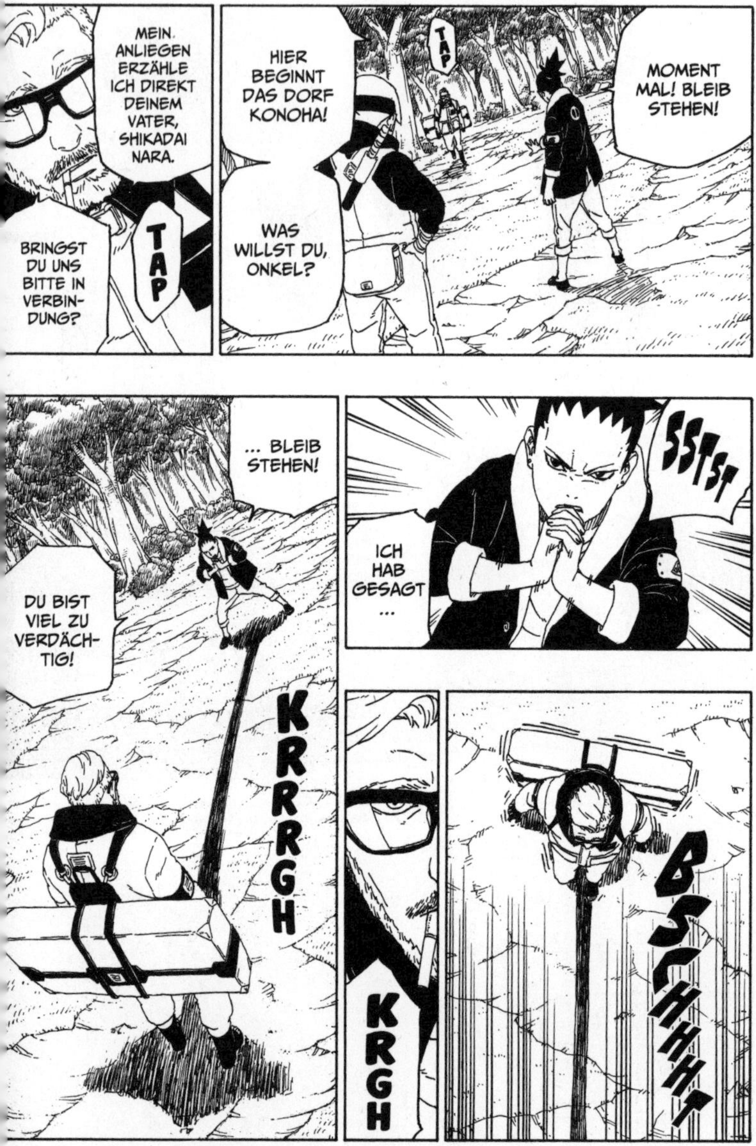

TAP
MOMENT MAL! BLEIB STEHEN!
HIER BEGINNT DAS DORF KONOHA!
WAS WILLST DU, ONKEL?
MEIN ANLIEGEN ERZÄHLE ICH DIREKT DEINEM VATER, SHIKADAI NARA.
TAP
BRINGST DU UNS BITTE IN VERBINDUNG?
SSTST
ICH HAB GESAGT ...
... BLEIB STEHEN!
DU BIST VIEL ZU VERDÄCH-TIG!
KRRRGH
BSCHHHT
KRGH

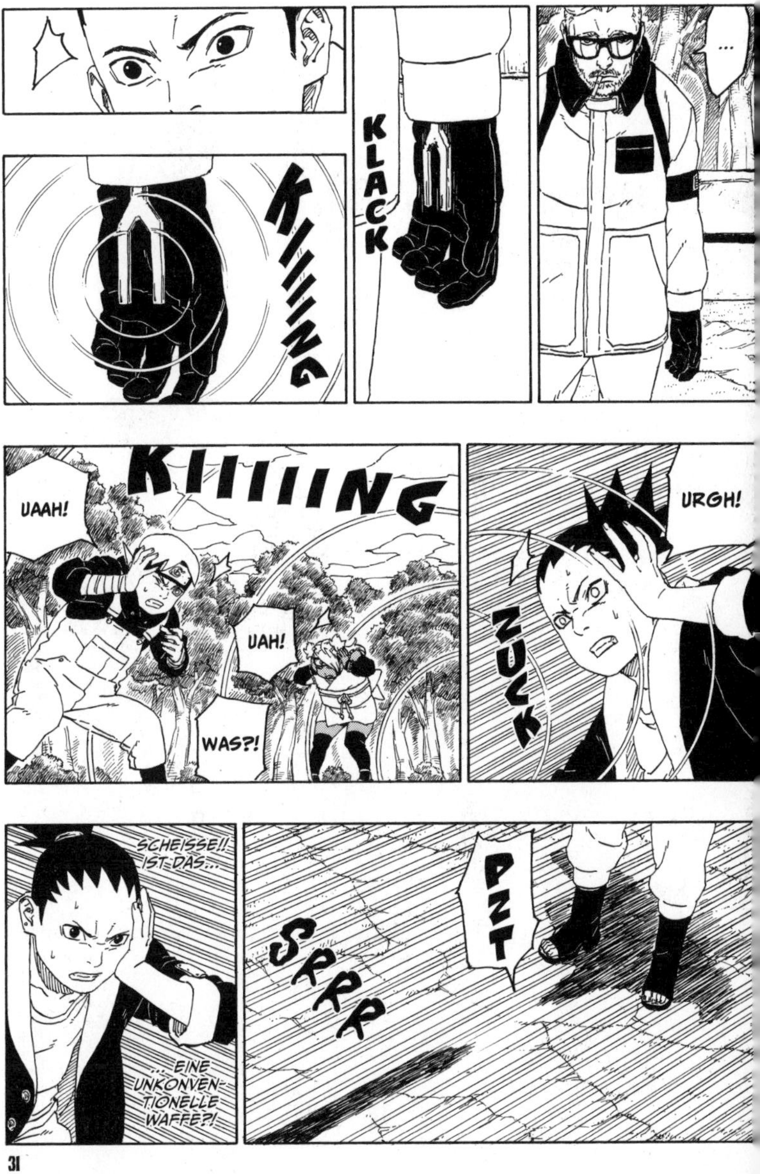
...
KLACK
KIIIIING
URGH!
ZUCK
KIIIIING
UAAH!
UAH!
WAS?!
PZT
SRRR
SCHEISSE!! IST DAS...
... EINE UNKONVEN-TIONELLE WAFFE?!

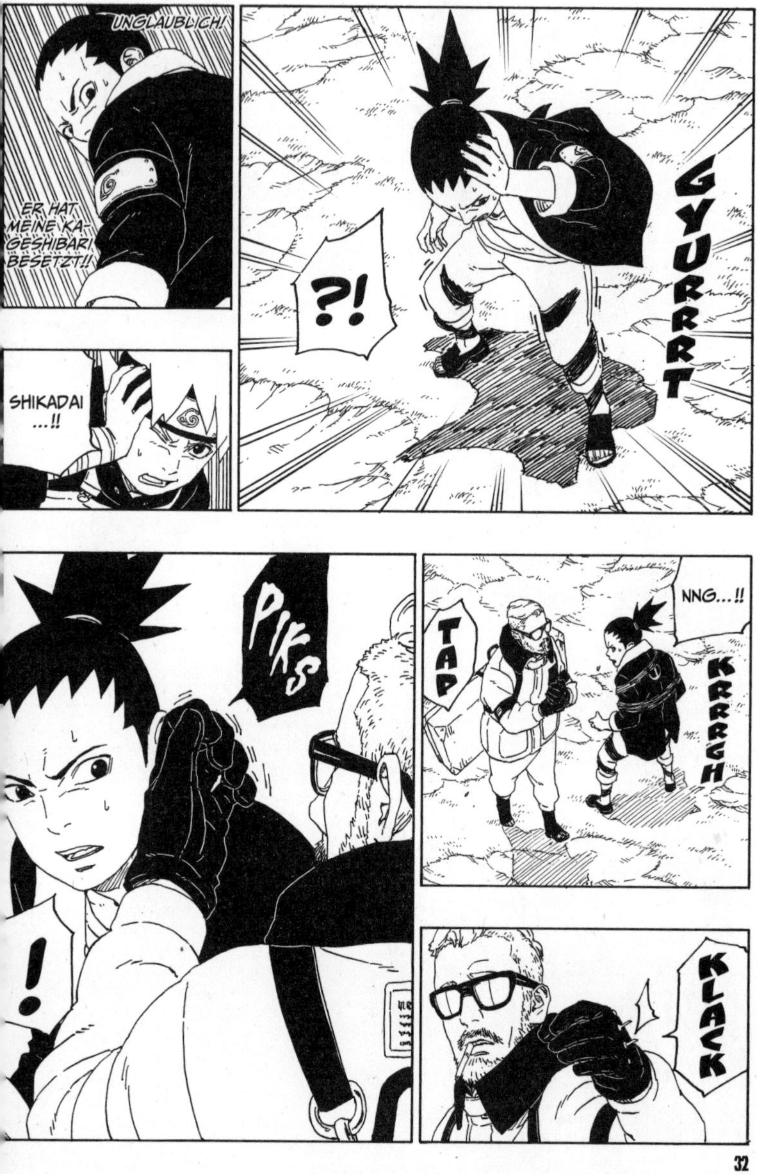

?!
GYURRRT
UNGLAUBLICH!
ER HAT MEINE KAGESHIBARI BESETZT!!
SHIKADAI ...!!
NNG...!!
KRRRGH
TAP
KLACK
PIKS
!

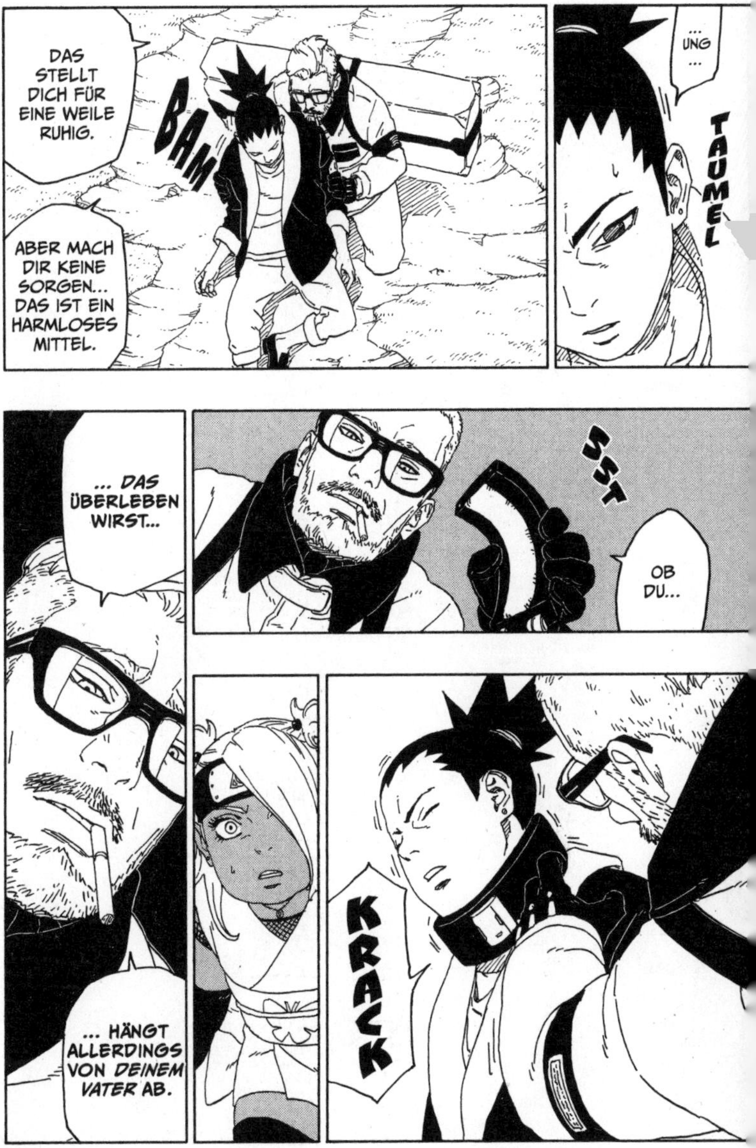
... UNG ...
TAUMEL
BAM
DAS STELLT DICH FÜR EINE WEILE RUHIG.
ABER MACH DIR KEINE SORGEN... DAS IST EIN HARMLOSES MITTEL.
SST
OB DU...
... DAS ÜBERLEBEN WIRST...
KRACK
... HÄNGT ALLERDINGS VON DEINEM VATER AB.

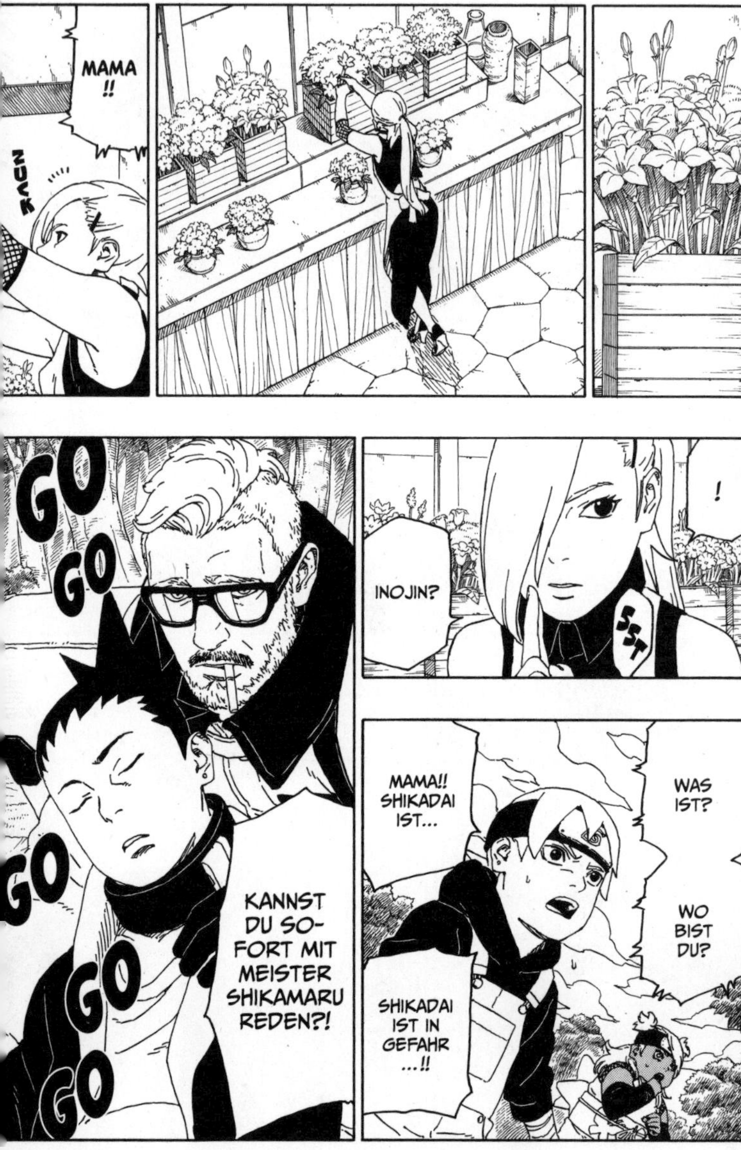

MAMA !!
ZUCK
INOJIN?
!
SST
GO
GO
GO
GO
GO
KANNST DU SO-FORT MIT MEISTER SHIKAMARU REDEN?!
WAS IST?
WO BIST DU?
MAMA!! SHIKADAI IST...
SHIKADAI IST IN GEFAHR ...!!

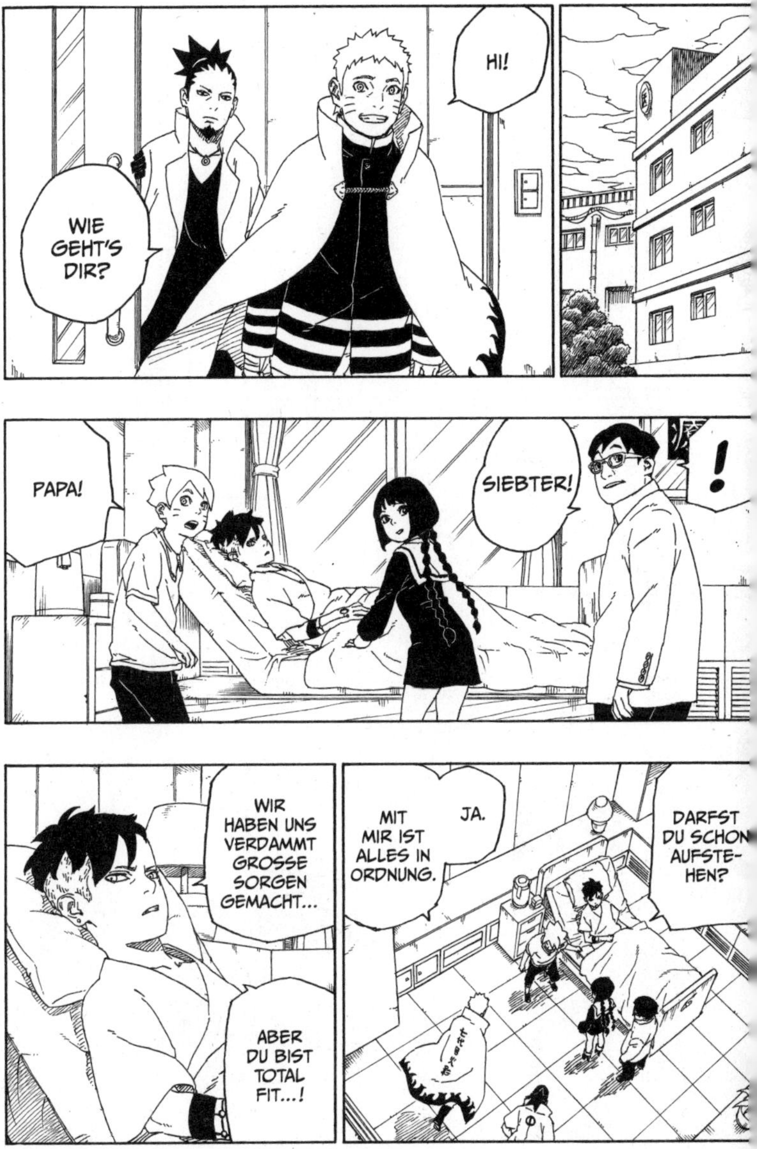
HI!
WIE GEHT'S DIR?
!
SIEBTER!
PAPA!
DARFST DU SCHON AUFSTE-HEN?
JA.
MIT MIR IST ALLES IN ORDNUNG.
WIR HABEN UNS VERDAMMT GROSSE SORGEN GEMACHT...
ABER DU BIST TOTAL FIT...!

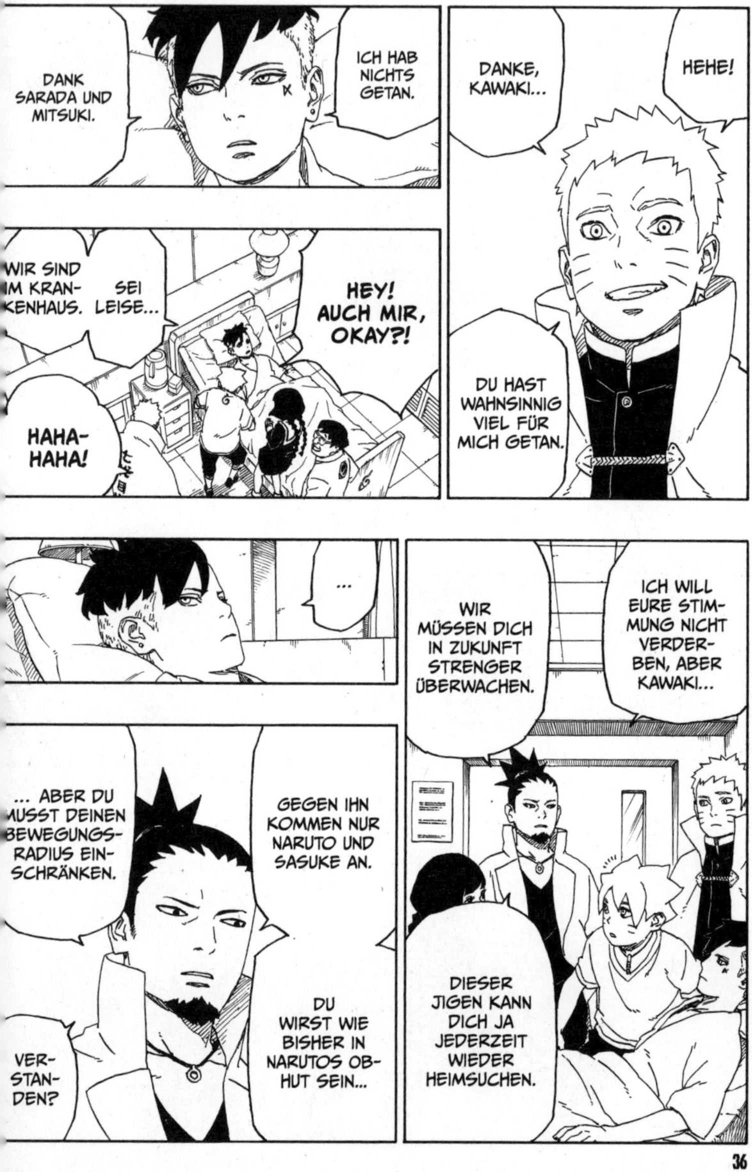
HEHE!
DANKE, KAWAKI...
DU HAST WAHNSINNIG VIEL FÜR MICH GETAN.
ICH HAB NICHTS GETAN.
DANK SARADA UND MITSUKI.
HEY! AUCH MIR, OKAY?!
WIR SIND IM KRANKENHAUS. SEI LEISE...
HAHAHAHA!
ICH WILL EURE STIMMUNG NICHT VERDERBEN, ABER KAWAKI...
WIR MÜSSEN DICH IN ZUKUNFT STRENGER ÜBERWACHEN.
DIESER JIGEN KANN DICH JA JEDERZEIT WIEDER HEIMSUCHEN.
...
DU WIRST WIE BISHER IN NARUTOS OBHUT SEIN...
GEGEN IHN KOMMEN NUR NARUTO UND SASUKE AN.
... ABER DU MUSST DEINEN BEWEGUNGSRADIUS EINSCHRÄNKEN.
VERSTANDEN?

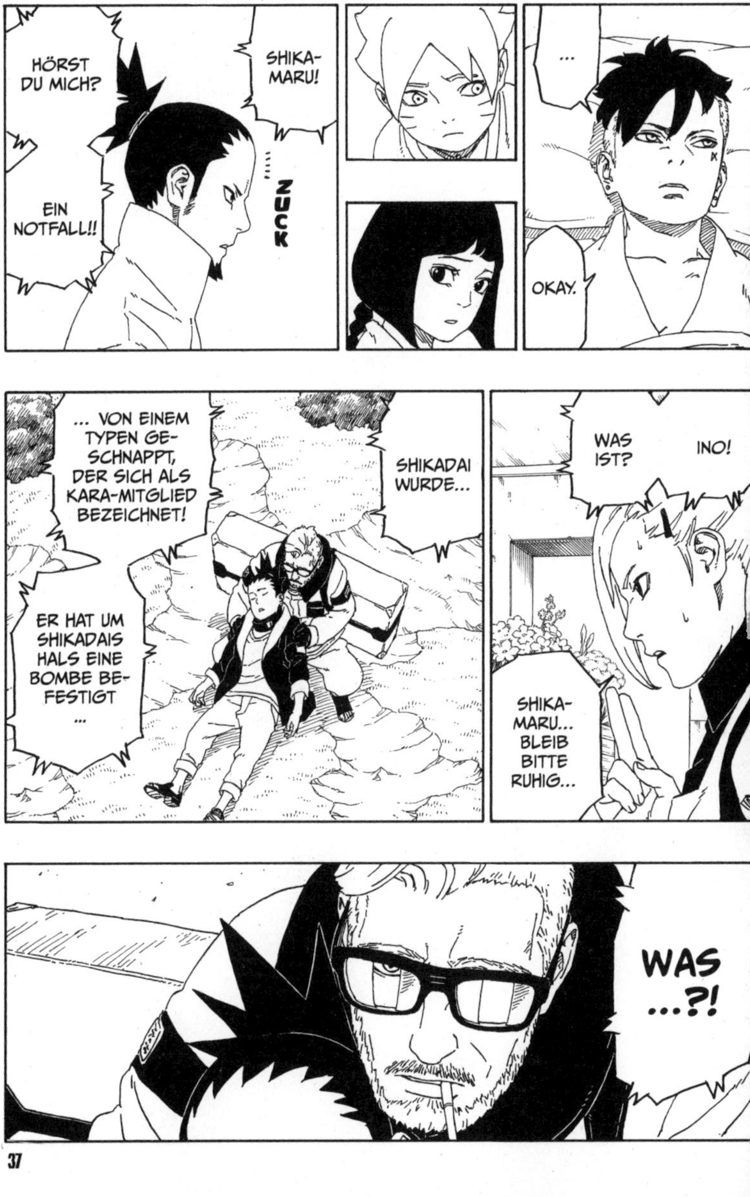
...
OKAY.
SHIKA-MARU!
HÖRST DU MICH?
ZUCK
EIN NOTFALL!!
INO!
WAS IST?
SHIKA-MARU... BLEIB BITTE RUHIG...
SHIKADAI WURDE...
... VON EINEM TYPEN GE-SCHNAPPT, DER SICH ALS KARA-MITGLIED BEZEICHNET!
ER HAT UM SHIKADAIS HALS EINE BOMBE BE-FESTIGT ...
WAS ...?!

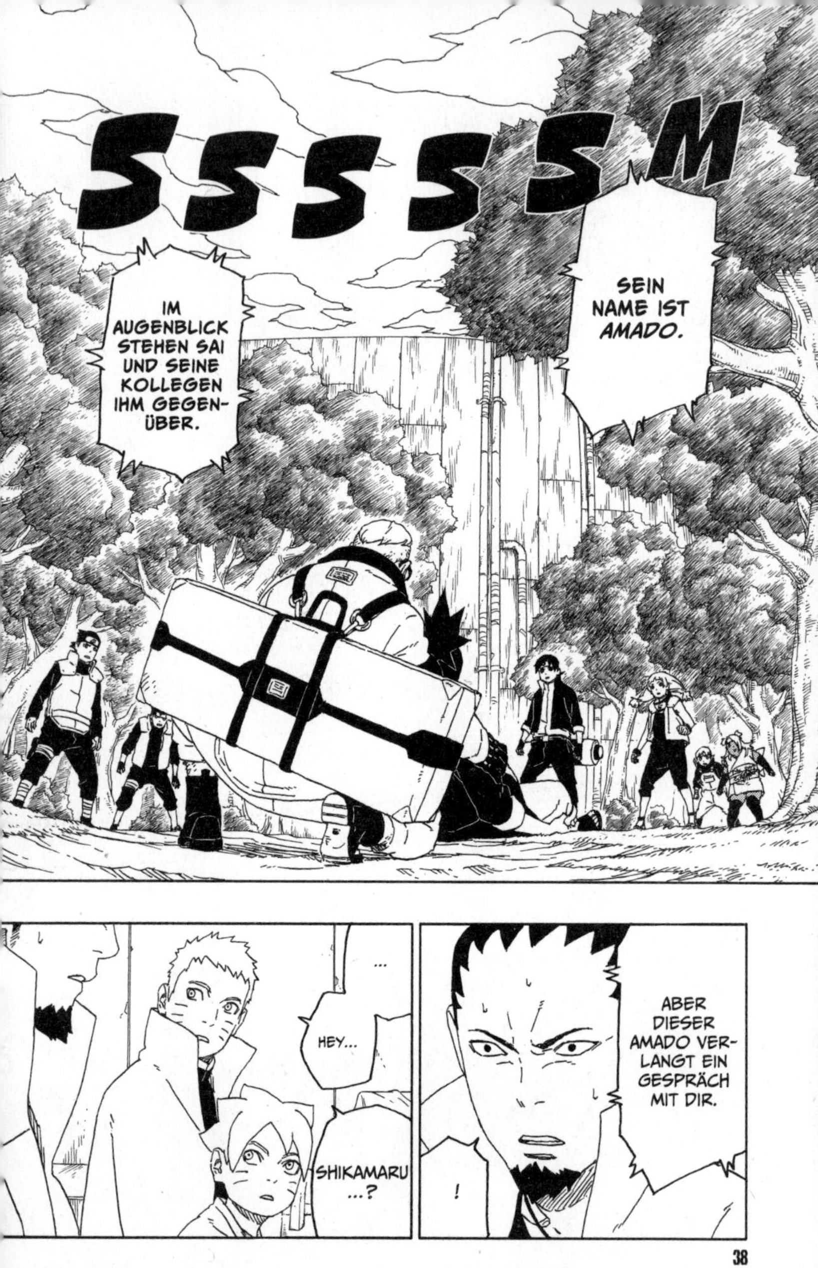
SSSSSM
SEIN NAME IST AMADO.
IM AUGENBLICK STEHEN SAI UND SEINE KOLLEGEN IHM GEGEN-ÜBER.
ABER DIESER AMADO VER-LANGT EIN GESPRÄCH MIT DIR.
!
...
HEY...
SHIKAMARU ...?

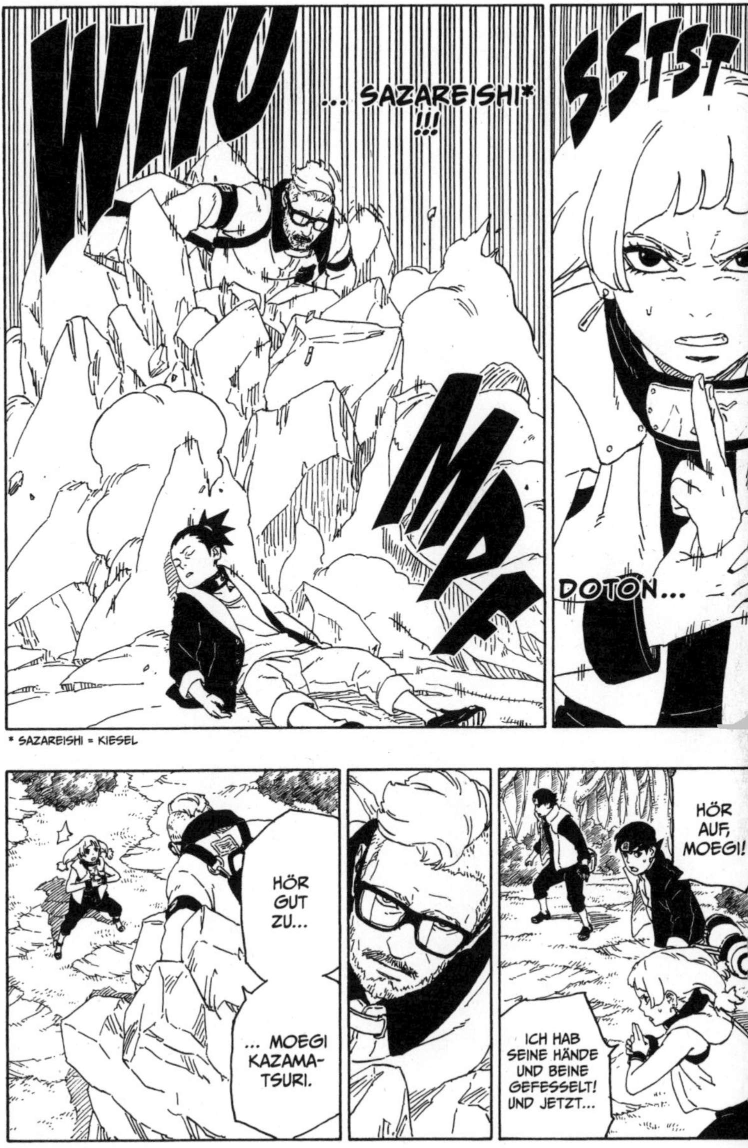

* SAZAREISHI = KIESEL

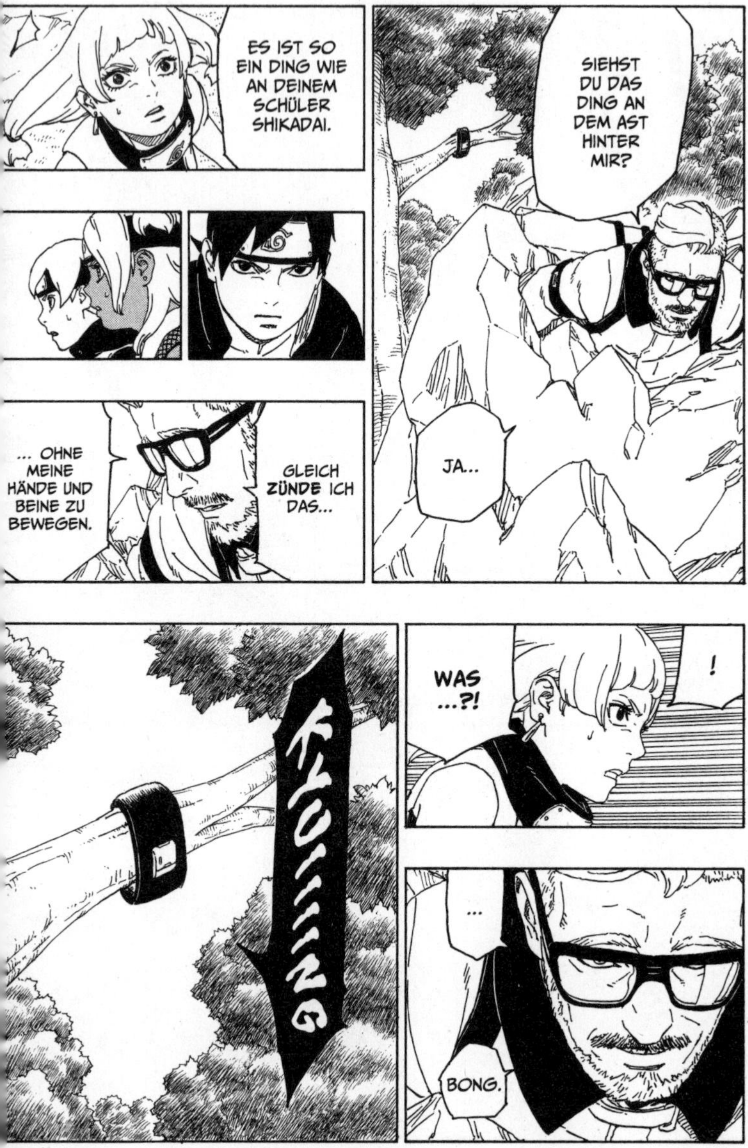
SIEHST DU DAS DING AN DEM AST HINTER MIR?
ES IST SO EIN DING WIE AN DEINEM SCHÜLER SHIKADAI.
JA...
GLEICH ZÜNDE ICH DAS...
... OHNE MEINE HÄNDE UND BEINE ZU BEWEGEN.
!
WAS ...?!
...
BONG.
KYOIIIING

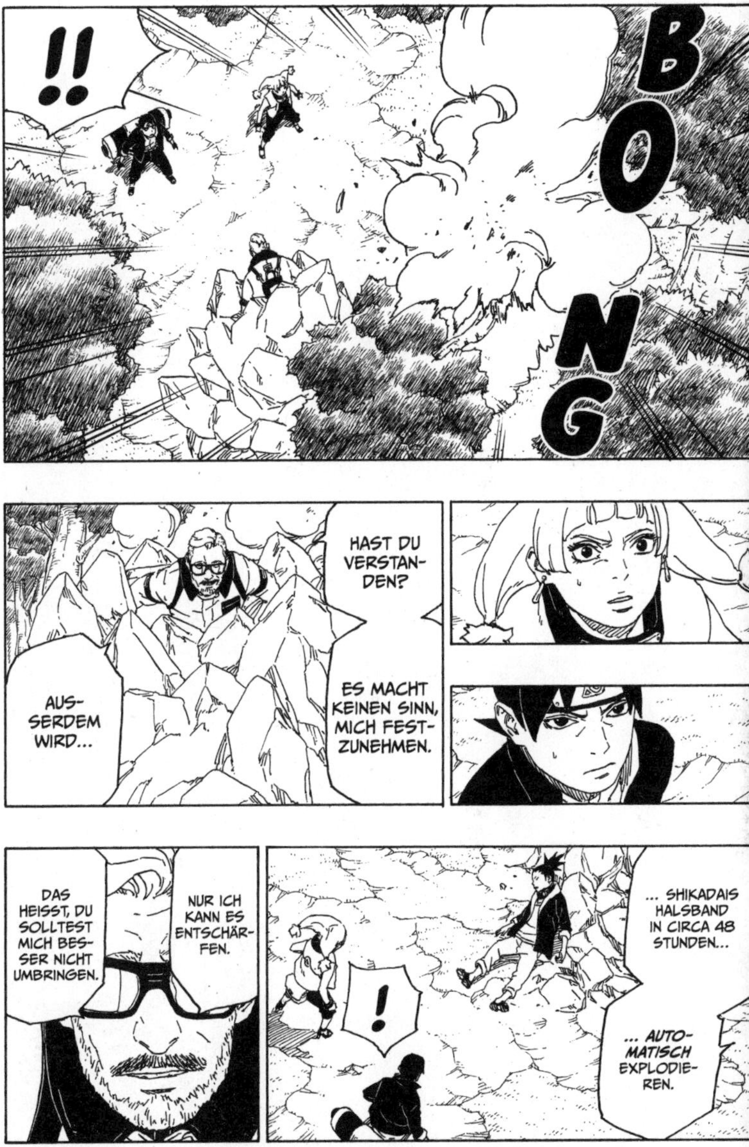
!!
BONG
HAST DU VERSTANDEN?
ES MACHT KEINEN SINN, MICH FESTZUNEHMEN.
AUSSERDEM WIRD...
... SHIKADAIS HALSBAND IN CIRCA 48 STUNDEN...
... AUTOMATISCH EXPLODIEREN.
!
NUR ICH KANN ES ENTSCHÄRFEN.
DAS HEISST, DU SOLLTEST MICH BESSER NICHT UMBRINGEN.

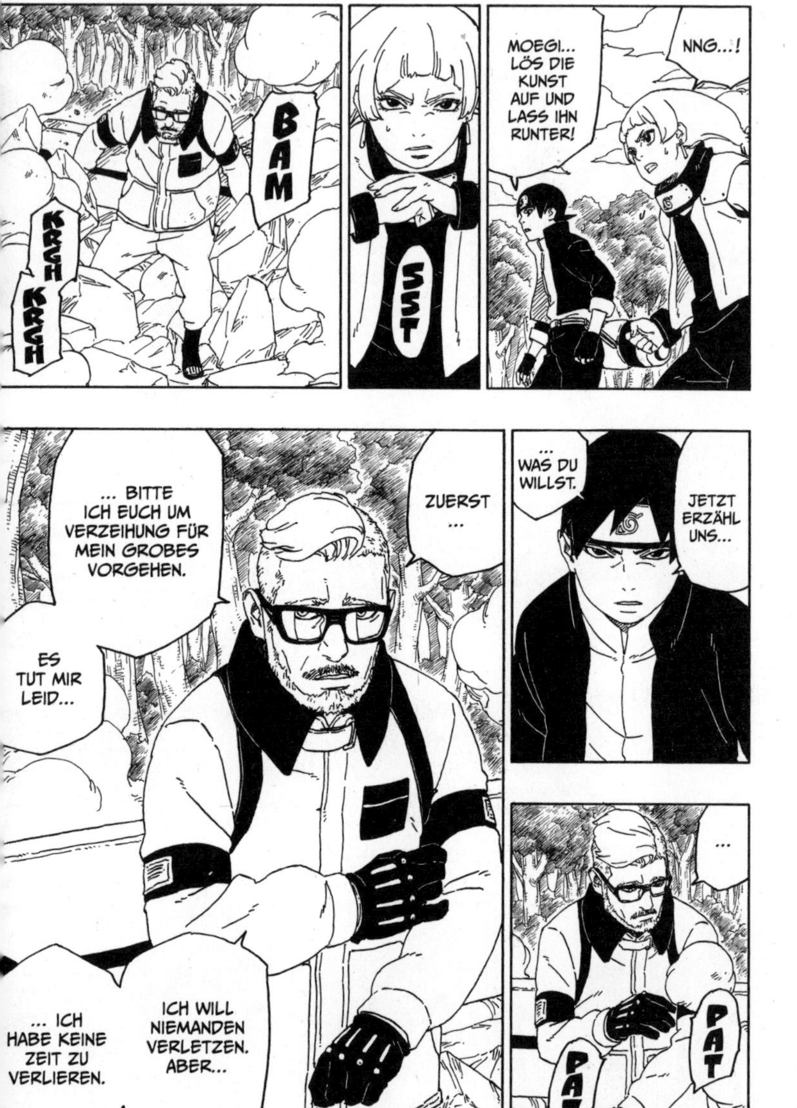
NNG...!
MOEGI... LÖS DIE KUNST AUF UND LASS IHN RUNTER!
SST
BAM
KRGH KRGH
JETZT ERZÄHL UNS...
... WAS DU WILLST.
ZUERST ...
... BITTE ICH EUCH UM VERZEIHUNG FÜR MEIN GROBES VORGEHEN.
ES TUT MIR LEID...
ICH WILL NIEMANDEN VERLETZEN. ABER...
... ICH HABE KEINE ZEIT ZU VERLIEREN.
...
PAT
PAT

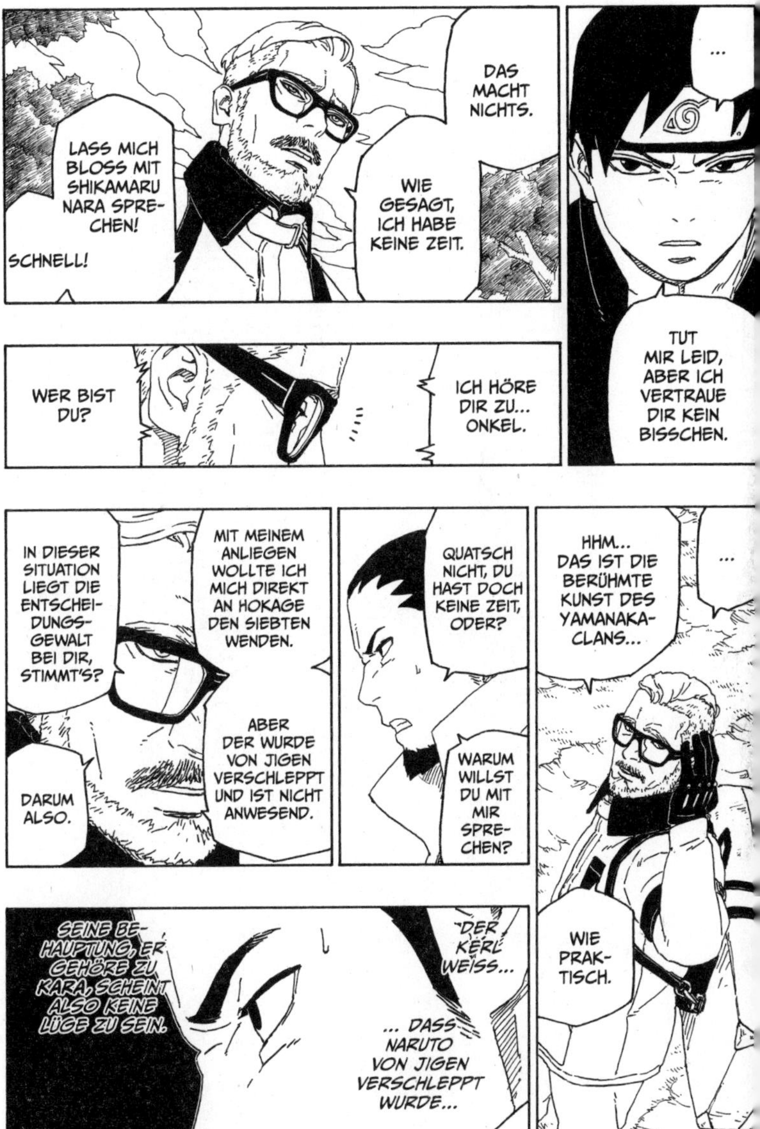
...
TUT MIR LEID, ABER ICH VERTRAUE DIR KEIN BISSCHEN.
DAS MACHT NICHTS.
WIE GESAGT, ICH HABE KEINE ZEIT.
LASS MICH BLOSS MIT SHIKAMARU NARA SPRECHEN!
SCHNELL!
ICH HÖRE DIR ZU... ONKEL.
WER BIST DU?
...
HHM... DAS IST DIE BERÜHMTE KUNST DES YAMANAKA-CLANS...
WIE PRAKTISCH.
QUATSCH NICHT, DU HAST DOCH KEINE ZEIT, ODER?
WARUM WILLST DU MIT MIR SPRECHEN?
MIT MEINEM ANLIEGEN WOLLTE ICH MICH DIREKT AN HOKAGE DEN SIEBTEN WENDEN.
ABER DER WURDE VON JIGEN VERSCHLEPPT UND IST NICHT ANWESEND.
IN DIESER SITUATION LIEGT DIE ENTSCHEIDUNGSGEWALT BEI DIR, STIMMT'S?
DARUM ALSO.
DER KERL WEISS...
... DASS NARUTO VON JIGEN VERSCHLEPPT WURDE...
SEINE BEHAUPTUNG, ER GEHÖRE ZU KARA, SCHEINT ALSO KEINE LÜGE ZU SEIN.

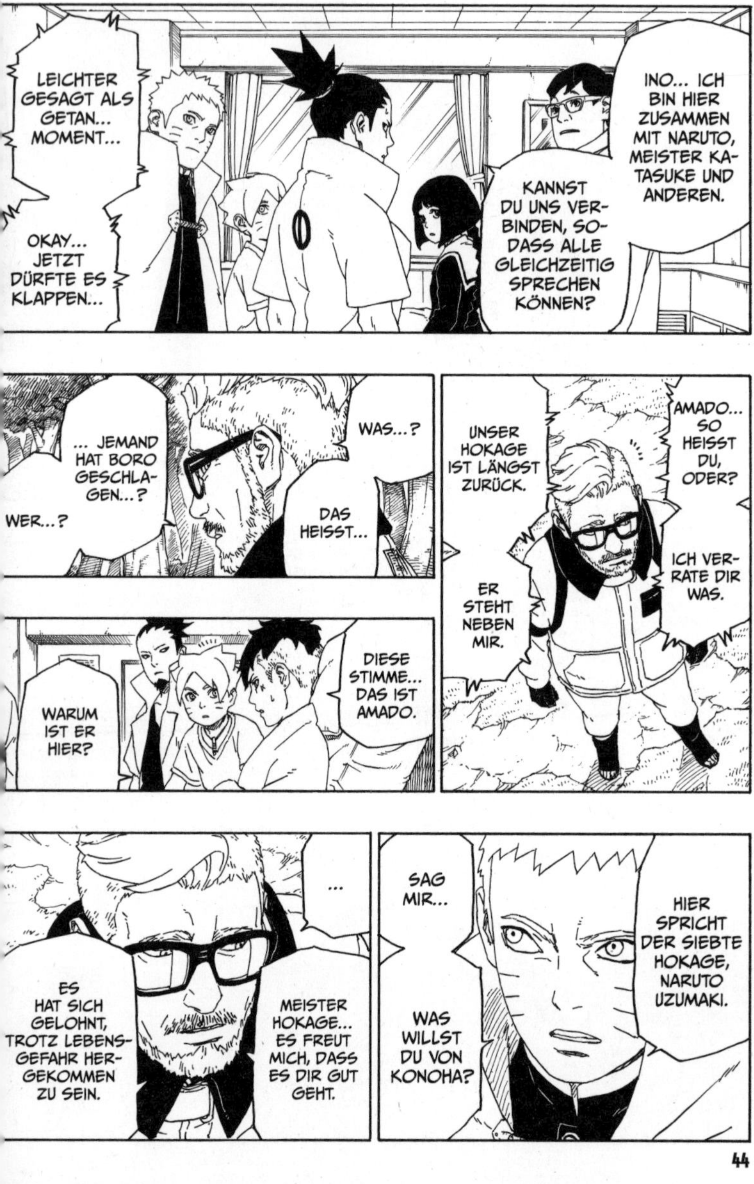
INO... ICH BIN HIER ZUSAMMEN MIT NARUTO, MEISTER KATASUKE UND ANDEREN.
KANNST DU UNS VERBINDEN, SODASS ALLE GLEICHZEITIG SPRECHEN KÖNNEN?
LEICHTER GESAGT ALS GETAN... MOMENT...
OKAY... JETZT DÜRFTE ES KLAPPEN...
AMADO... SO HEISST DU, ODER?
ICH VERRATE DIR WAS.
UNSER HOKAGE IST LÄNGST ZURÜCK.
ER STEHT NEBEN MIR.
WAS...?
DAS HEISST...
... JEMAND HAT BORO GESCHLAGEN...?
WER...?
DIESE STIMME... DAS IST AMADO.
WARUM IST ER HIER?
HIER SPRICHT DER SIEBTE HOKAGE, NARUTO UZUMAKI.
SAG MIR...
WAS WILLST DU VON KONOHA?
...
MEISTER HOKAGE... ES FREUT MICH, DASS ES DIR GUT GEHT.
ES HAT SICH GELOHNT, TROTZ LEBENSGEFAHR HERGEKOMMEN ZU SEIN.

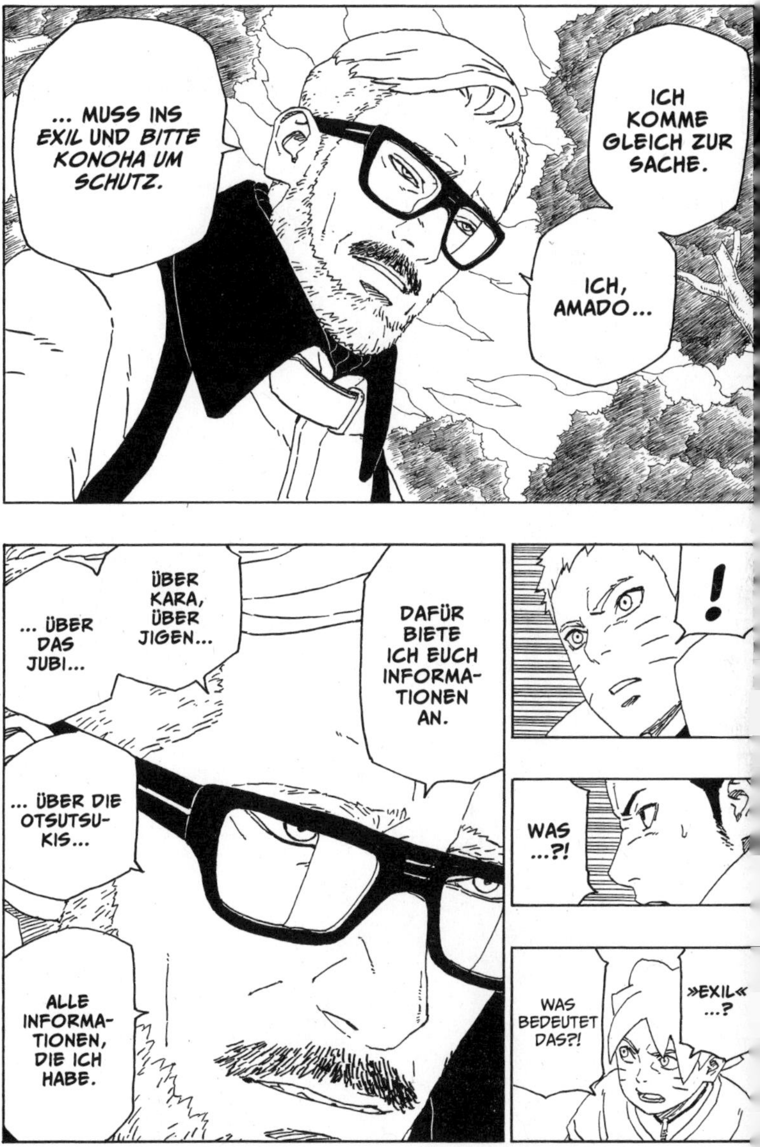
ICH KOMME GLEICH ZUR SACHE.
ICH, AMADO ...
... MUSS INS EXIL UND BITTE KONOHA UM SCHUTZ.
!
WAS ...?!
»EXIL« ...?
WAS BEDEUTET DAS?!
DAFÜR BIETE ICH EUCH INFORMATIONEN AN.
ÜBER KARA, ÜBER JIGEN ...
... ÜBER DAS JUBI ...
... ÜBER DIE OTSUTSUKIS ...
ALLE INFORMATIONEN, DIE ICH HABE.

BORU GANG

CHARAKTERDESIGN BY BORU-FANS – NACHGEZEICHNET VON MEISTER IKEMOTO!!

FÜR DIE »WEEKLY SHONEN JUMP«-KOLUMNE »BORU-GANG« ZEICHNET MEISTER IKEMOTO DIE ORIGINELLSTEN BORUTO-CHARAKTERE NACH, DIE VON FANS ENTWORFEN WURDEN!!

DER NAME DES CHARAKTERS:

KATORI SENKO*

ENTWORFEN VON:

RYUTAE AUS OSAKA

* RÄUCHERSPIRALE GEGEN MÜCKEN

BEWERTUNG DER JURY:

DER CHARAKTER IST OPTISCH BEEINDRUCKEND UND INTERESSANT, UND SEINE EIGENSCHAFTEN SIND DURCHDACHT. EIN IN JEDER HINSICHT ULTRAHOCHQUALITATIVES CHARAKTERDESIGN!! MAN MÖCHTE SO GERNE SEIN GESICHT UNTER DER COOLEN MASKE SEHEN! SEINE KOLLEGEN SCHÄTZEN IHN IM SOMMER BESTIMMT WIE VERRÜCKT! (LACH)

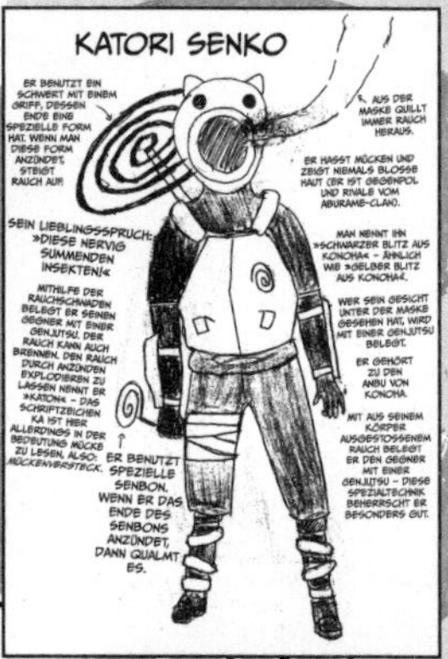

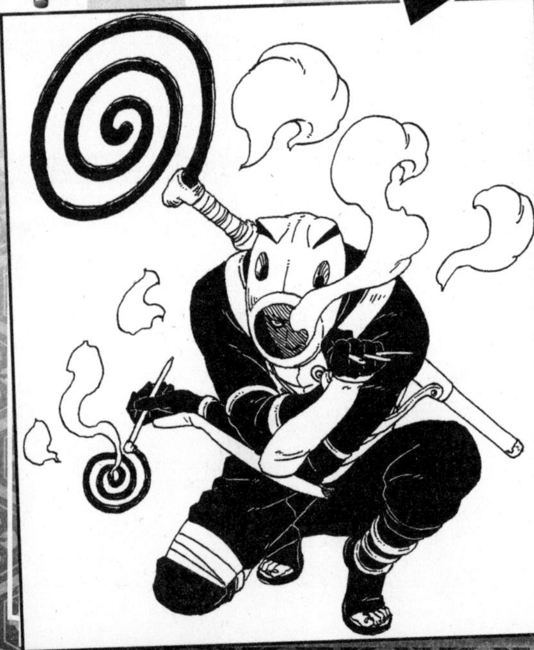

TADAA!! UND HIER IST MEISTER IKEMOTOS ZEICHNUNG!!

ER IST ECHT UNHEIMLICH! SO EIN UNHEIMLICHER TYP PASST HERVORRAGEND ZUR NARUTO-WELT. SEINE EIGENSCHAFTEN MACHEN IHN SICHER SEHR STARK. ICH BIN AUCH NEUGIERIG, WIE SEIN GESICHT AUSSIEHT. IN JEDER HINSICHT INTERESSIERT MICH DER CHARAKTER SEHR!

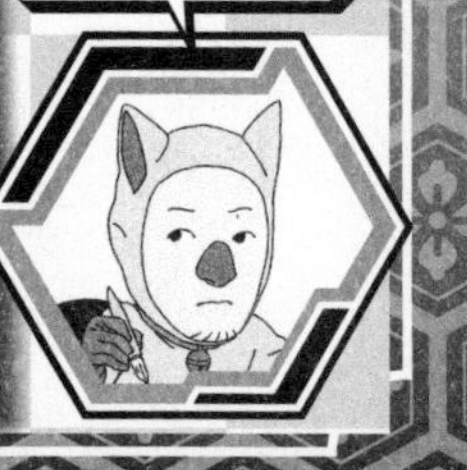

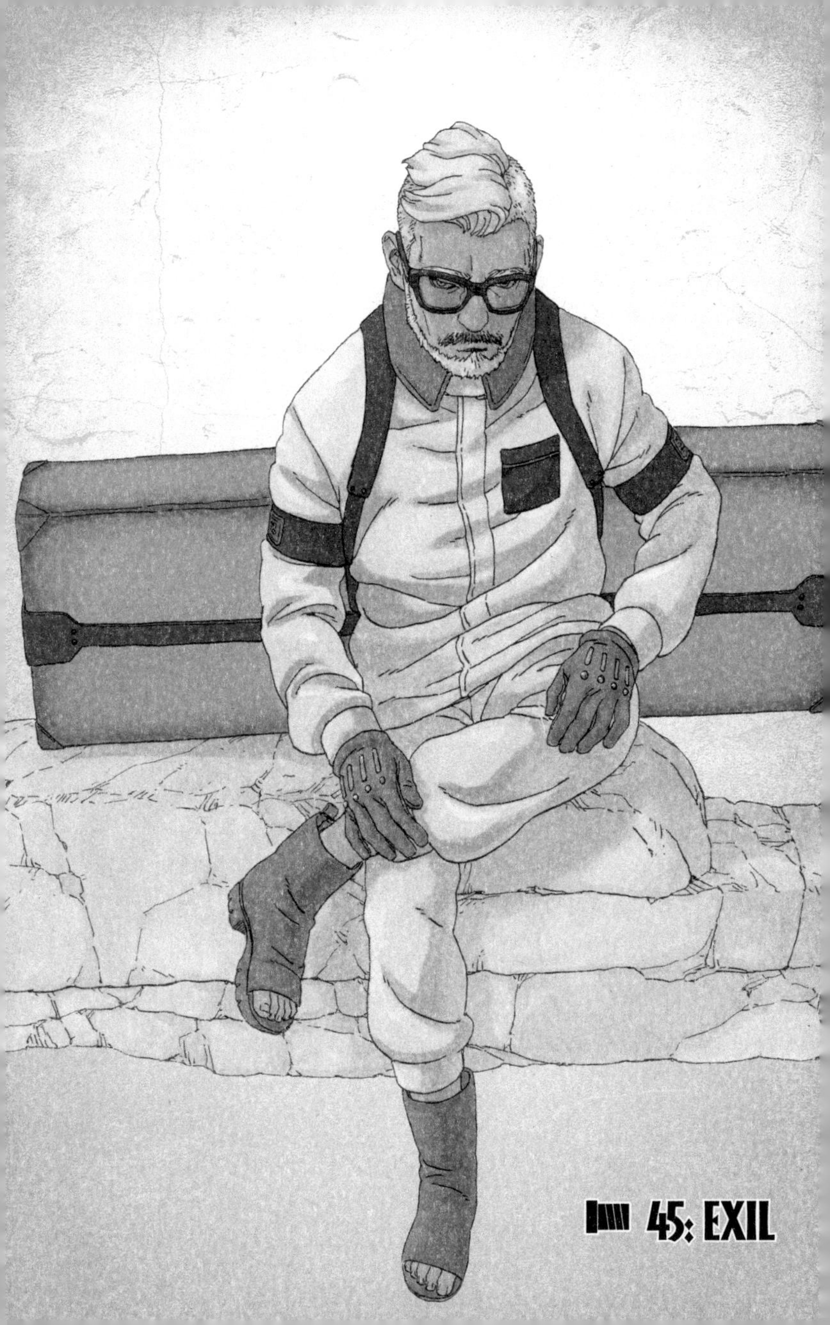
45: EXIL

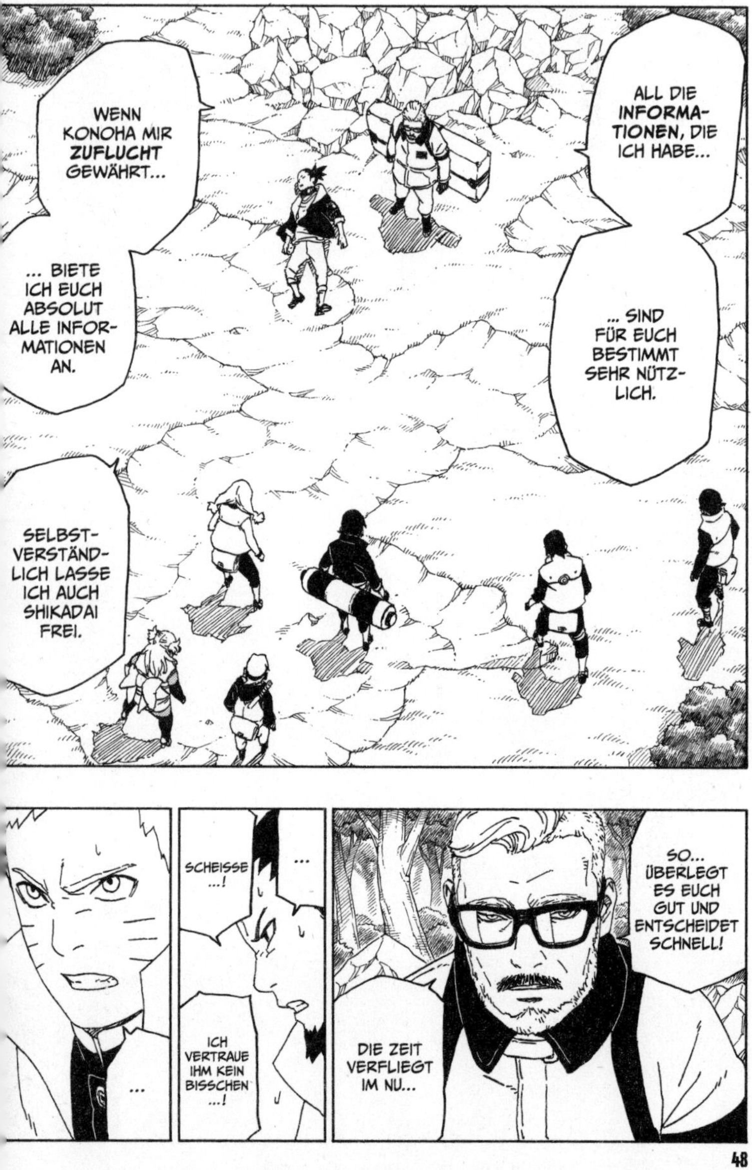
ALL DIE INFORMATIONEN, DIE ICH HABE...
... SIND FÜR EUCH BESTIMMT SEHR NÜTZLICH.
WENN KONOHA MIR ZUFLUCHT GEWÄHRT...
... BIETE ICH EUCH ABSOLUT ALLE INFORMATIONEN AN.
SELBSTVERSTÄNDLICH LASSE ICH AUCH SHIKADAI FREI.
SO... ÜBERLEGT ES EUCH GUT UND ENTSCHEIDET SCHNELL!
DIE ZEIT VERFLIEGT IM NU...
...
SCHEISSE ...!
ICH VERTRAUE IHM KEIN BISSCHEN ...!
...

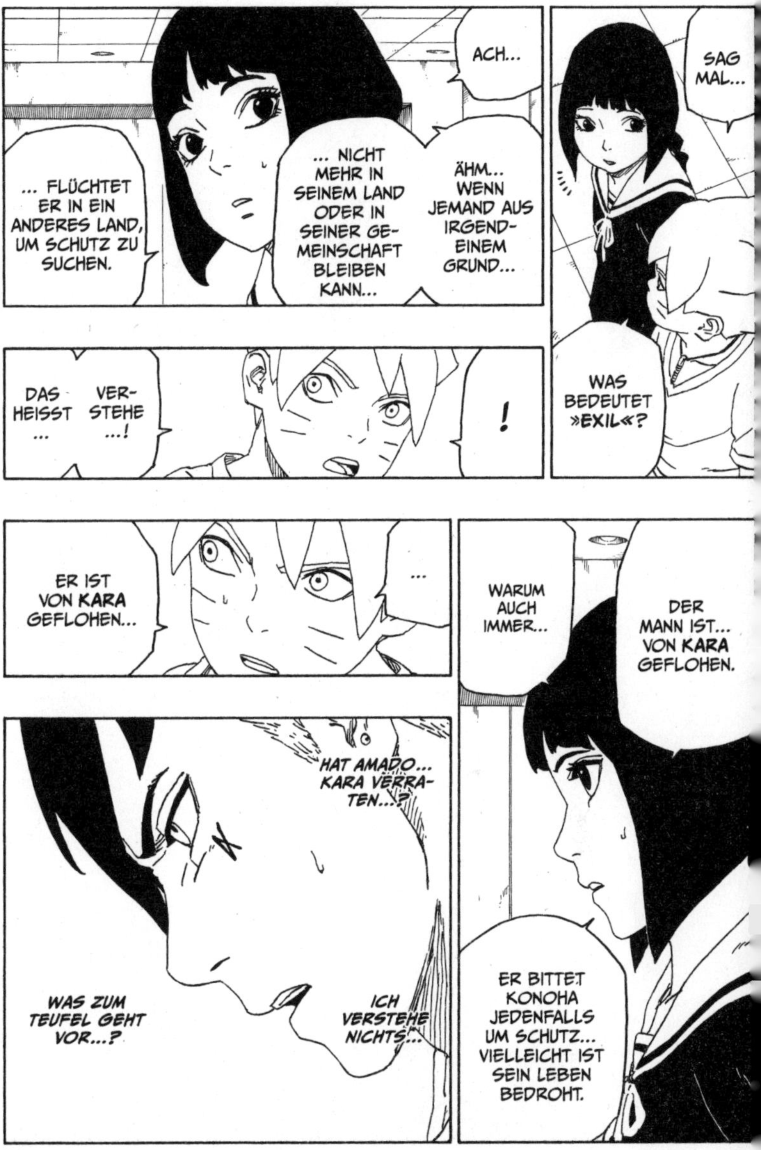
SAG MAL...
WAS BEDEUTET »EXIL«?
ACH...
ÄHM... WENN JEMAND AUS IRGEND-EINEM GRUND...
... NICHT MEHR IN SEINEM LAND ODER IN SEINER GE-MEINSCHAFT BLEIBEN KANN...
... FLÜCHTET ER IN EIN ANDERES LAND, UM SCHUTZ ZU SUCHEN.
!
VER-STEHE ...!
DAS HEISST ...
DER MANN IST... VON KARA GEFLOHEN.
WARUM AUCH IMMER...
ER BITTET KONOHA JEDENFALLS UM SCHUTZ... VIELLEICHT IST SEIN LEBEN BEDROHT.
...
ER IST VON KARA GEFLOHEN...
HAT AMADO... KARA VERRATEN...?
ICH VERSTEHE NICHTS...
WAS ZUM TEUFEL GEHT VOR...?

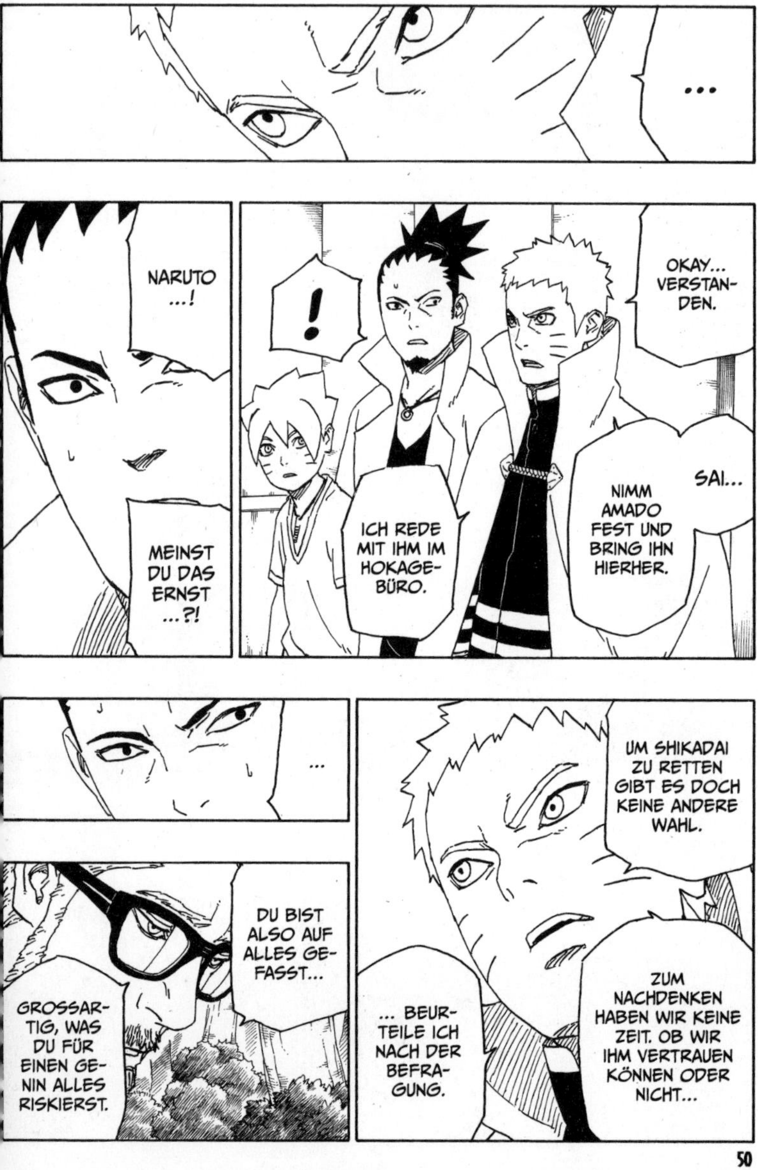
...
OKAY... VERSTANDEN.
SAI...
NIMM AMADO FEST UND BRING IHN HIERHER.
!
ICH REDE MIT IHM IM HOKAGE-BÜRO.
NARUTO ...!
MEINST DU DAS ERNST ...?!
UM SHIKADAI ZU RETTEN GIBT ES DOCH KEINE ANDERE WAHL.
ZUM NACHDENKEN HABEN WIR KEINE ZEIT. OB WIR IHM VERTRAUEN KÖNNEN ODER NICHT...
... BEURTEILE ICH NACH DER BEFRAGUNG.
...
DU BIST ALSO AUF ALLES GEFASST...
GROSSARTIG, WAS DU FÜR EINEN GENIN ALLES RISKIERST.

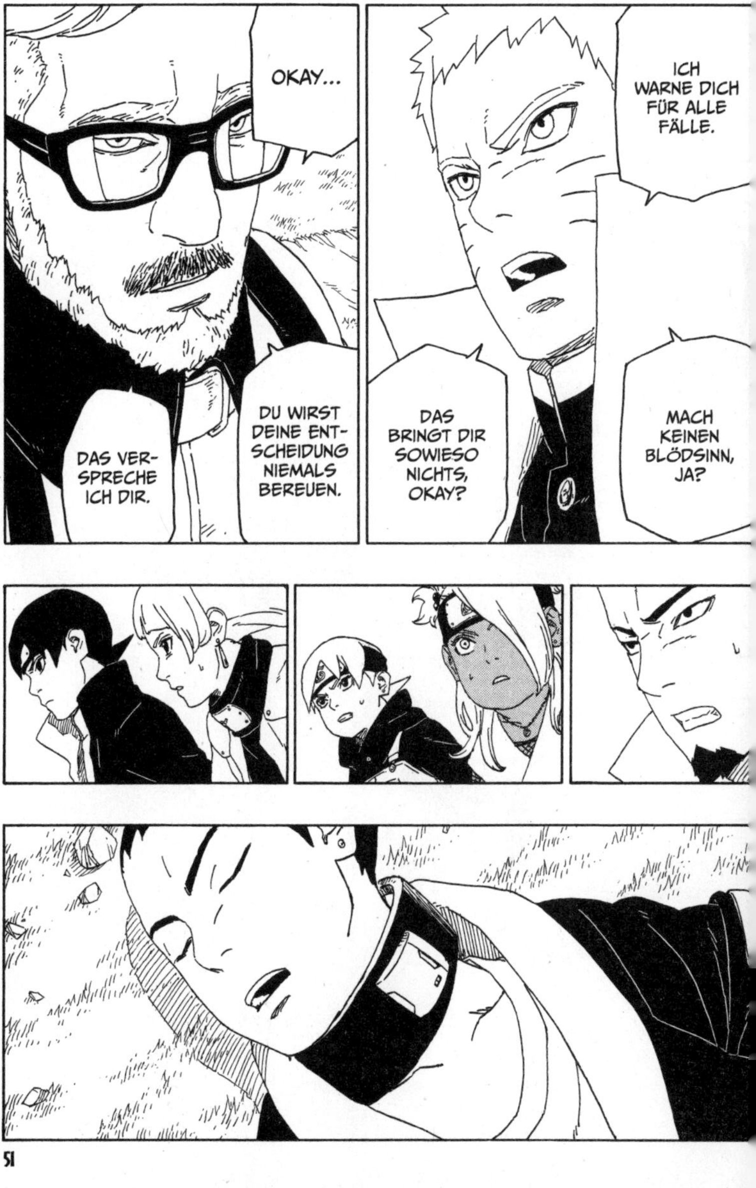
ICH WARNE DICH FÜR ALLE FÄLLE.
MACH KEINEN BLÖDSINN, JA?
DAS BRINGT DIR SOWIESO NICHTS, OKAY?
OKAY...
DU WIRST DEINE ENT-SCHEIDUNG NIEMALS BEREUEN.
DAS VER-SPRECHE ICH DIR.

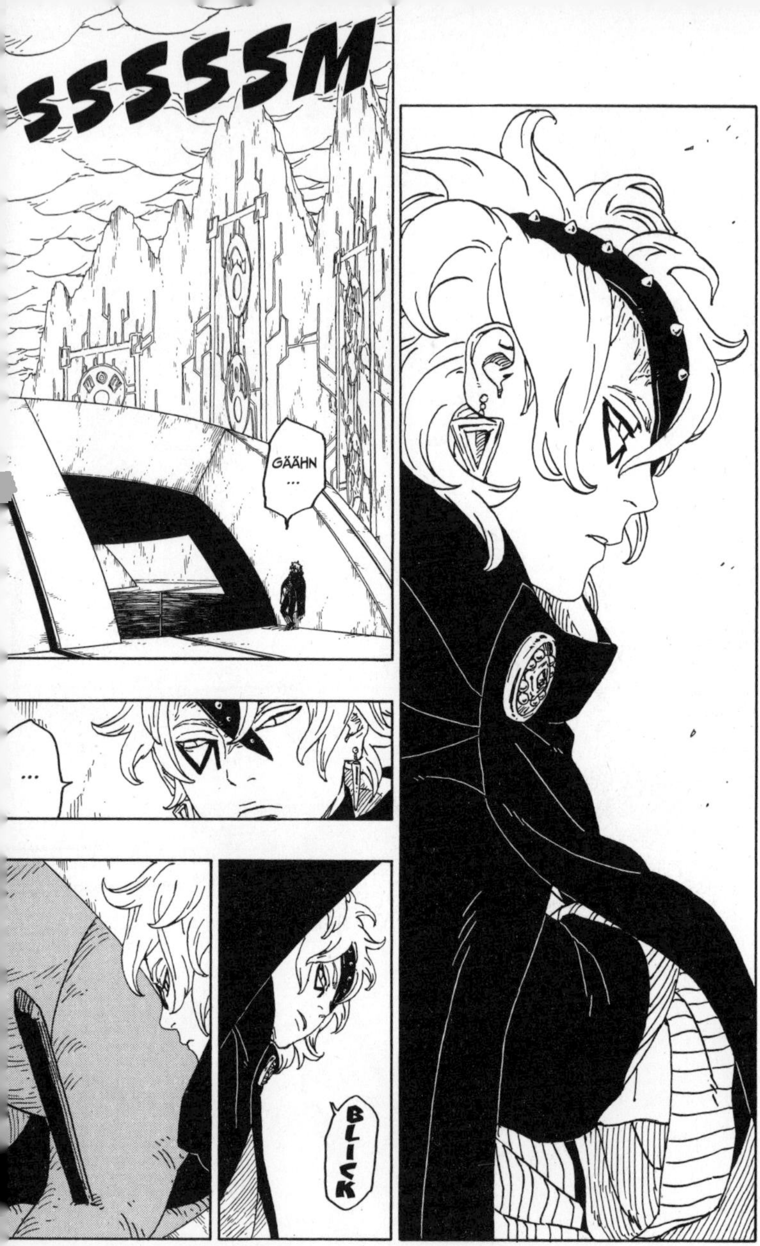
SSSSSM
GÄÄHN ...
...
BLICK

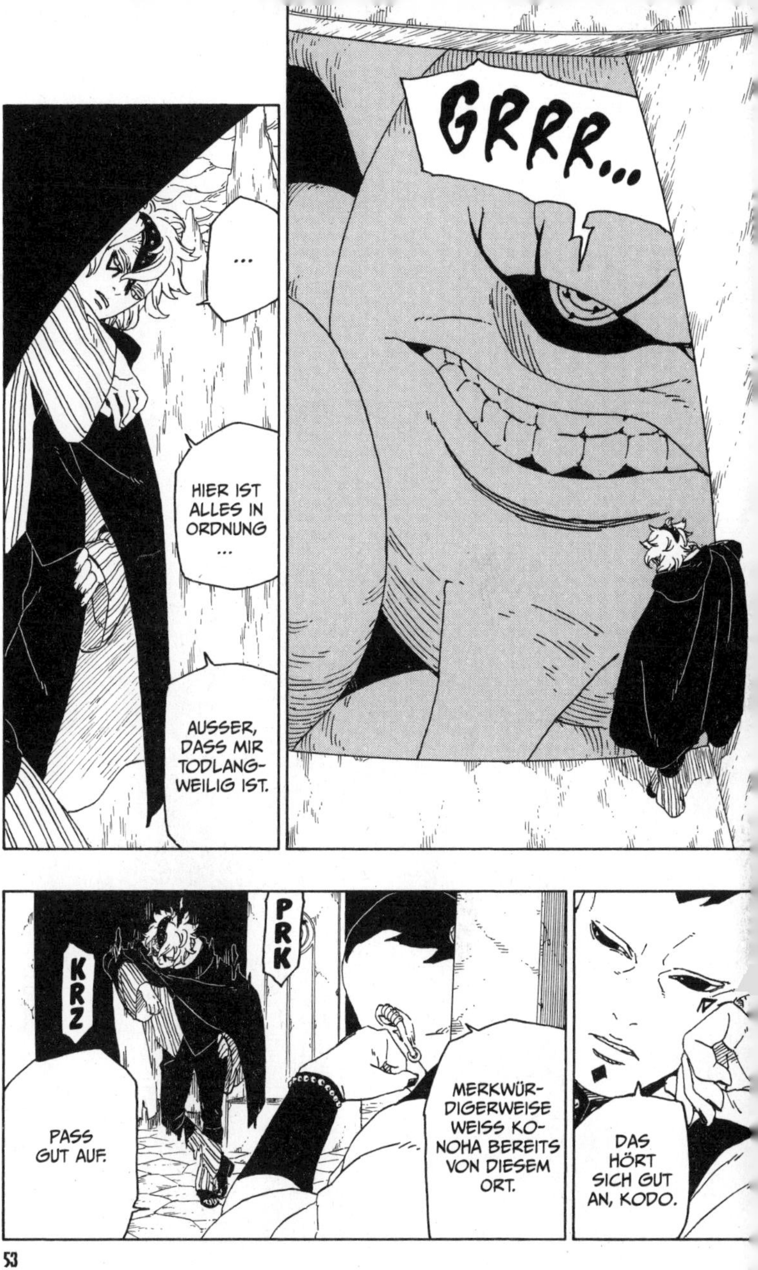
GRRR...
...
HIER IST ALLES IN ORDNUNG ...
AUSSER, DASS MIR TODLANGWEILIG IST.
DAS HÖRT SICH GUT AN, KODO.
MERKWÜRDIGERWEISE WEISS KONOHA BEREITS VON DIESEM ORT.
PRK
KRZ
PASS GUT AUF.

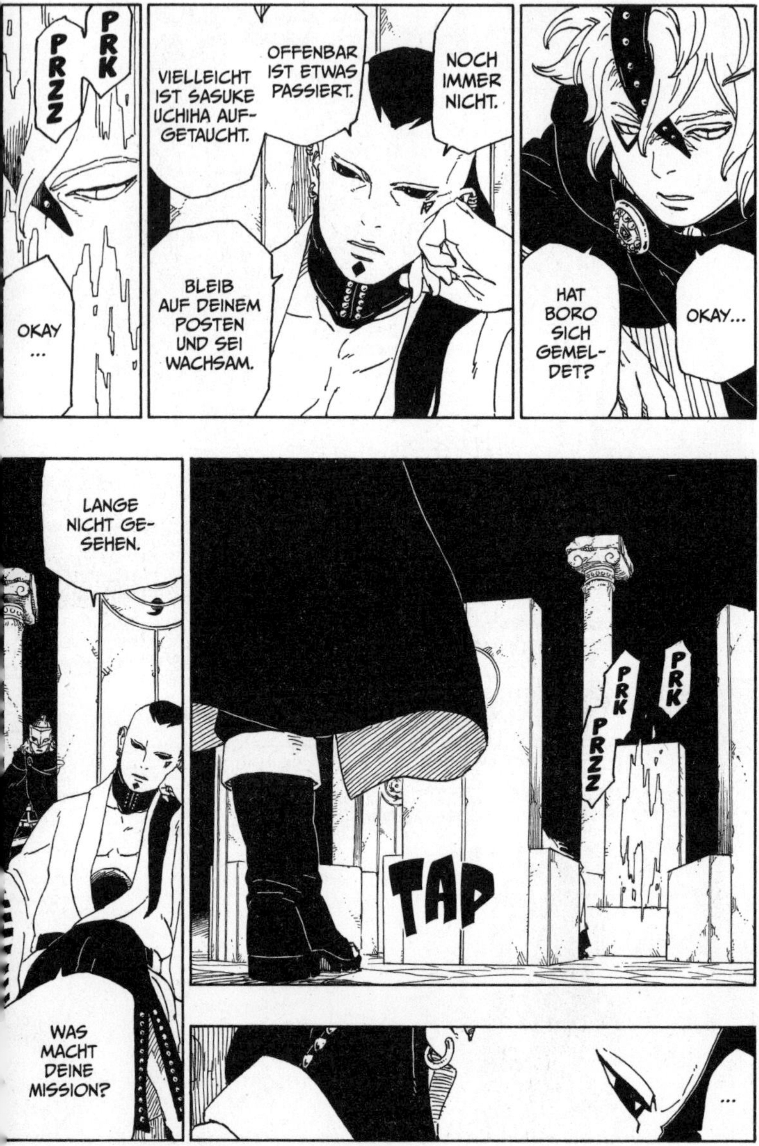
OKAY...
HAT BORO SICH GEMEL-DET?
NOCH IMMER NICHT.
OFFENBAR IST ETWAS PASSIERT.
VIELLEICHT IST SASUKE UCHIHA AUF-GETAUCHT.
BLEIB AUF DEINEM POSTEN UND SEI WACHSAM.
PRK
PRZZ
OKAY ...
PRK
PRK
PRZZ
TAP
LANGE NICHT GE-SEHEN.
...
WAS MACHT DEINE MISSION?

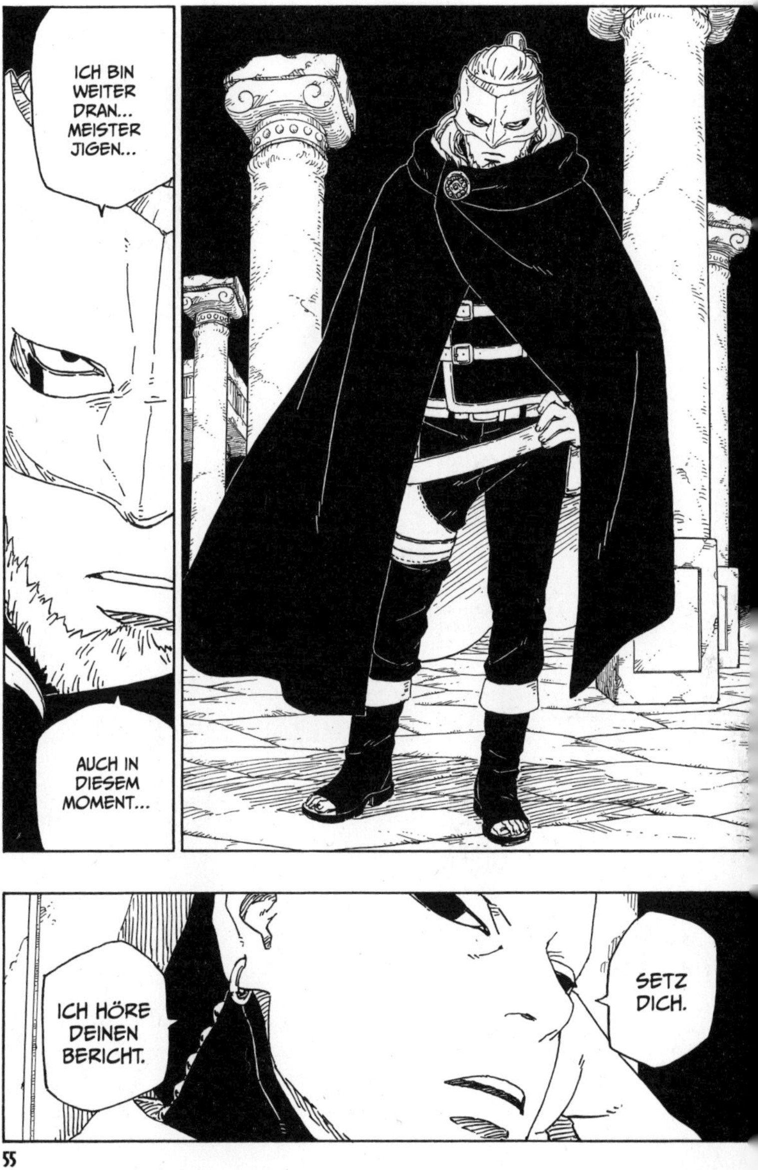
ICH BIN WEITER DRAN... MEISTER JIGEN...
AUCH IN DIESEM MOMENT...
SETZ DICH.
ICH HÖRE DEINEN BERICHT.

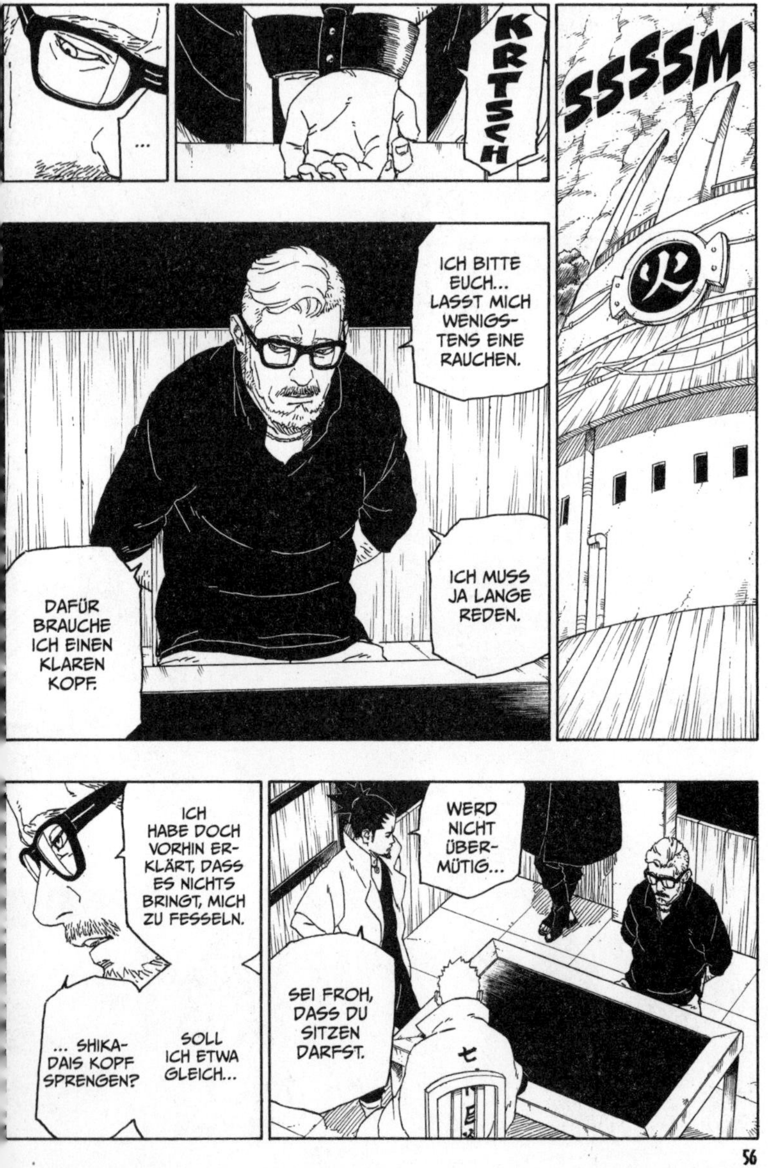
SSSSM
KRTSCH
...
ICH BITTE EUCH... LASST MICH WENIGSTENS EINE RAUCHEN.
ICH MUSS JA LANGE REDEN.
DAFÜR BRAUCHE ICH EINEN KLAREN KOPF.
WERD NICHT ÜBERMÜTIG...
SEI FROH, DASS DU SITZEN DARFST.
ICH HABE DOCH VORHIN ERKLÄRT, DASS ES NICHTS BRINGT, MICH ZU FESSELN.
SOLL ICH ETWA GLEICH...
... SHIKADAIS KOPF SPRENGEN?

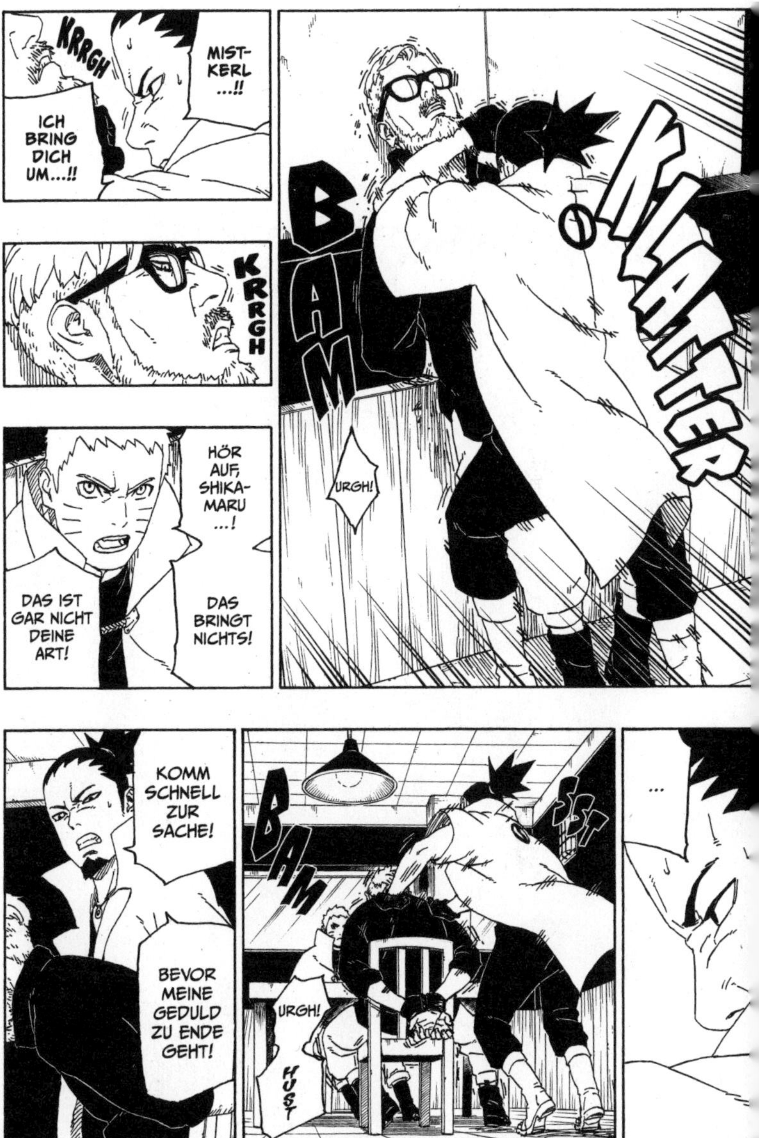
KLATTER
BAM
URGH!
MIST-KERL ...!!
KRRGH
ICH BRING DICH UM...!!
KRRGH
HÖR AUF, SHIKA-MARU ...!
DAS BRINGT NICHTS!
DAS IST GAR NICHT DEINE ART!
...
SST
BAM
URGH!
HUST
KOMM SCHNELL ZUR SACHE!
BEVOR MEINE GEDULD ZU ENDE GEHT!

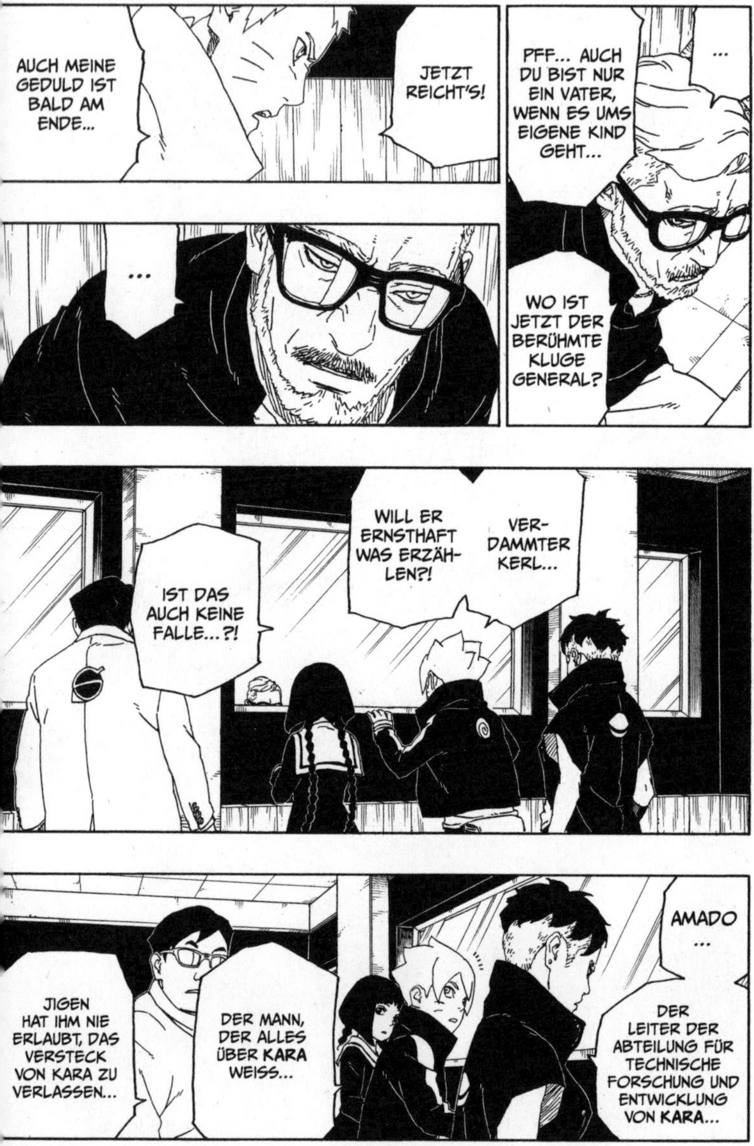
...
PFF... AUCH DU BIST NUR EIN VATER, WENN ES UMS EIGENE KIND GEHT...
WO IST JETZT DER BERÜHMTE KLUGE GENERAL?
JETZT REICHT'S!
AUCH MEINE GEDULD IST BALD AM ENDE...
...
VER-DAMMTER KERL...
WILL ER ERNSTHAFT WAS ERZÄH-LEN?!
IST DAS AUCH KEINE FALLE...?!
AMADO ...
DER LEITER DER ABTEILUNG FÜR TECHNISCHE FORSCHUNG UND ENTWICKLUNG VON KARA...
DER MANN, DER ALLES ÜBER KARA WEISS...
JIGEN HAT IHM NIE ERLAUBT, DAS VERSTECK VON KARA ZU VERLASSEN...

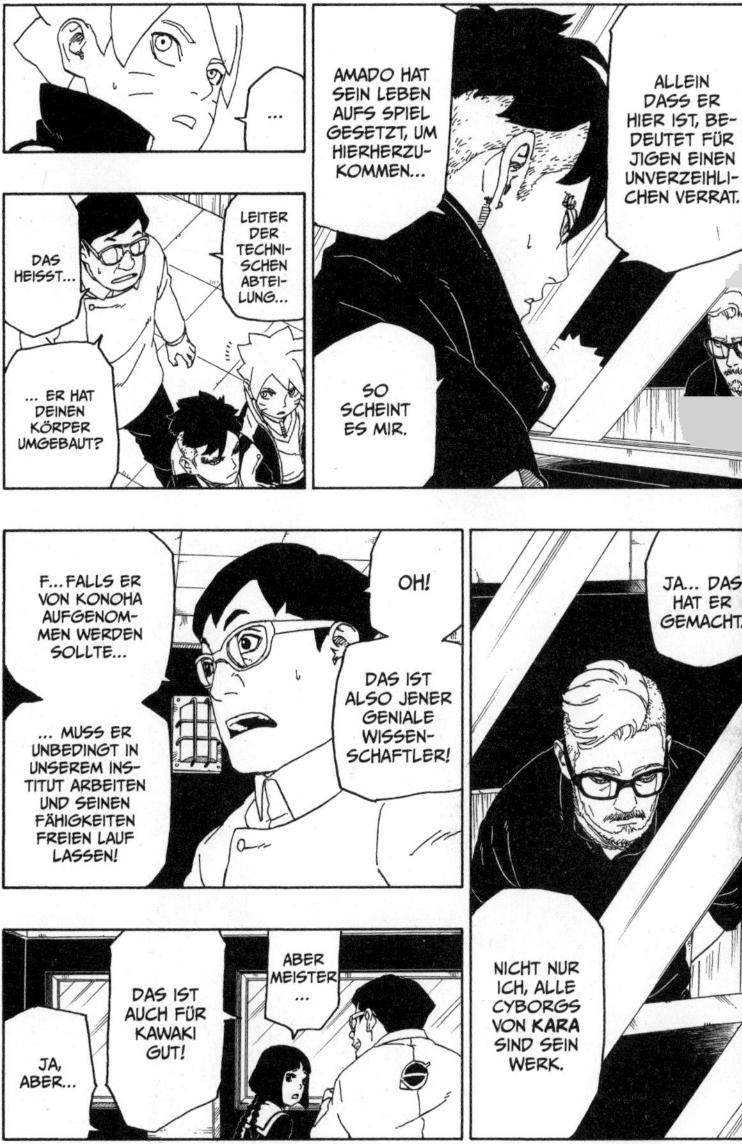
ALLEIN DASS ER HIER IST, BEDEUTET FÜR JIGEN EINEN UNVERZEIHLICHEN VERRAT.
AMADO HAT SEIN LEBEN AUFS SPIEL GESETZT, UM HIERHERZUKOMMEN...
SO SCHEINT ES MIR.
...
LEITER DER TECHNISCHEN ABTEILUNG...
DAS HEISST...
... ER HAT DEINEN KÖRPER UMGEBAUT?
JA... DAS HAT ER GEMACHT.
NICHT NUR ICH, ALLE CYBORGS VON KARA SIND SEIN WERK.
OH!
DAS IST ALSO JENER GENIALE WISSENSCHAFTLER!
F...FALLS ER VON KONOHA AUFGENOMMEN WERDEN SOLLTE...
... MUSS ER UNBEDINGT IN UNSEREM INSTITUT ARBEITEN UND SEINEN FÄHIGKEITEN FREIEN LAUF LASSEN!
ABER MEISTER...
DAS IST AUCH FÜR KAWAKI GUT!
JA, ABER...

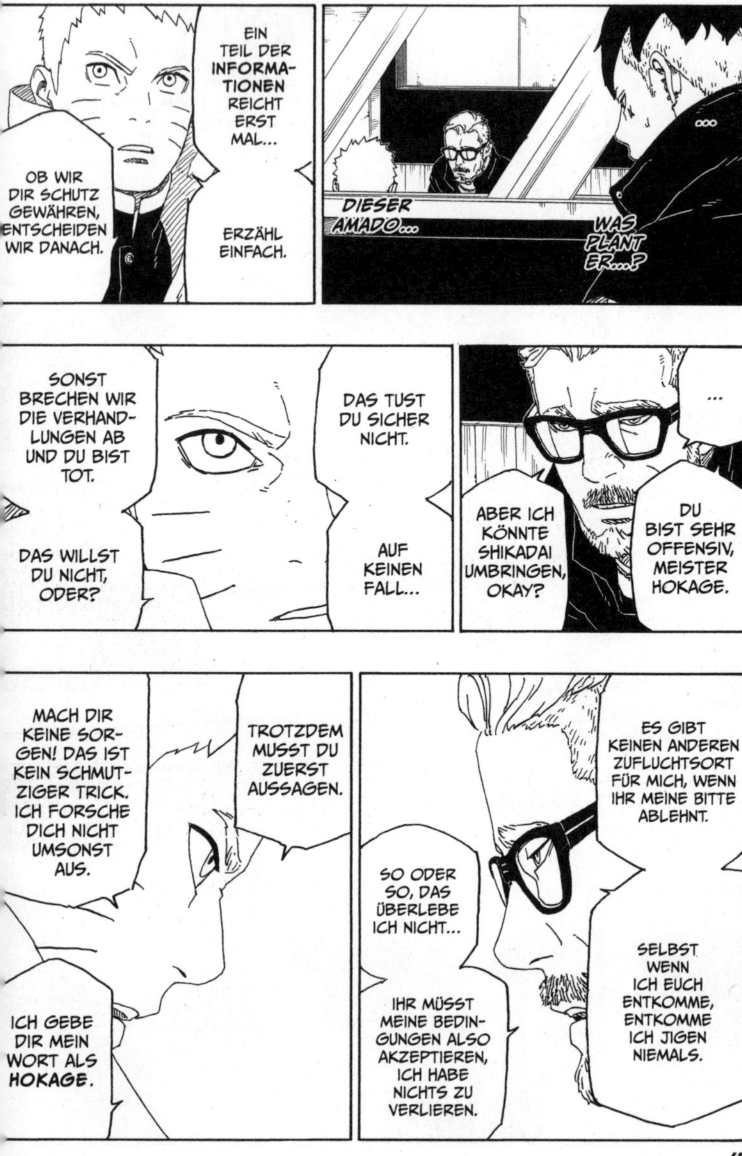
DIESER AMADO...
WAS PLANT ER...?
EIN TEIL DER INFORMATIONEN REICHT ERST MAL...
ERZÄHL EINFACH.
OB WIR DIR SCHUTZ GEWÄHREN, ENTSCHEIDEN WIR DANACH.
...
DU BIST SEHR OFFENSIV, MEISTER HOKAGE.
ABER ICH KÖNNTE SHIKADAI UMBRINGEN, OKAY?
DAS TUST DU SICHER NICHT.
AUF KEINEN FALL...
SONST BRECHEN WIR DIE VERHANDLUNGEN AB UND DU BIST TOT.
DAS WILLST DU NICHT, ODER?
ES GIBT KEINEN ANDEREN ZUFLUCHTSORT FÜR MICH, WENN IHR MEINE BITTE ABLEHNT.
SO ODER SO, DAS ÜBERLEBE ICH NICHT...
SELBST WENN ICH EUCH ENTKOMME, ENTKOMME ICH JIGEN NIEMALS.
IHR MÜSST MEINE BEDINGUNGEN ALSO AKZEPTIEREN, ICH HABE NICHTS ZU VERLIEREN.
TROTZDEM MUSST DU ZUERST AUSSAGEN.
MACH DIR KEINE SORGEN! DAS IST KEIN SCHMUTZIGER TRICK. ICH FORSCHE DICH NICHT UMSONST AUS.
ICH GEBE DIR MEIN WORT ALS HOKAGE.

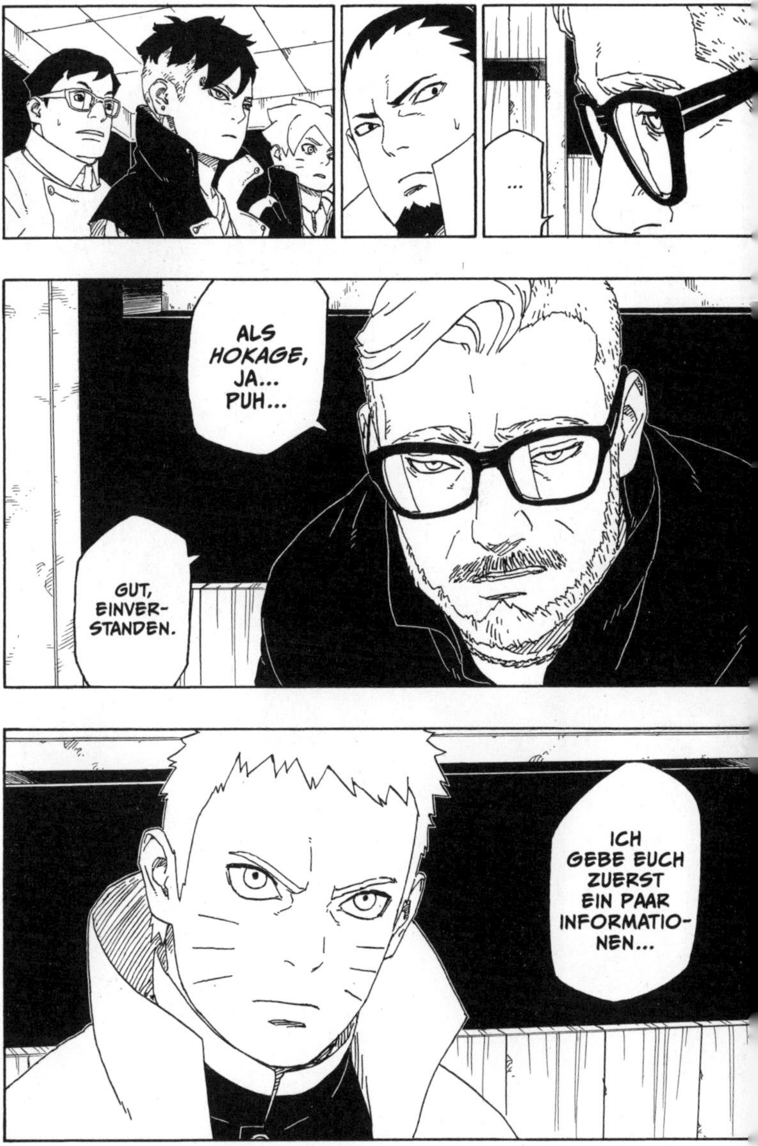
...
ALS HOKAGE, JA... PUH...
GUT, EINVER-STANDEN.
ICH GEBE EUCH ZUERST EIN PAAR INFORMATIO-NEN...

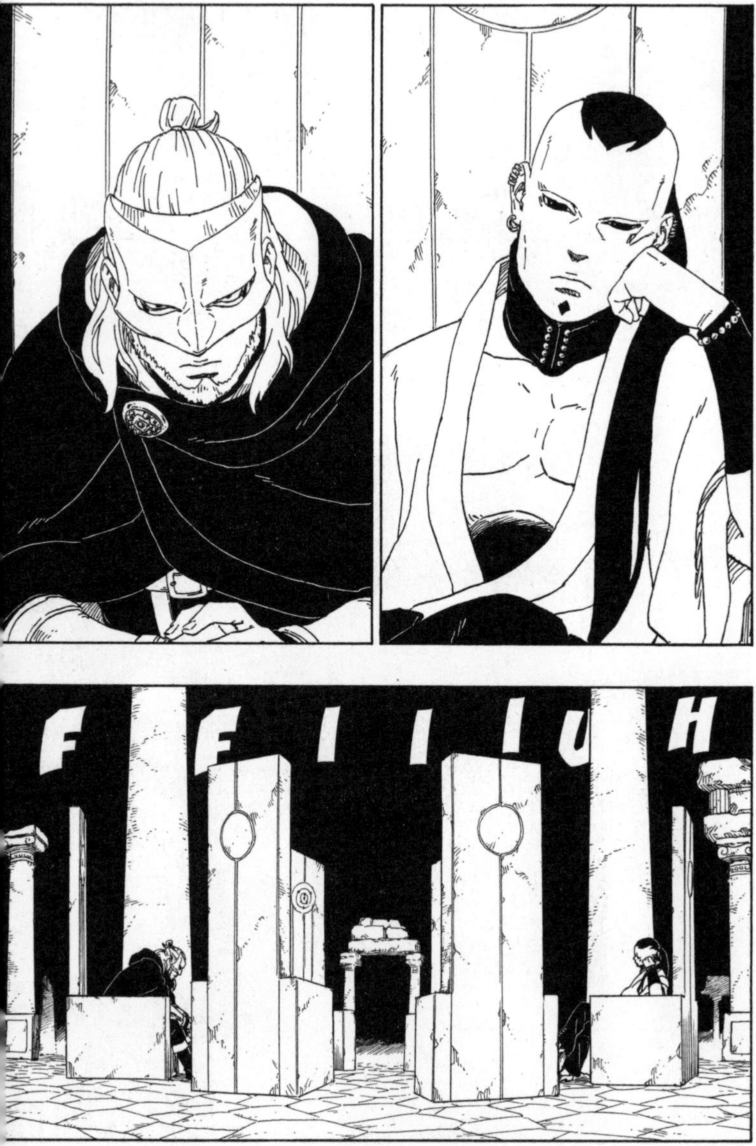
FFIIUH

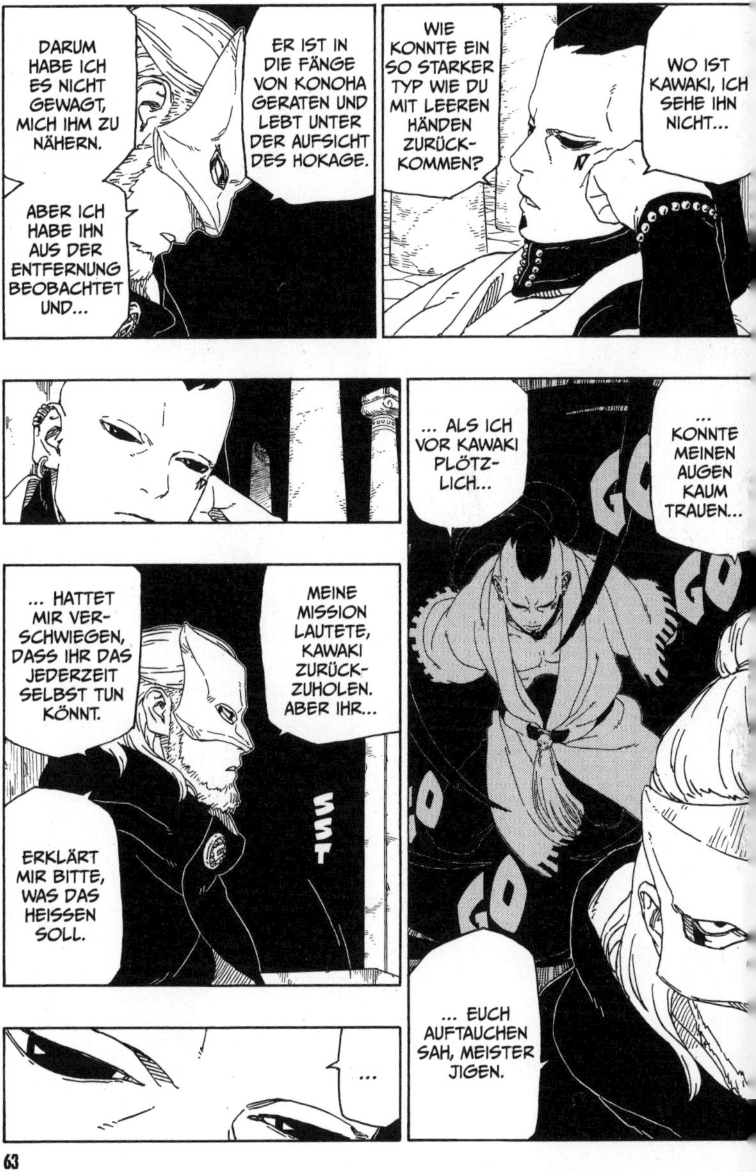
WO IST KAWAKI, ICH SEHE IHN NICHT...
WIE KONNTE EIN SO STARKER TYP WIE DU MIT LEEREN HÄNDEN ZURÜCK-KOMMEN?
ER IST IN DIE FÄNGE VON KONOHA GERATEN UND LEBT UNTER DER AUFSICHT DES HOKAGE.
DARUM HABE ICH ES NICHT GEWAGT, MICH IHM ZU NÄHERN.
ABER ICH HABE IHN AUS DER ENTFERNUNG BEOBACHTET UND...
... KONNTE MEINEN AUGEN KAUM TRAUEN...
... ALS ICH VOR KAWAKI PLÖTZ-LICH...
GO
GO
GO
GO
... EUCH AUFTAUCHEN SAH, MEISTER JIGEN.
MEINE MISSION LAUTETE, KAWAKI ZURÜCK-ZUHOLEN. ABER IHR...
... HATTET MIR VER-SCHWIEGEN, DASS IHR DAS JEDERZEIT SELBST TUN KÖNNT.
SST
ERKLÄRT MIR BITTE, WAS DAS HEISSEN SOLL.
...

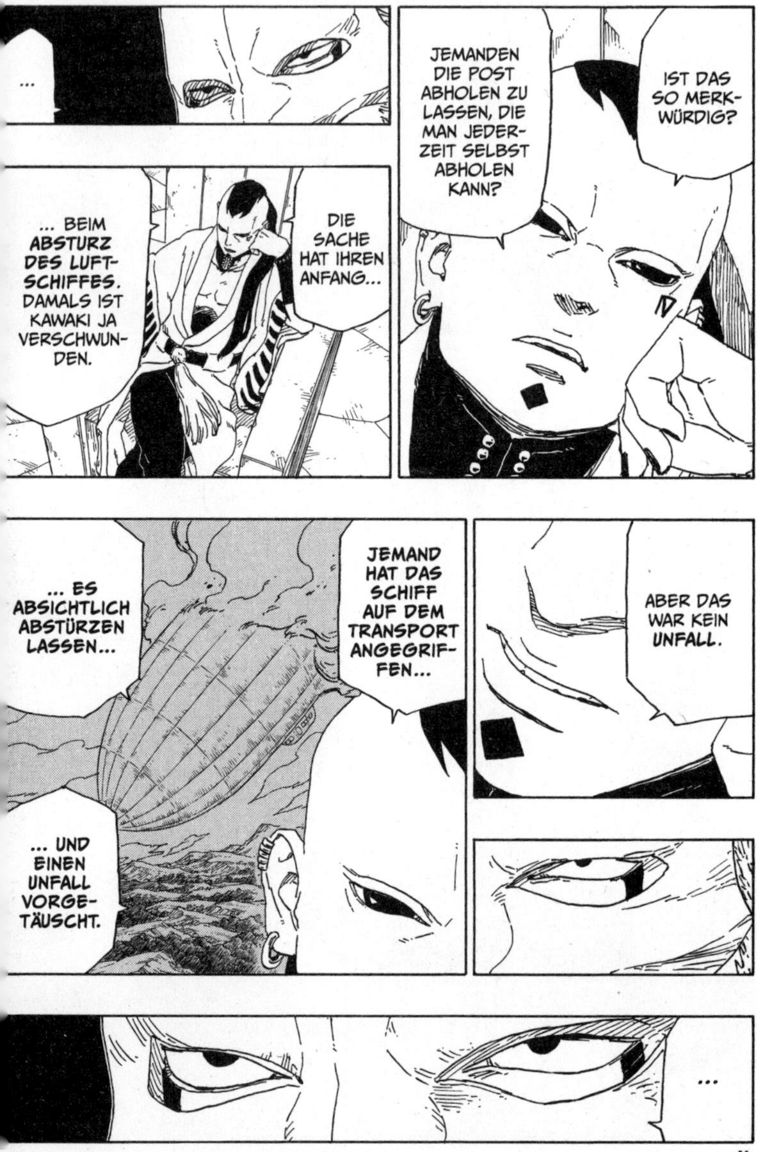
IST DAS SO MERKWÜRDIG?
JEMANDEN DIE POST ABHOLEN ZU LASSEN, DIE MAN JEDERZEIT SELBST ABHOLEN KANN?
...
DIE SACHE HAT IHREN ANFANG...
... BEIM ABSTURZ DES LUFTSCHIFFES. DAMALS IST KAWAKI JA VERSCHWUNDEN.
ABER DAS WAR KEIN UNFALL.
JEMAND HAT DAS SCHIFF AUF DEM TRANSPORT ANGEGRIFFEN...
... ES ABSICHTLICH ABSTÜRZEN LASSEN...
... UND EINEN UNFALL VORGETÄUSCHT.
...

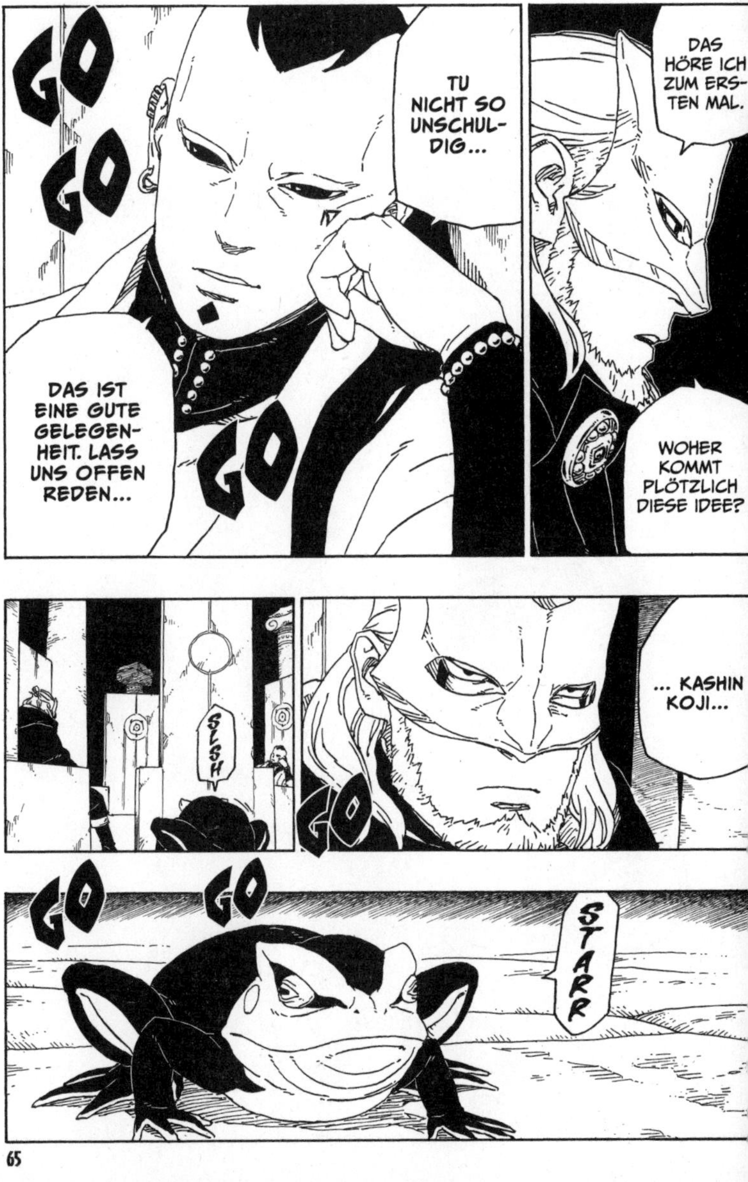
DAS HÖRE ICH ZUM ERSTEN MAL.
WOHER KOMMT PLÖTZLICH DIESE IDEE?
TU NICHT SO UNSCHUL-DIG...
GO GO
DAS IST EINE GUTE GELEGEN-HEIT. LASS UNS OFFEN REDEN...
GO
... KASHIN KOJI...
GO
SLSH
GO GO
STARR

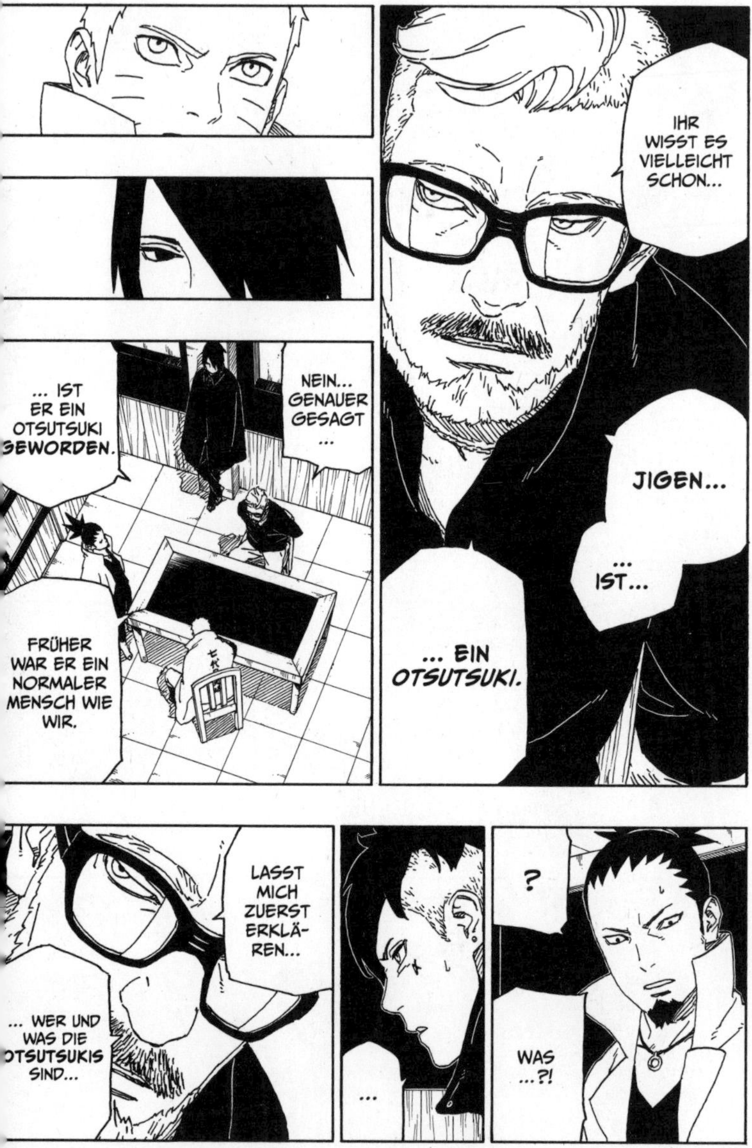

IHR WISST ES VIELLEICHT SCHON...
JIGEN...
... IST...
... EIN OTSUTSUKI.
NEIN... GENAUER GESAGT ...
... IST ER EIN OTSUTSUKI GEWORDEN.
FRÜHER WAR ER EIN NORMALER MENSCH WIE WIR.
?
WAS ...?!
...
LASST MICH ZUERST ERKLÄREN...
... WER UND WAS DIE OTSUTSUKIS SIND...

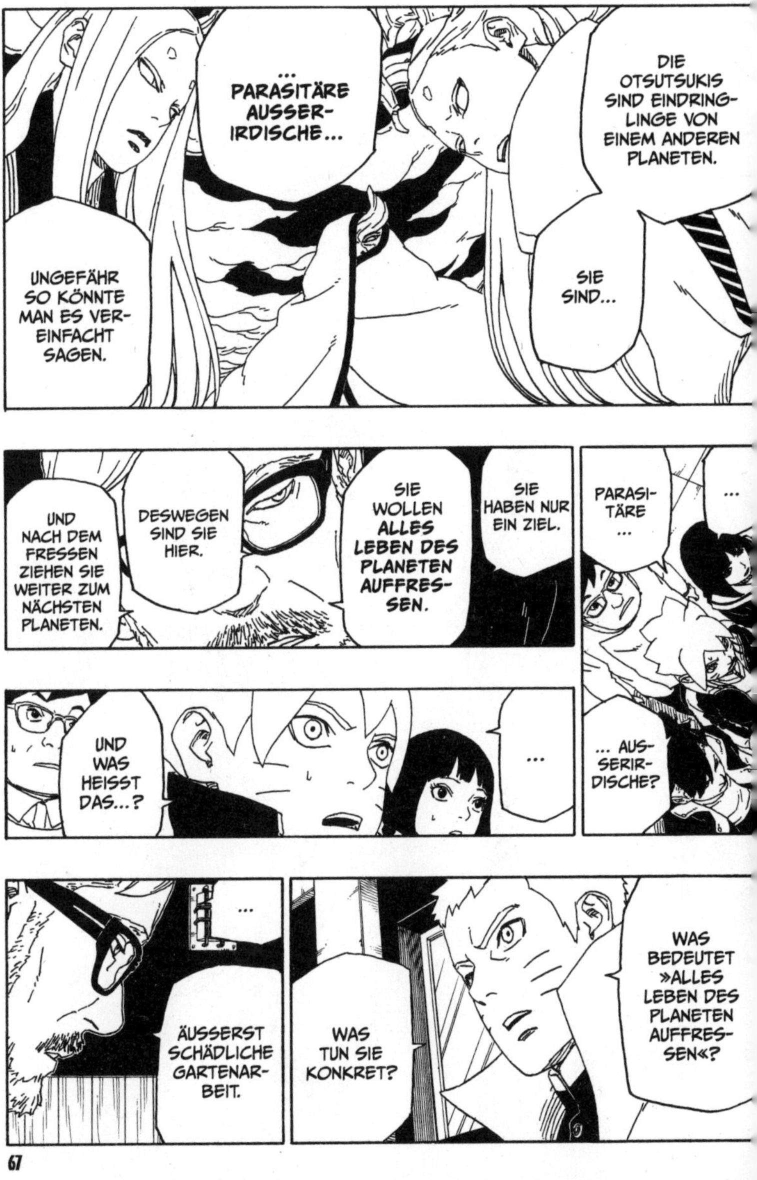
DIE OTSUTSUKIS SIND EINDRINGLINGE VON EINEM ANDEREN PLANETEN.
SIE SIND...
... PARASITÄRE AUSSERIRDISCHE...
UNGEFÄHR SO KÖNNTE MAN ES VEREINFACHT SAGEN.
...
PARASITÄRE ...
... AUSSERIRDISCHE?
SIE HABEN NUR EIN ZIEL.
SIE WOLLEN ALLES LEBEN DES PLANETEN AUFFRESSEN.
DESWEGEN SIND SIE HIER.
UND NACH DEM FRESSEN ZIEHEN SIE WEITER ZUM NÄCHSTEN PLANETEN.
...
UND WAS HEISST DAS...?
WAS BEDEUTET »ALLES LEBEN DES PLANETEN AUFFRESSEN«?
WAS TUN SIE KONKRET?
...
ÄUSSERST SCHÄDLICHE GARTENARBEIT.

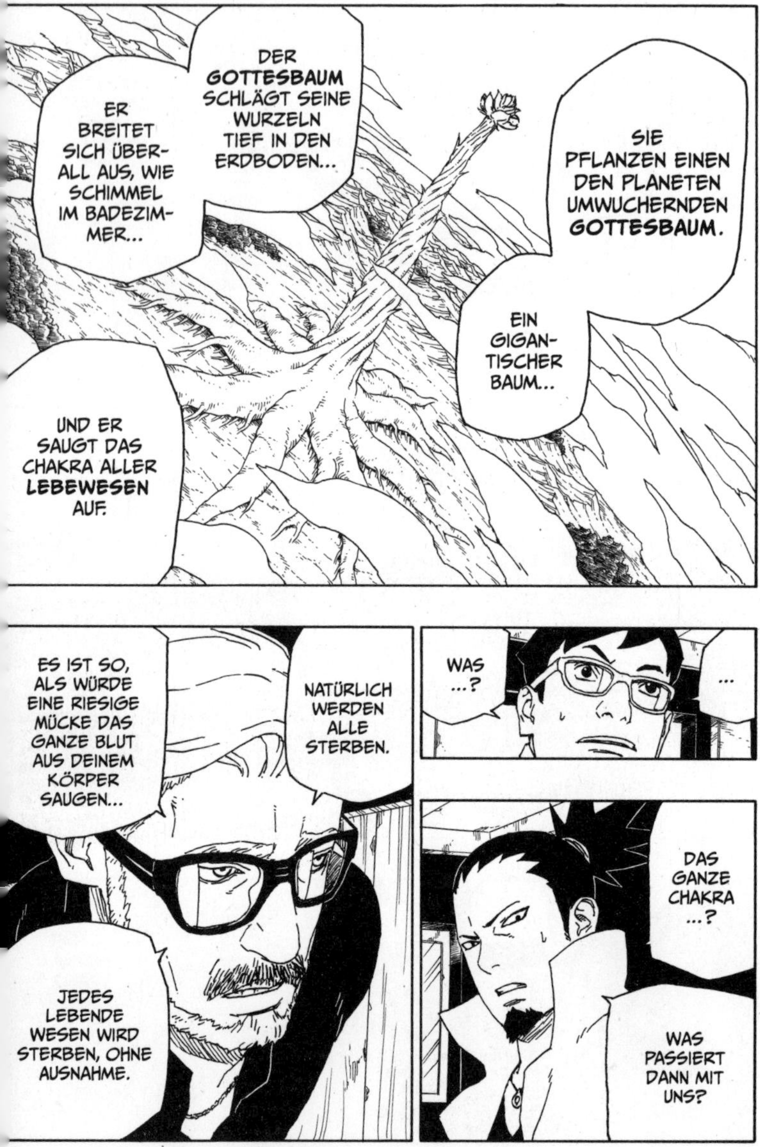
SIE PFLANZEN EINEN DEN PLANETEN UMWUCHERNDEN GOTTESBAUM.
EIN GIGANTISCHER BAUM...
DER GOTTESBAUM SCHLÄGT SEINE WURZELN TIEF IN DEN ERDBODEN...
ER BREITET SICH ÜBERALL AUS, WIE SCHIMMEL IM BADEZIMMER...
UND ER SAUGT DAS CHAKRA ALLER LEBEWESEN AUF.
...
WAS ...?
DAS GANZE CHAKRA ...?
WAS PASSIERT DANN MIT UNS?
NATÜRLICH WERDEN ALLE STERBEN.
ES IST SO, ALS WÜRDE EINE RIESIGE MÜCKE DAS GANZE BLUT AUS DEINEM KÖRPER SAUGEN...
JEDES LEBENDE WESEN WIRD STERBEN, OHNE AUSNAHME.

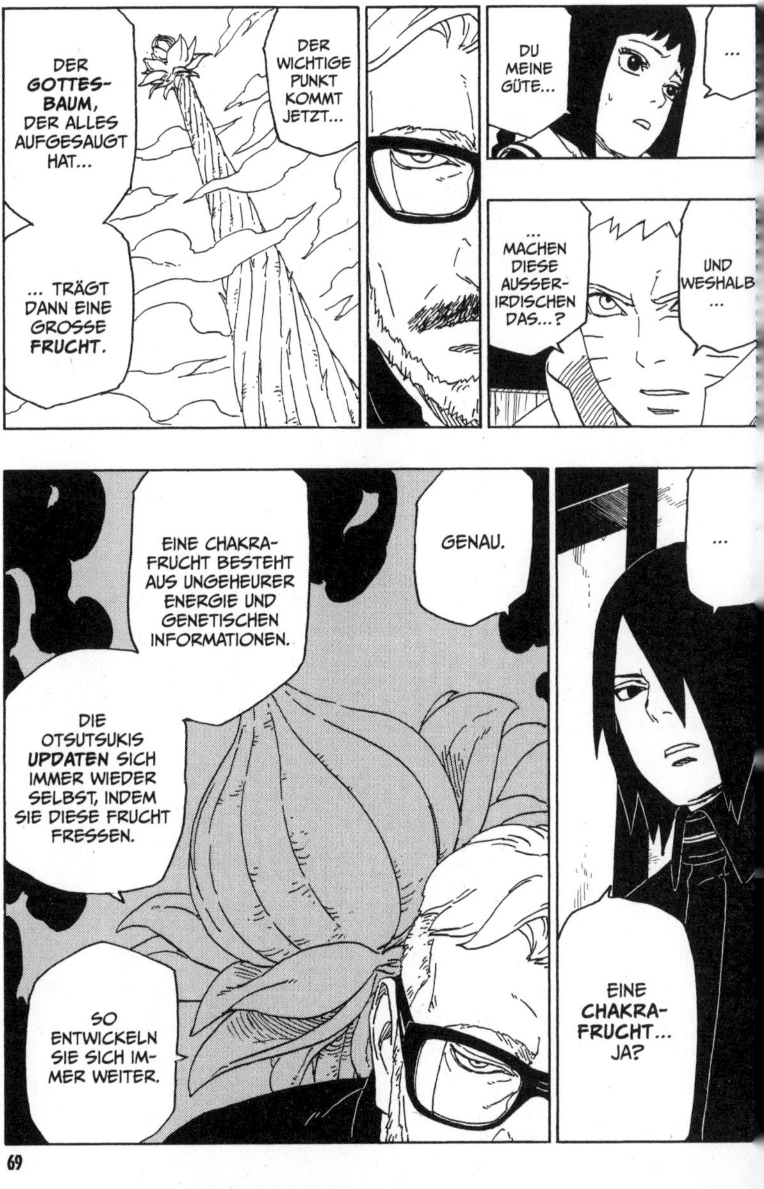
...
DU MEINE GÜTE...
UND WESHALB ...
... MACHEN DIESE AUSSERIRDISCHEN DAS...?
DER WICHTIGE PUNKT KOMMT JETZT...
DER GOTTESBAUM, DER ALLES AUFGESAUGT HAT...
... TRÄGT DANN EINE GROSSE FRUCHT.
...
EINE CHAKRAFRUCHT... JA?
GENAU.
EINE CHAKRAFRUCHT BESTEHT AUS UNGEHEURER ENERGIE UND GENETISCHEN INFORMATIONEN.
DIE OTSUTSUKIS UPDATEN SICH IMMER WIEDER SELBST, INDEM SIE DIESE FRUCHT FRESSEN.
SO ENTWICKELN SIE SICH IMMER WEITER.

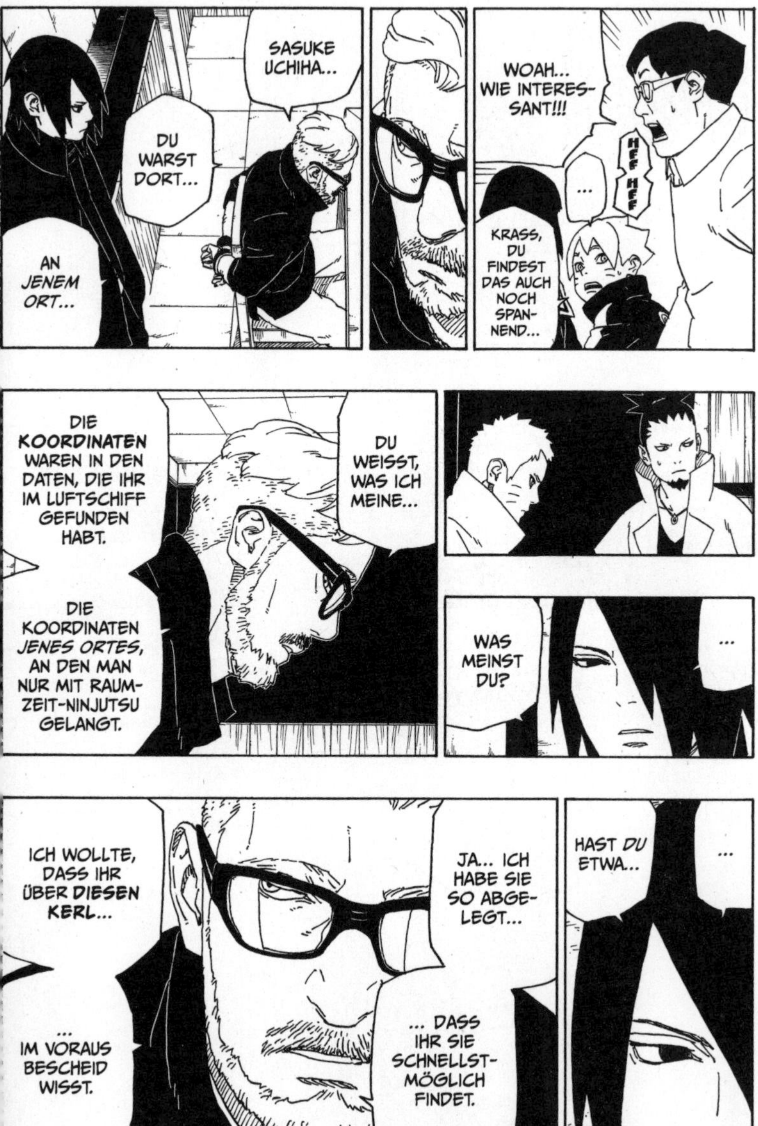
WOAH... WIE INTERES-SANT!!!
HFF HFF
...
KRASS, DU FINDEST DAS AUCH NOCH SPAN-NEND...
SASUKE UCHIHA...
DU WARST DORT...
AN JENEM ORT...
...
WAS MEINST DU?
DU WEISST, WAS ICH MEINE...
DIE KOORDINATEN WAREN IN DEN DATEN, DIE IHR IM LUFTSCHIFF GEFUNDEN HABT.
DIE KOORDINATEN JENES ORTES, AN DEN MAN NUR MIT RAUM-ZEIT-NINJUTSU GELANGT.
...
HAST DU ETWA...
JA... ICH HABE SIE SO ABGE-LEGT...
... DASS IHR SIE SCHNELLST-MÖGLICH FINDET.
ICH WOLLTE, DASS IHR ÜBER DIESEN KERL...
... IM VORAUS BESCHEID WISST.

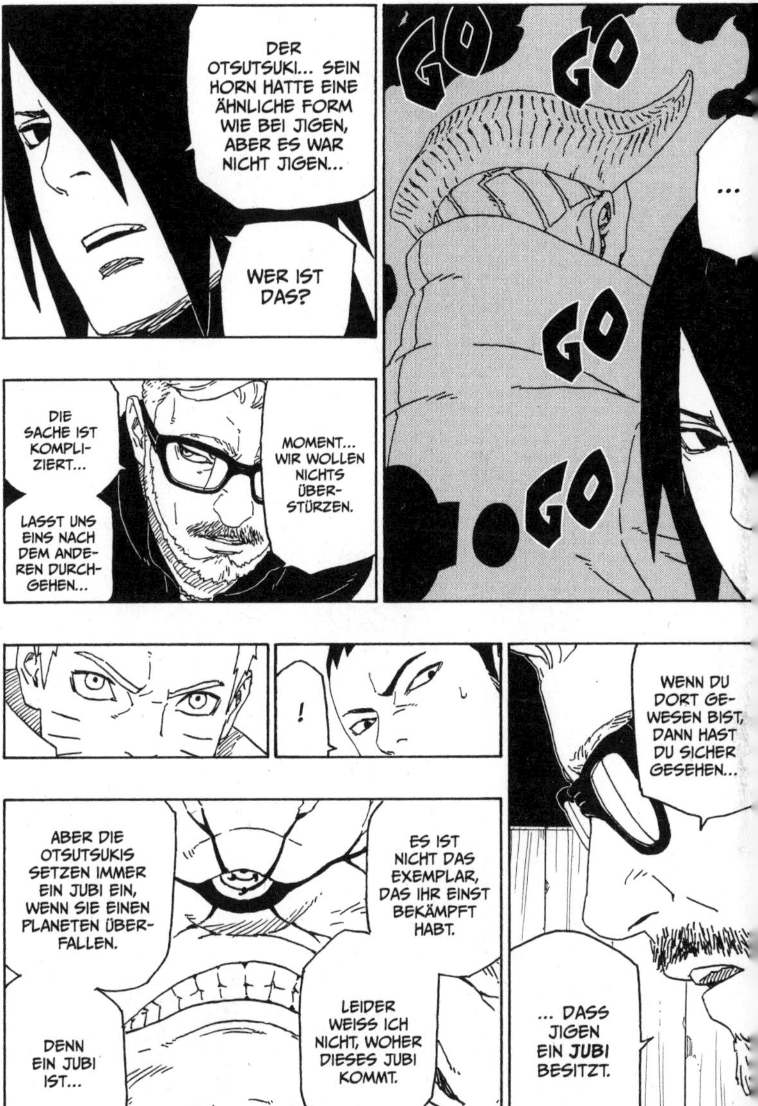
GO GO
...
GO
GO
DER OTSUTSUKI... SEIN HORN HATTE EINE ÄHNLICHE FORM WIE BEI JIGEN, ABER ES WAR NICHT JIGEN...
WER IST DAS?
MOMENT... WIR WOLLEN NICHTS ÜBER-STÜRZEN.
DIE SACHE IST KOMPLI-ZIERT...
LASST UNS EINS NACH DEM ANDE-REN DURCH-GEHEN...
WENN DU DORT GE-WESEN BIST, DANN HAST DU SICHER GESEHEN...
... DASS JIGEN EIN **JUBI** BESITZT.
!
ES IST NICHT DAS EXEMPLAR, DAS IHR EINST BEKÄMPFT HABT.
LEIDER WEISS ICH NICHT, WOHER DIESES JUBI KOMMT.
ABER DIE OTSUTSUKIS SETZEN IMMER EIN JUBI EIN, WENN SIE EINEN PLANETEN ÜBER-FALLEN.
DENN EIN JUBI IST...

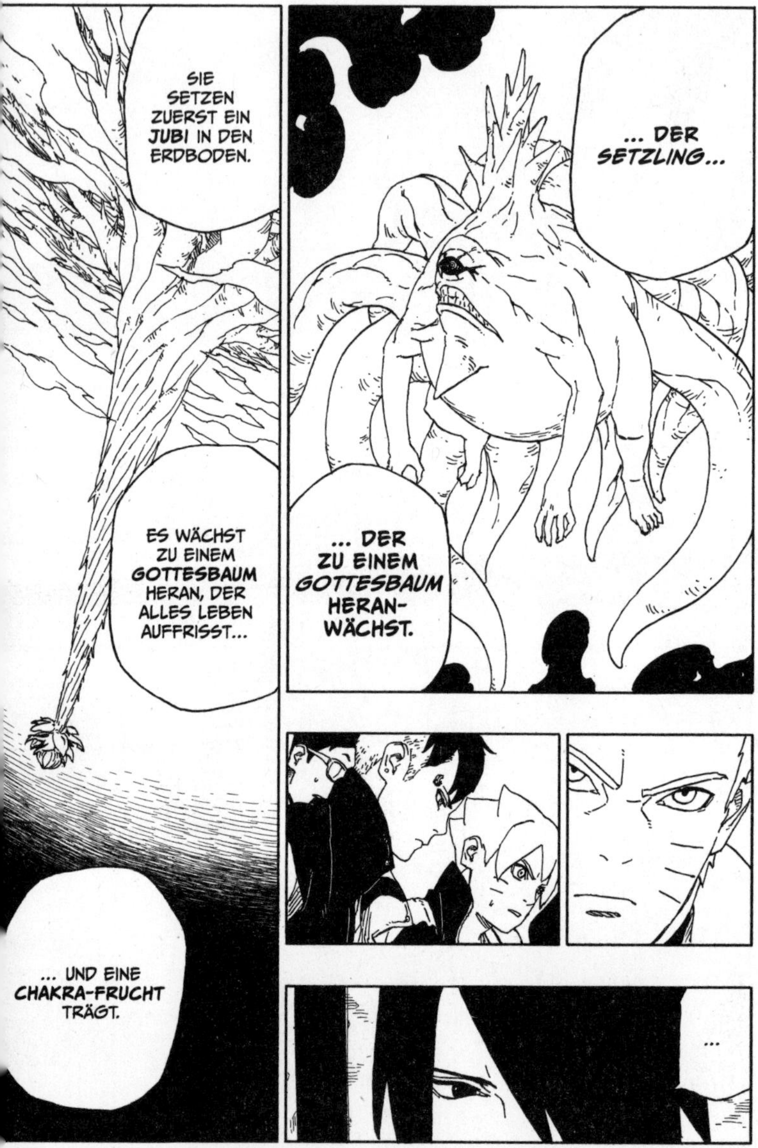
... DER SETZLING...
... DER ZU EINEM GOTTESBAUM HERAN-WÄCHST.
SIE SETZEN ZUERST EIN JUBI IN DEN ERDBODEN.
ES WÄCHST ZU EINEM GOTTESBAUM HERAN, DER ALLES LEBEN AUFFRISST...
... UND EINE CHAKRA-FRUCHT TRÄGT.
...

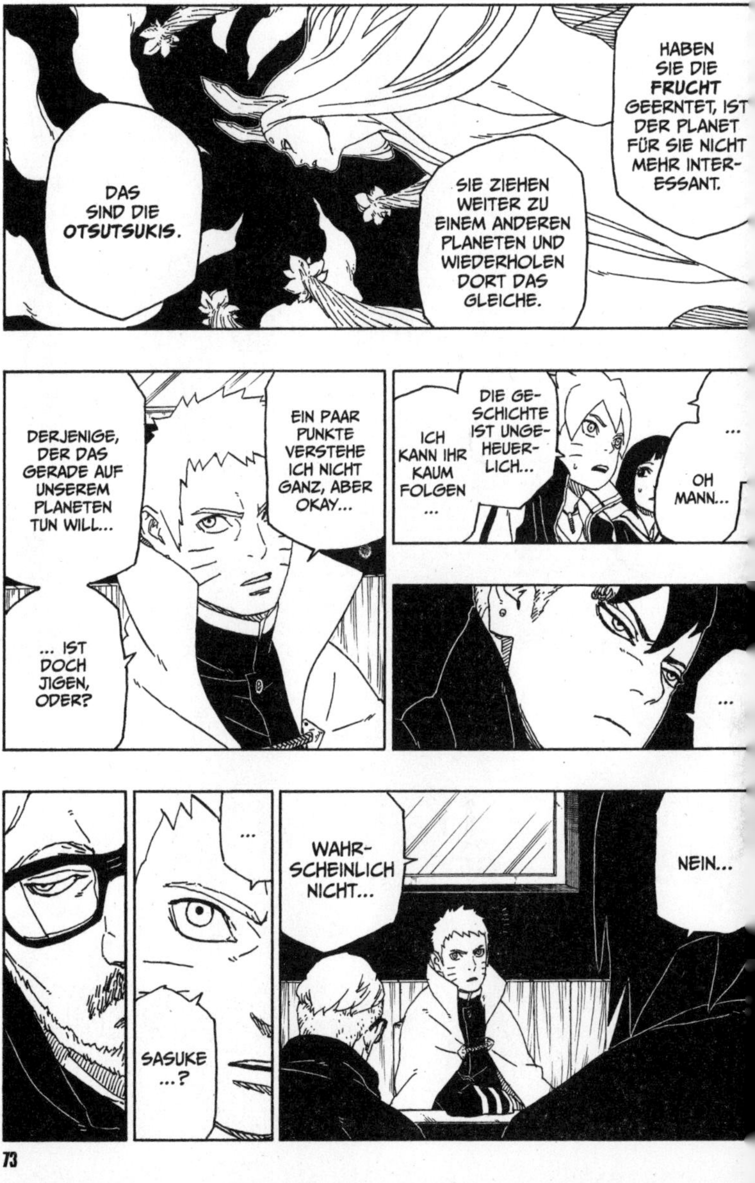
HABEN SIE DIE FRUCHT GEERNTET, IST DER PLANET FÜR SIE NICHT MEHR INTERESSANT.
SIE ZIEHEN WEITER ZU EINEM ANDEREN PLANETEN UND WIEDERHOLEN DORT DAS GLEICHE.
DAS SIND DIE OTSUTSUKIS.
...
OH MANN...
DIE GESCHICHTE IST UNGEHEUERLICH...
ICH KANN IHR KAUM FOLGEN ...
EIN PAAR PUNKTE VERSTEHE ICH NICHT GANZ, ABER OKAY...
DERJENIGE, DER DAS GERADE AUF UNSEREM PLANETEN TUN WILL...
... IST DOCH JIGEN, ODER?
...
NEIN...
WAHRSCHEINLICH NICHT...
...
SASUKE ...?

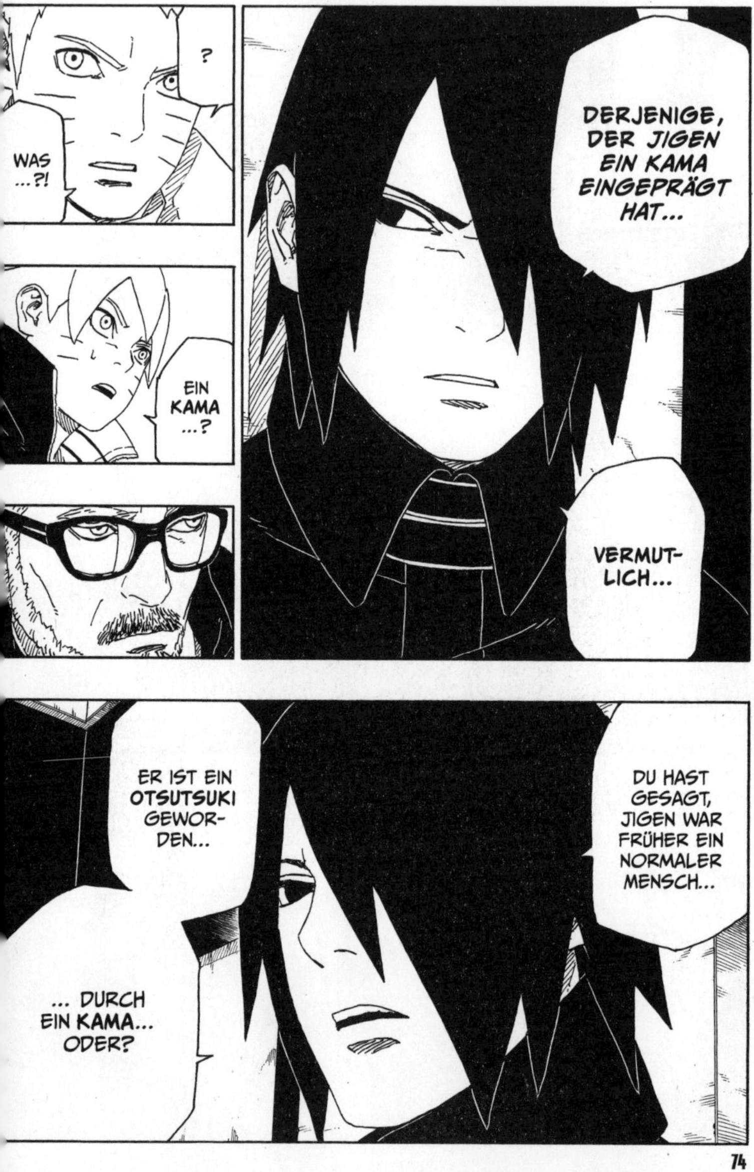
DERJENIGE, DER JIGEN EIN KAMA EINGEPRÄGT HAT...
VERMUT-LICH...
?
WAS ...?!
EIN KAMA ...?
DU HAST GESAGT, JIGEN WAR FRÜHER EIN NORMALER MENSCH...
ER IST EIN OTSUTSUKI GEWOR-DEN...
... DURCH EIN KAMA... ODER?

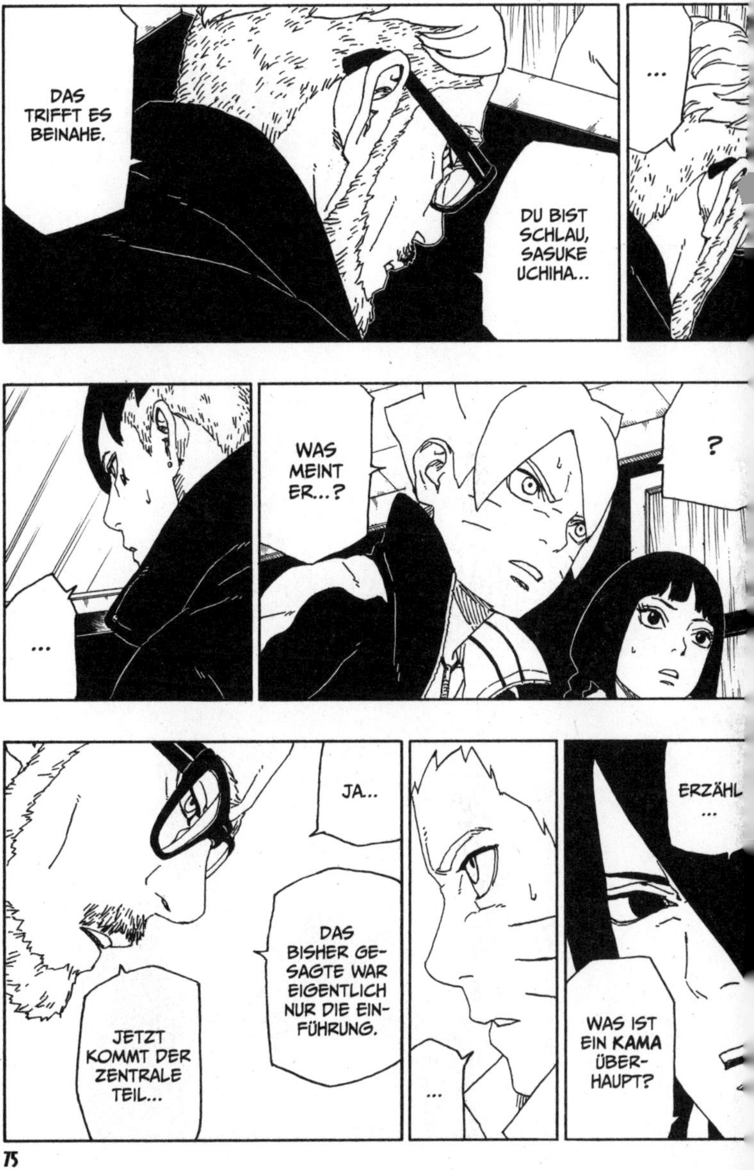
...
DU BIST SCHLAU, SASUKE UCHIHA...
DAS TRIFFT ES BEINAHE.
?
WAS MEINT ER...?
...
ERZÄHL ...
WAS IST EIN KAMA ÜBERHAUPT?
...
JA..
DAS BISHER GESAGTE WAR EIGENTLICH NUR DIE EINFÜHRUNG.
JETZT KOMMT DER ZENTRALE TEIL...

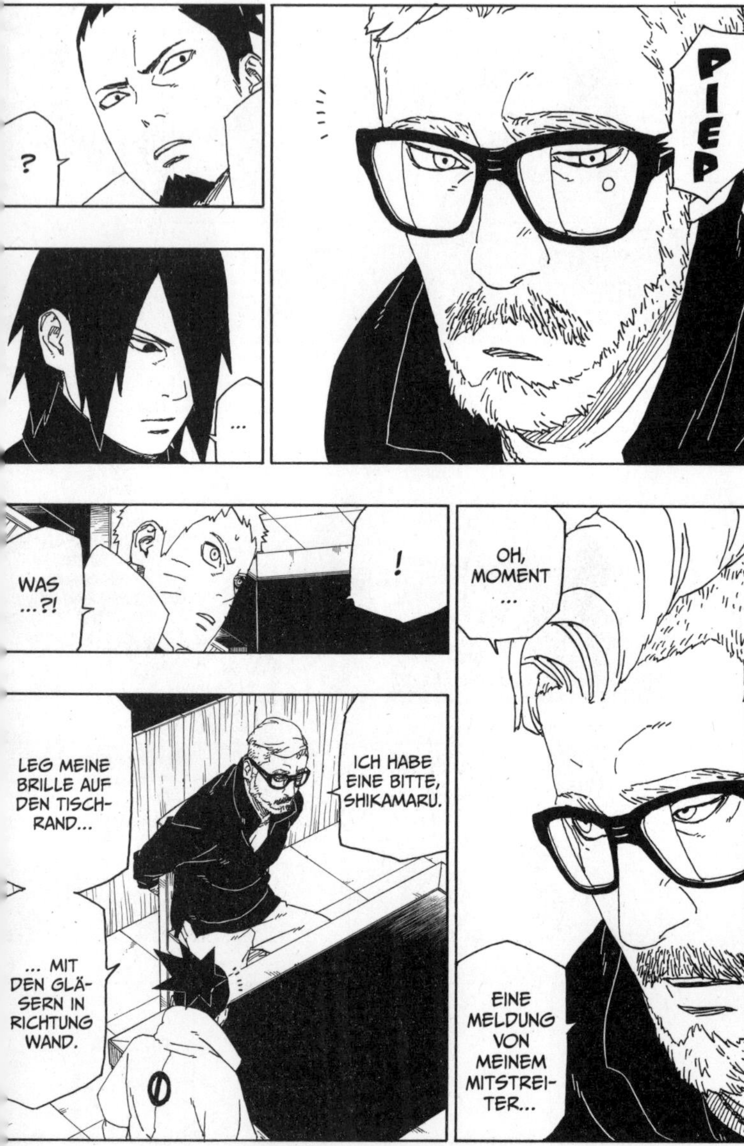
PIEP
?
...
!
WAS ...?!
OH, MOMENT ...
ICH HABE EINE BITTE, SHIKAMARU.
LEG MEINE BRILLE AUF DEN TISCH-RAND...
... MIT DEN GLÄ-SERN IN RICHTUNG WAND.
EINE MELDUNG VON MEINEM MITSTREI-TER...

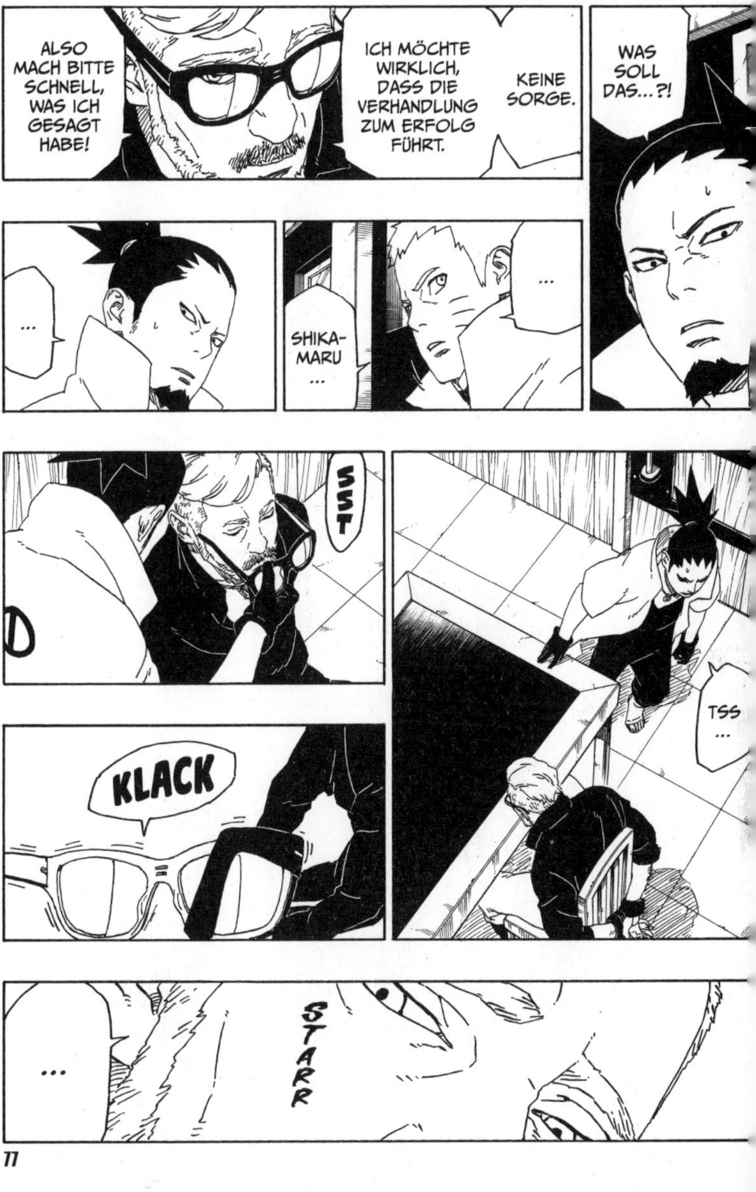

WAS SOLL DAS...?!
KEINE SORGE.
ICH MÖCHTE WIRKLICH, DASS DIE VERHANDLUNG ZUM ERFOLG FÜHRT.
ALSO MACH BITTE SCHNELL, WAS ICH GESAGT HABE!
...
SHIKA-MARU ...
...
TSS ...
SST
KLACK
STARR
...

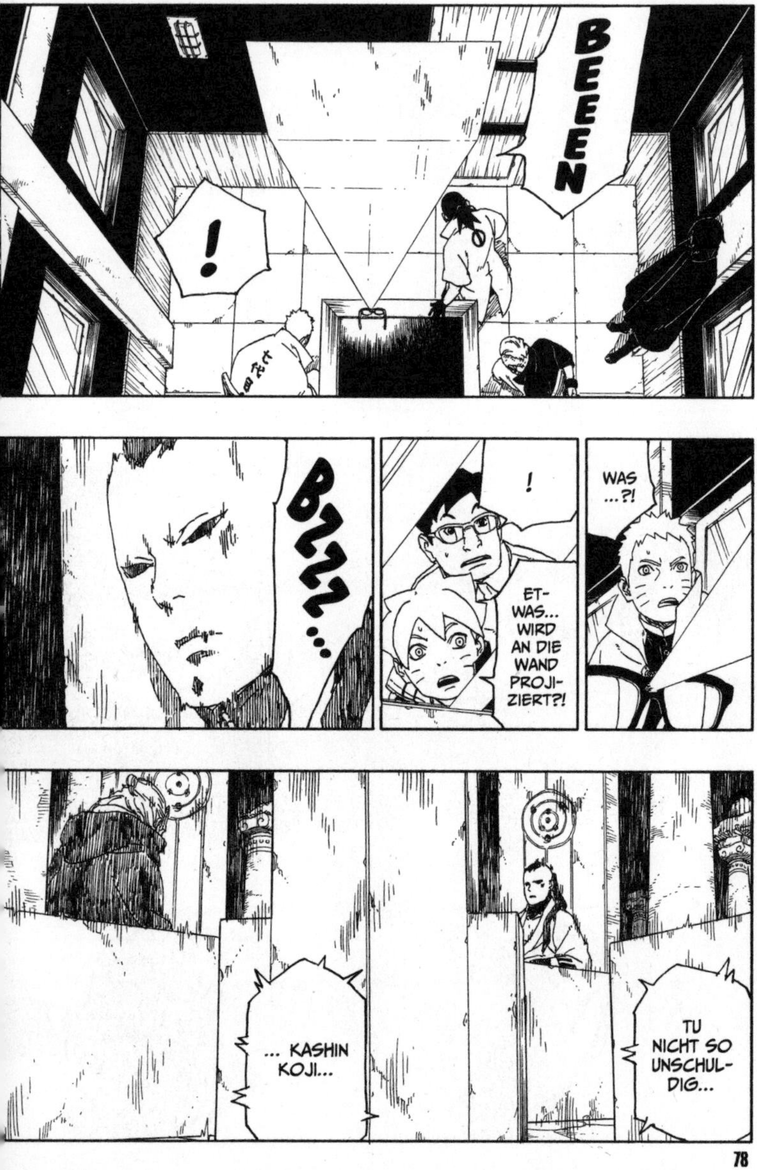
BEEEEN
!
BZZZ...
WAS ...?!
!
ETWAS... WIRD AN DIE WAND PROJIZIERT?!
TU NICHT SO UNSCHULDIG...
... KASHIN KOJI...

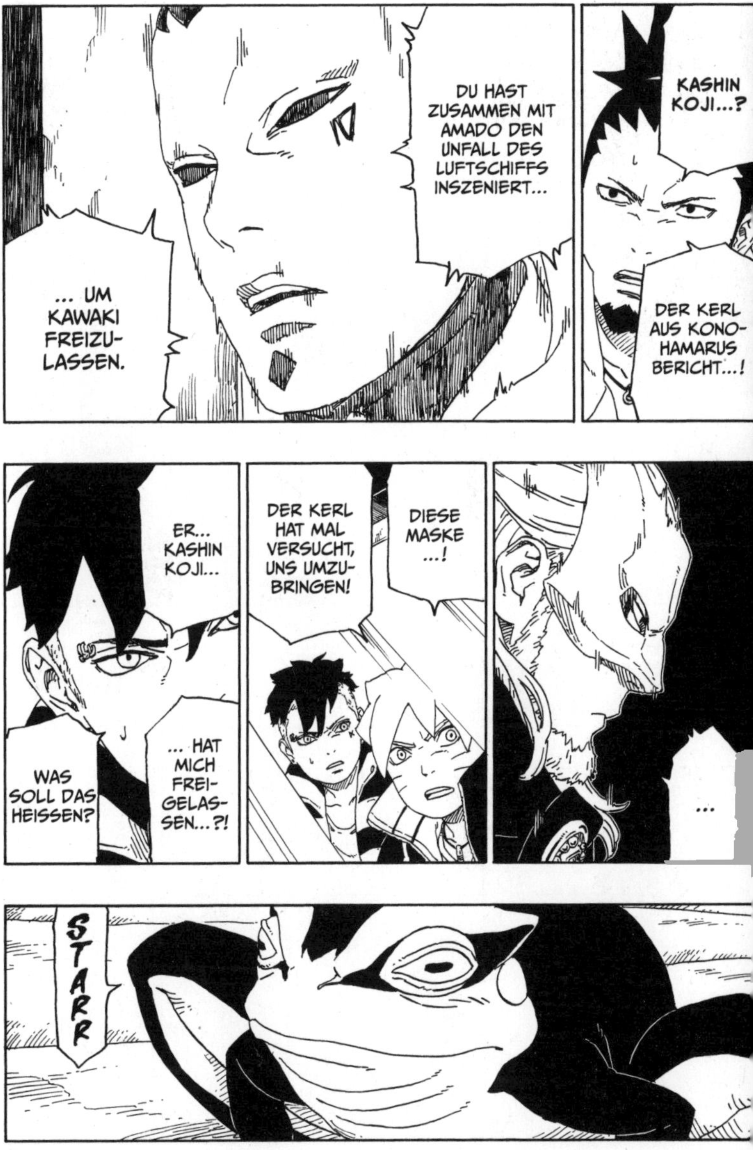
KASHIN KOJI...?
DER KERL AUS KONO-HAMARUS BERICHT...!
DU HAST ZUSAMMEN MIT AMADO DEN UNFALL DES LUFTSCHIFFS INSZENIERT...
... UM KAWAKI FREIZU-LASSEN.
...
DIESE MASKE ...!
DER KERL HAT MAL VERSUCHT, UNS UMZU-BRINGEN!
ER... KASHIN KOJI...
... HAT MICH FREI-GELAS-SEN...?!
WAS SOLL DAS HEISSEN?
STARR

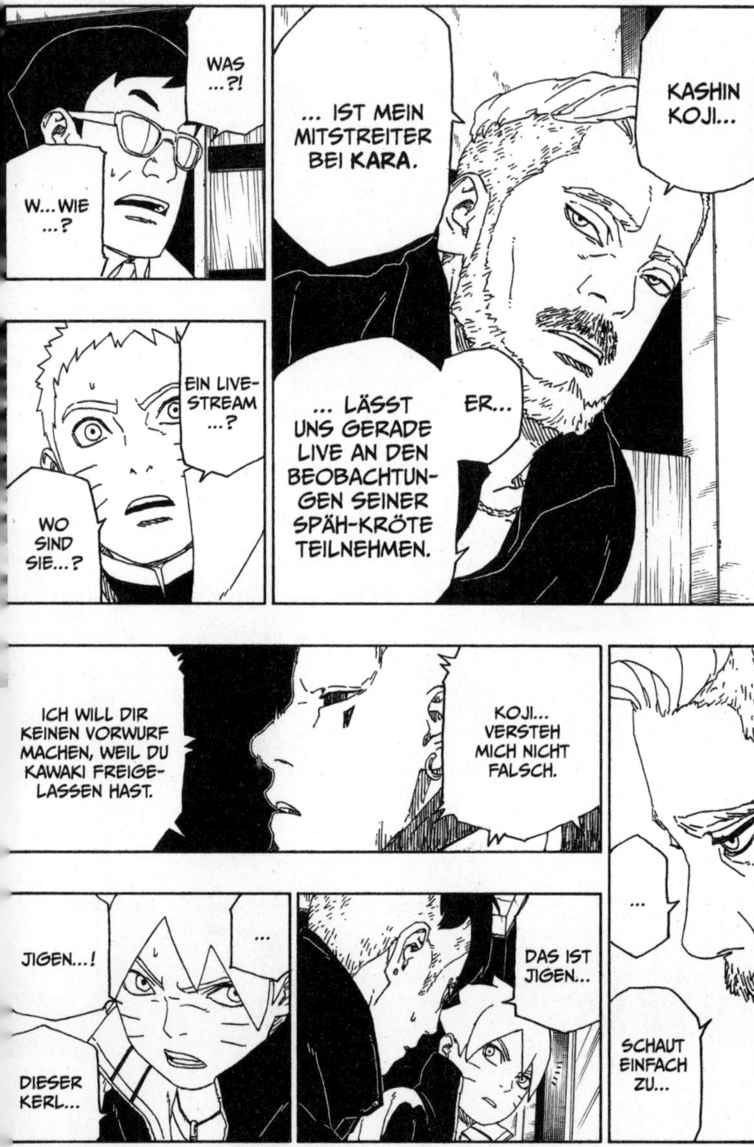
KASHIN KOJI...
... IST MEIN MITSTREITER BEI KARA.
ER...
... LÄSST UNS GERADE LIVE AN DEN BEOBACHTUNGEN SEINER SPÄH-KRÖTE TEILNEHMEN.
WAS ...?!
W...WIE ...?
EIN LIVE-STREAM ...?
WO SIND SIE...?
...
SCHAUT EINFACH ZU...
KOJI... VERSTEH MICH NICHT FALSCH.
ICH WILL DIR KEINEN VORWURF MACHEN, WEIL DU KAWAKI FREIGELASSEN HAST.
DAS IST JIGEN...
...
JIGEN...!
DIESER KERL...

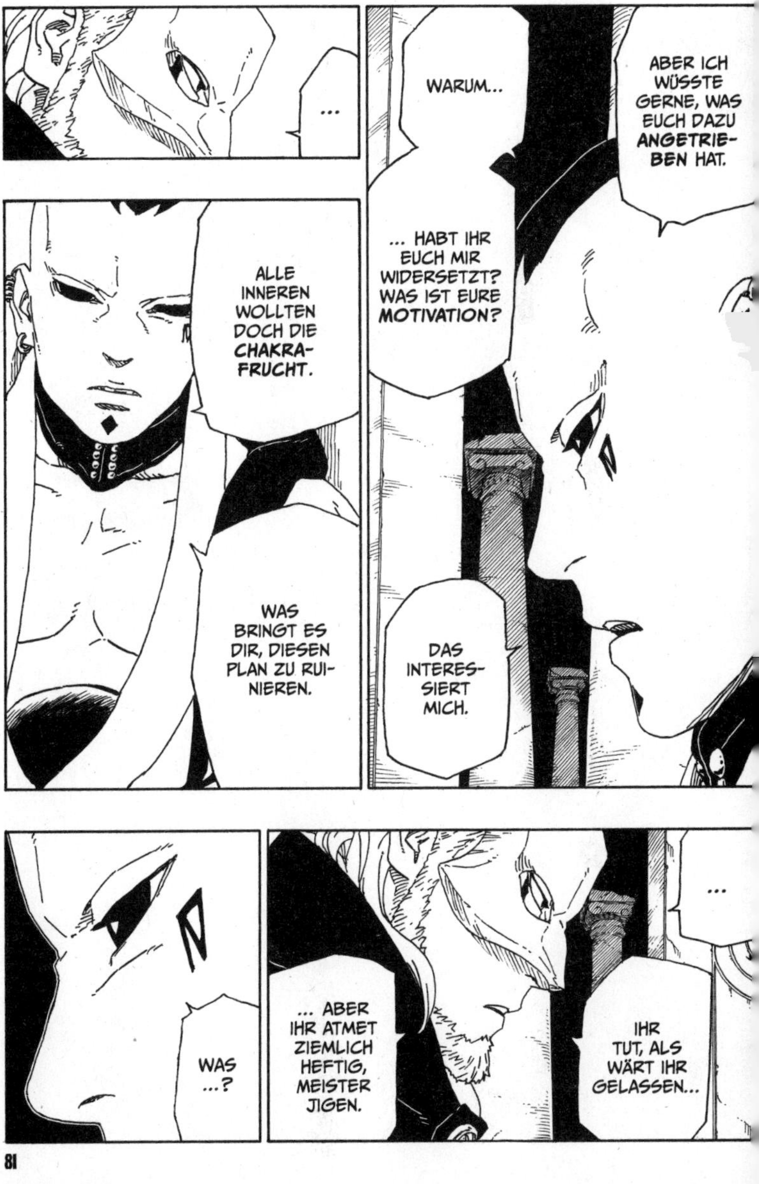
ABER ICH WÜSSTE GERNE, WAS EUCH DAZU ANGETRIEBEN HAT.
WARUM…
… HABT IHR EUCH MIR WIDERSETZT? WAS IST EURE MOTIVATION?
DAS INTERESSIERT MICH.
…
ALLE INNEREN WOLLTEN DOCH DIE CHAKRAFRUCHT.
WAS BRINGT ES DIR, DIESEN PLAN ZU RUINIEREN.
…
IHR TUT, ALS WÄRT IHR GELASSEN…
… ABER IHR ATMET ZIEMLICH HEFTIG, MEISTER JIGEN.
WAS …?

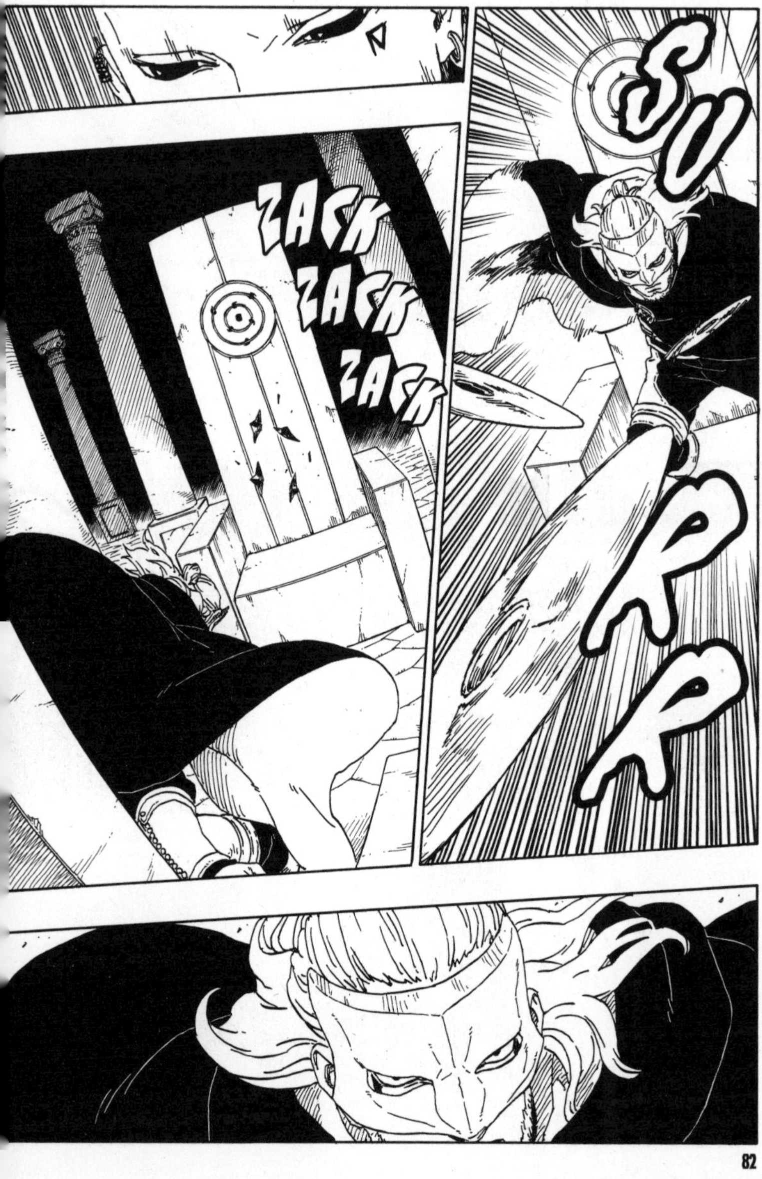
SU
ZACK
ZACK
ZACK

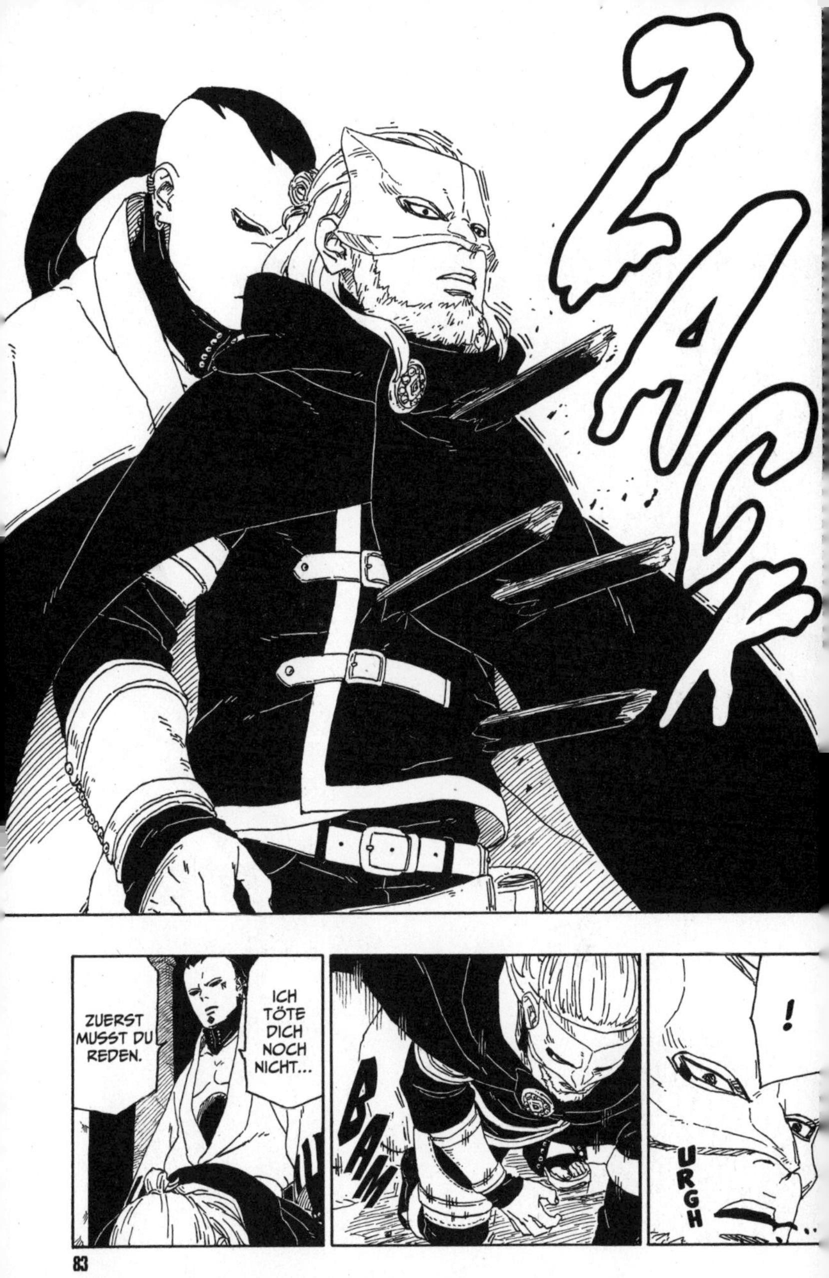
ZACK
!
URGH
BAM
ICH TÖTE DICH NOCH NICHT...
ZUERST MUSST DU REDEN.

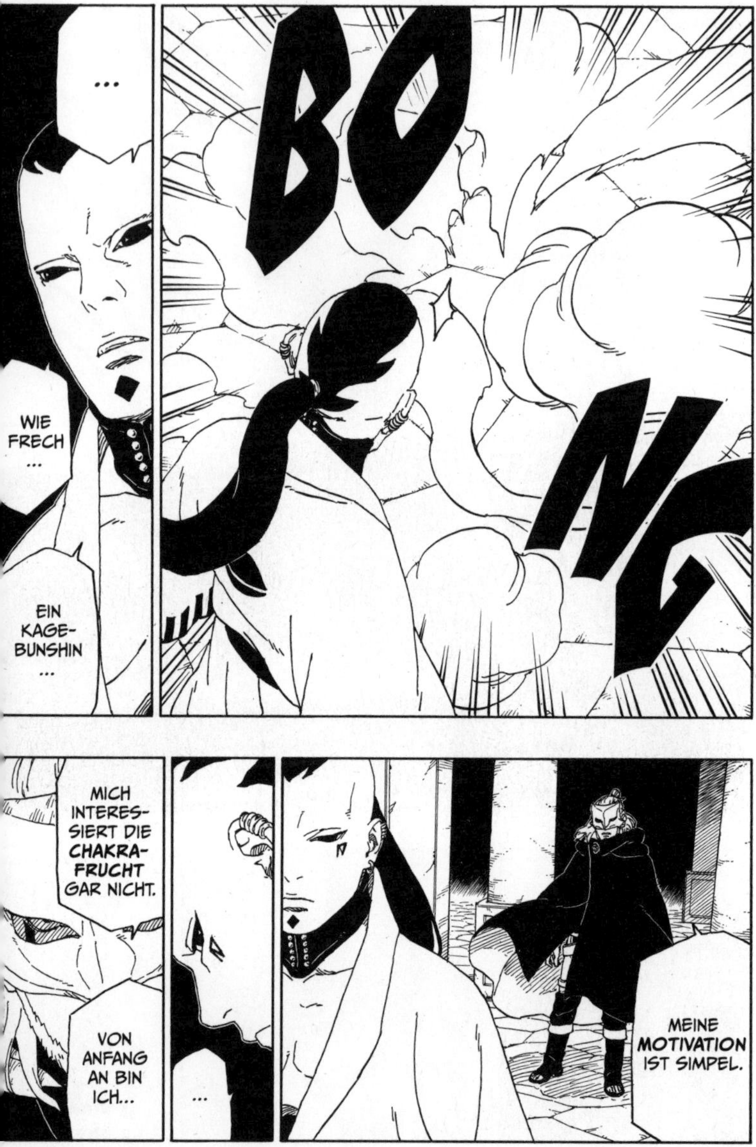
BONG
...
WIE FRECH ...
EIN KAGE-BUNSHIN ...
MEINE MOTIVATION IST SIMPEL.
...
MICH INTERES-SIERT DIE CHAKRA-FRUCHT GAR NICHT.
VON ANFANG AN BIN ICH...

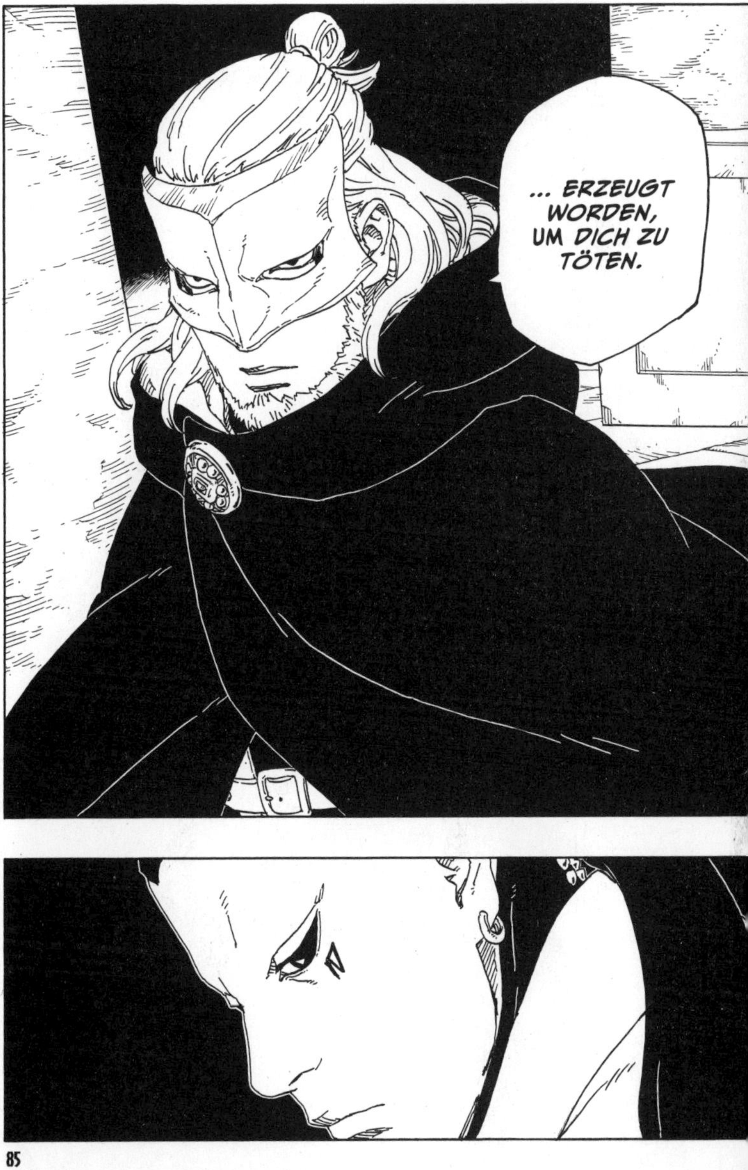
... ERZEUGT WORDEN, UM DICH ZU TÖTEN.

BORU GANG

CHARAKTERDESIGN BY BORU-FANS – NACHGEZEICHNET VON MEISTER IKEMOTO!!

FÜR DIE »WEEKLY SHONEN JUMP«-KOLUMNE »BORU-GANG« ZEICHNET MEISTER IKEMOTO DIE ORIGINELLSTEN BORUTO-CHARAKTERE NACH, DIE VON FANS ENTWORFEN WURDEN!!

DER NAME DES CHARAKTERS:

KAWARABAN

ENTWORFEN VON:

MORIOKA KEI AUS YAMAGATA

BEWERTUNG DER JURY:

DER CHARAKTER IST AUSGEZEICHNET, ABER AUCH DER INHALT DER ZEITUNG KLINGT SEHR SPANNEND!! BESONDERS DER BEITRAG »MEISTER KONOHAMARUS HEISSE LIEBE?!« INTERESSIERT MICH SEHR!! EIN SEHR GUTER CHARAKTER, DER DIE NARUTO-WELT BEREICHERN WÜRDE!!

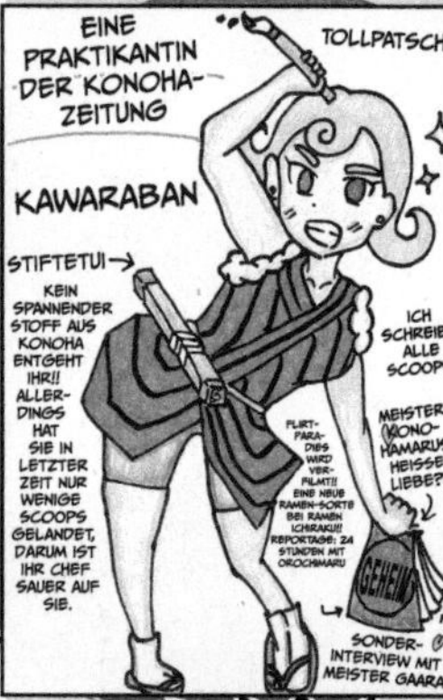

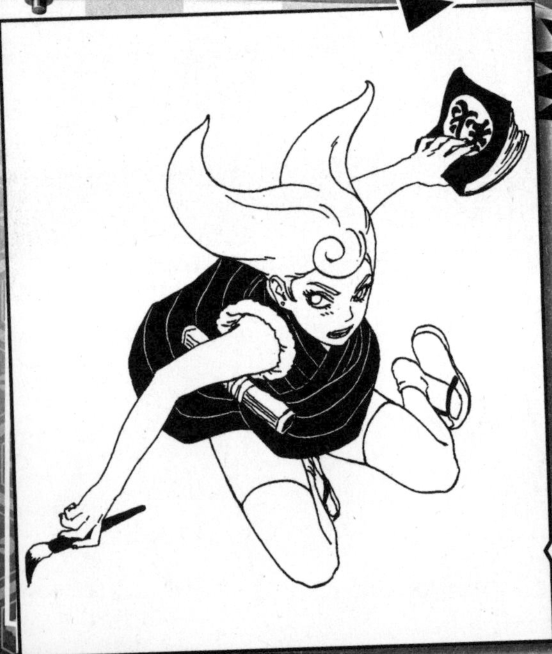

TADAA!! UND HIER IST MEISTER IKEMOTOS ZEICHNUNG!!

EIN EINMALIGER CHARAKTER! SOGAR IHREN LIEBLINGSSPRUCH GIBT ES SCHON. ICH FÜHLE MICH, ALS HÖRTE ICH IHRE STIMME! SIE IST BEREIT FÜR DEN AUFTRITT IN DER SERIE!

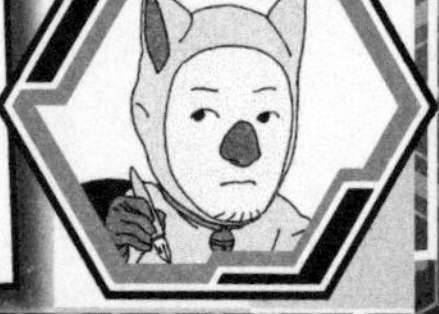

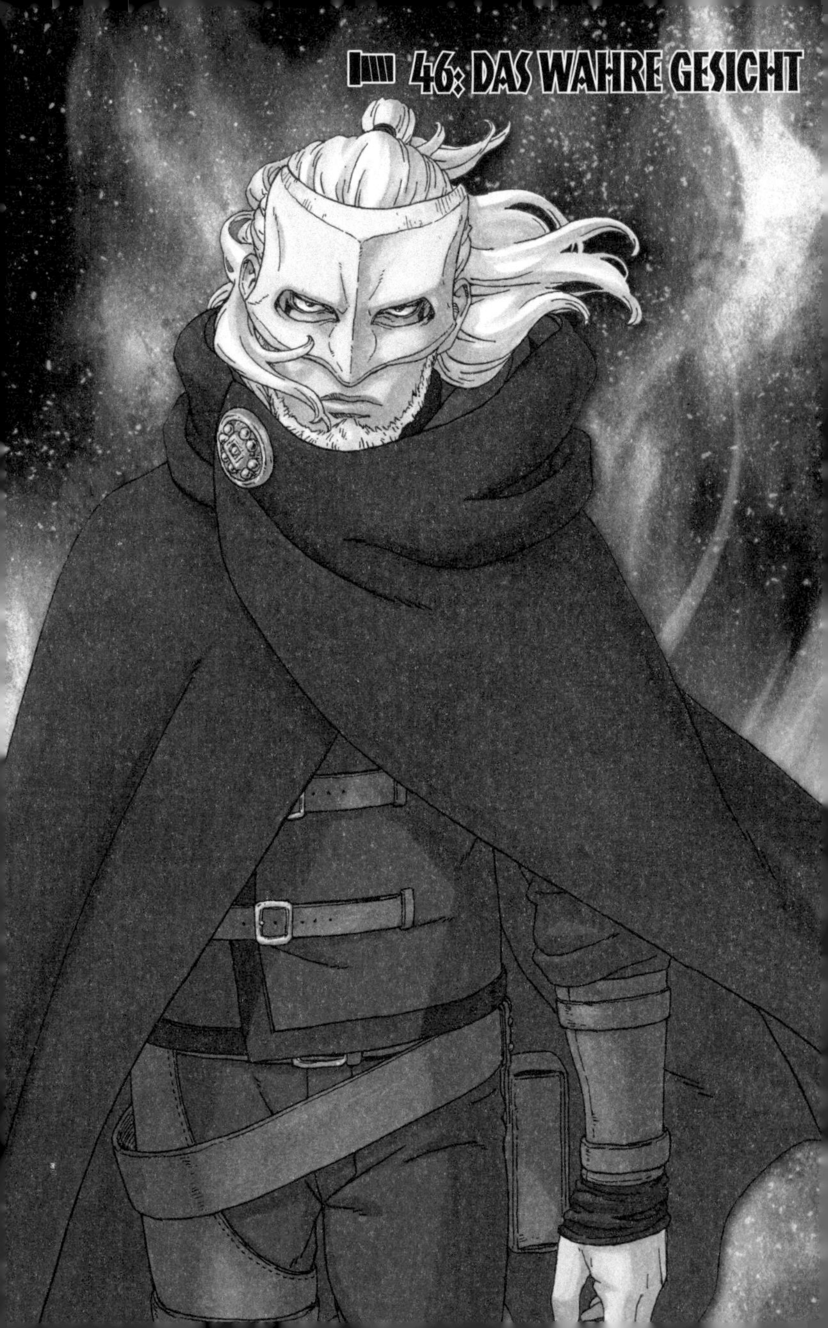
46: DAS WAHRE GESICHT

BORUTO

-NARUTO NEXT GENERATION-

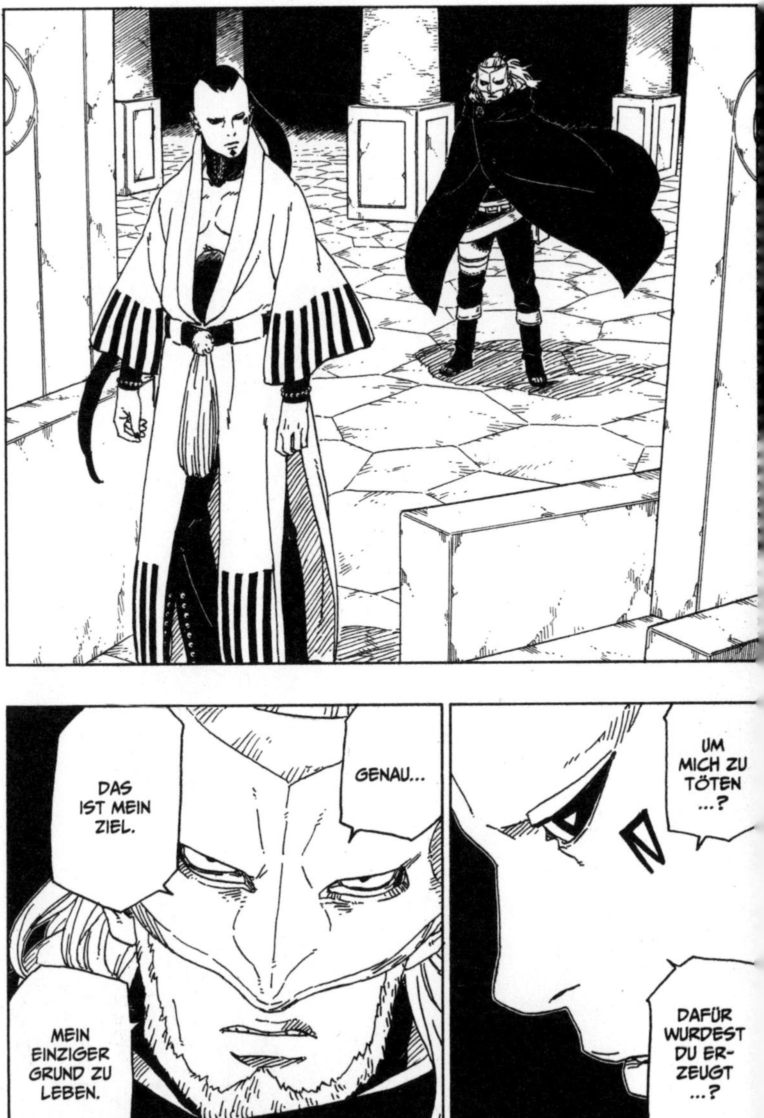
UM MICH ZU TÖTEN ...?
DAFÜR WURDEST DU ERZEUGT ...?
GENAU...
DAS IST MEIN ZIEL.
MEIN EINZIGER GRUND ZU LEBEN.

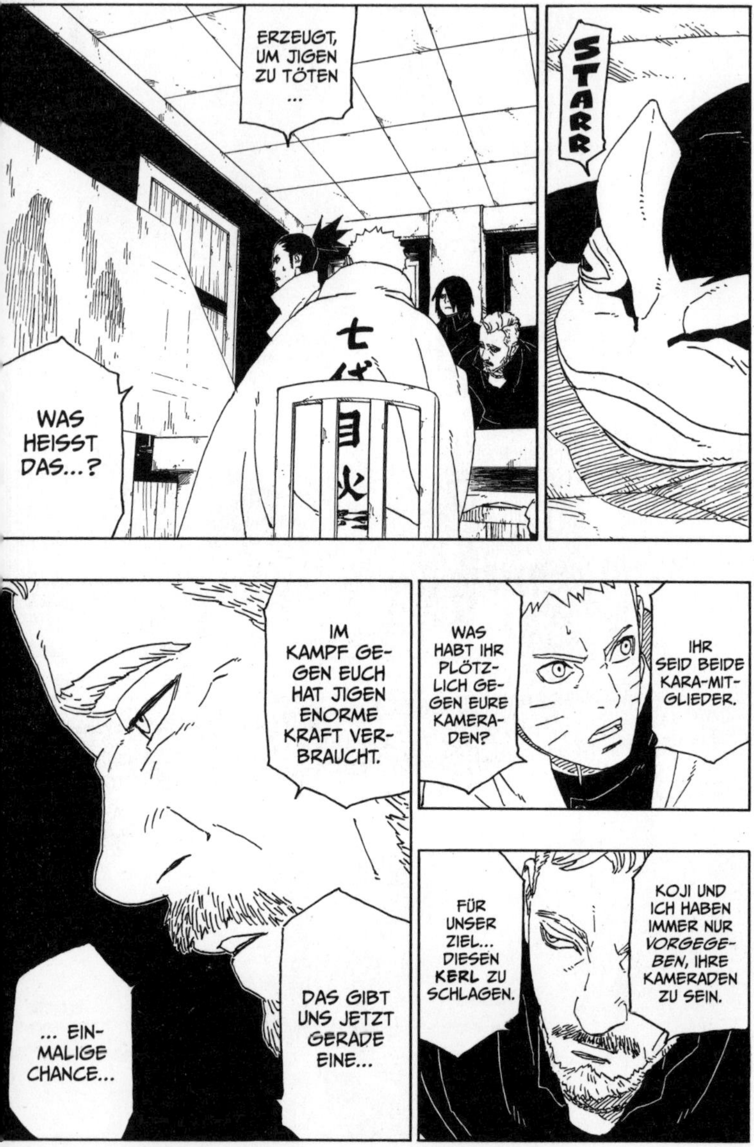
STARR
ERZEUGT, UM JIGEN ZU TÖTEN ...
WAS HEISST DAS...?
IHR SEID BEIDE KARA-MITGLIEDER.
WAS HABT IHR PLÖTZLICH GEGEN EURE KAMERADEN?
KOJI UND ICH HABEN IMMER NUR *VORGEGEBEN*, IHRE KAMERADEN ZU SEIN.
FÜR UNSER ZIEL... DIESEN **KERL** ZU SCHLAGEN.
IM KAMPF GEGEN EUCH HAT JIGEN ENORME KRAFT VERBRAUCHT.
DAS GIBT UNS JETZT GERADE EINE...
... EINMALIGE CHANCE...

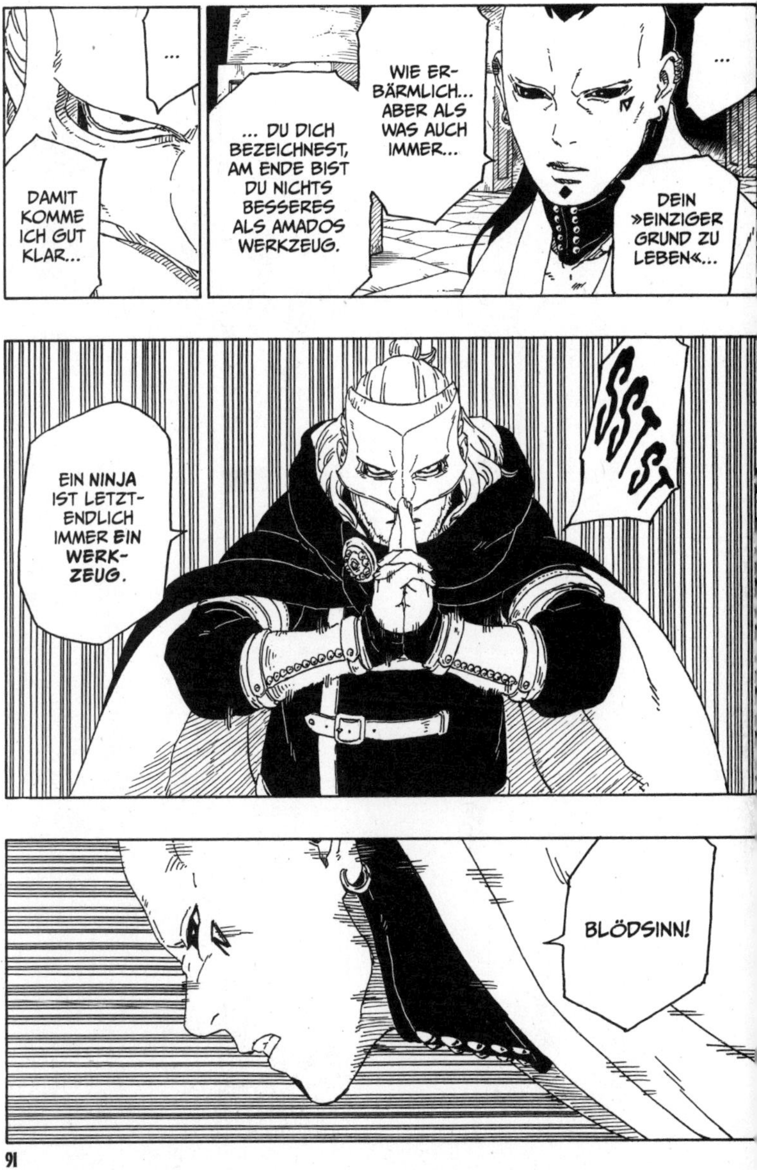
...
DEIN »EINZIGER GRUND ZU LEBEN«...
WIE ERBÄRMLICH... ABER ALS WAS AUCH IMMER...
... DU DICH BEZEICHNEST, AM ENDE BIST DU NICHTS BESSERES ALS AMADOS WERKZEUG.
...
DAMIT KOMME ICH GUT KLAR...
SSTST
EIN NINJA IST LETZTENDLICH IMMER EIN WERKZEUG.
BLÖDSINN!

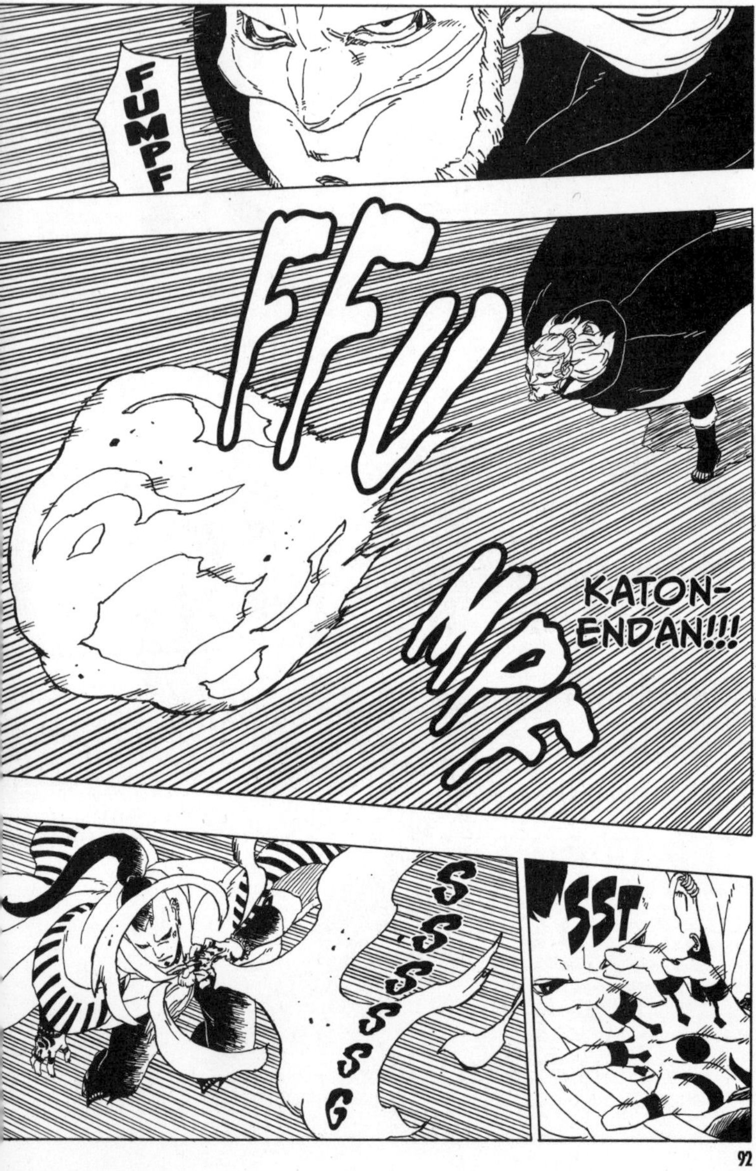
FUMPF
KATON-ENDAN!!!
FFUMPF
SST
SSSSSSG

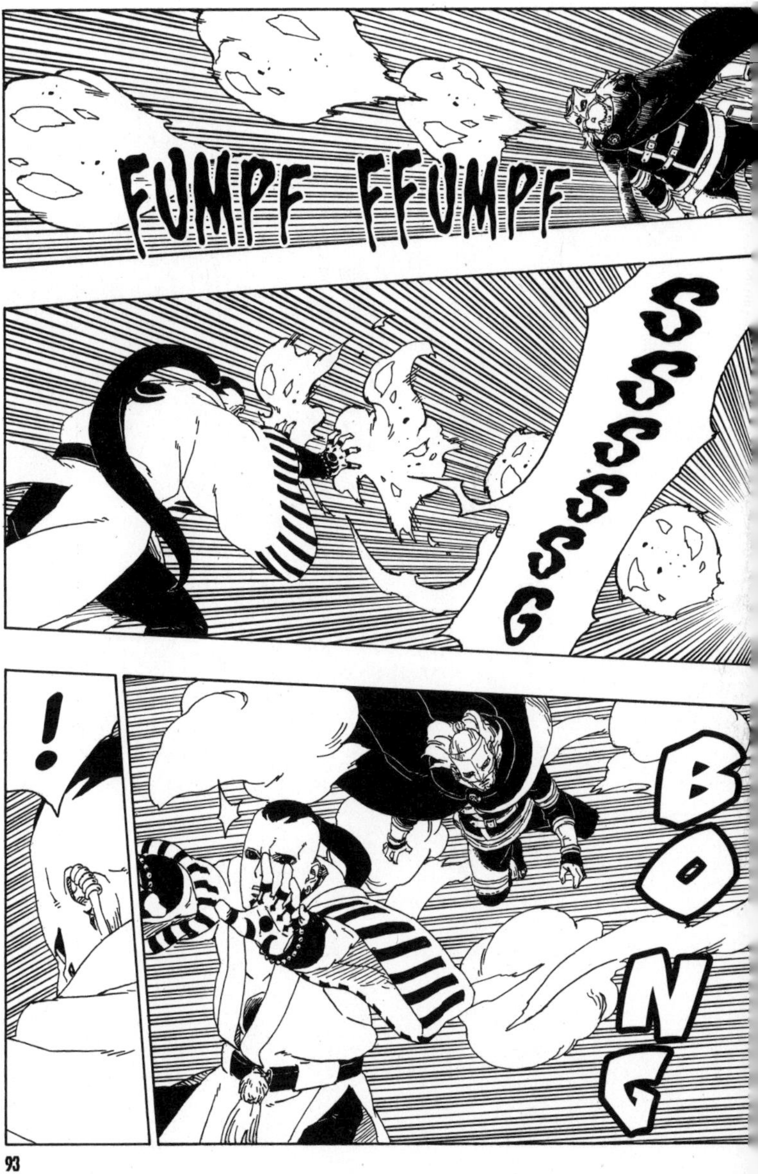
FUMPF FFUMPF
SSSSSSG
!
BOONG

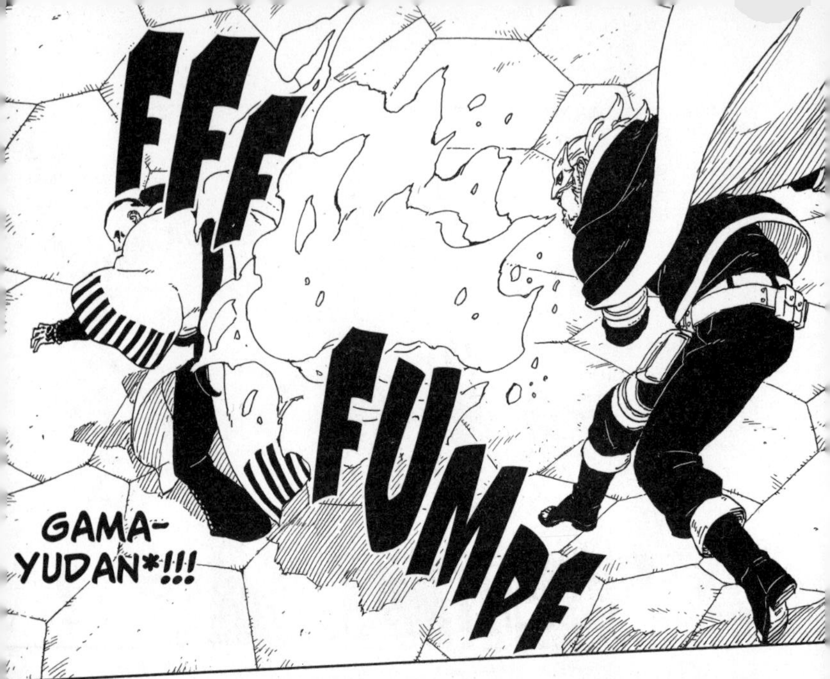

* GAMA = KRÖTE, YU = ÖL, DAN = GESCHOSS/WURFGESCHOSS

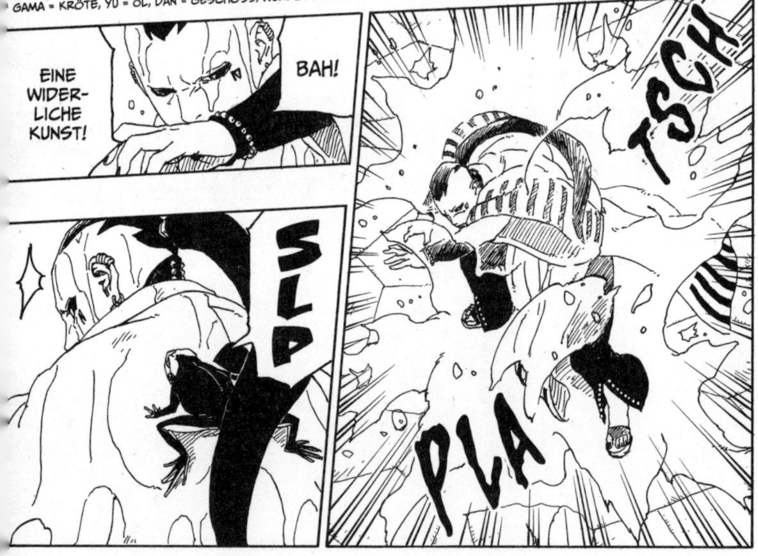

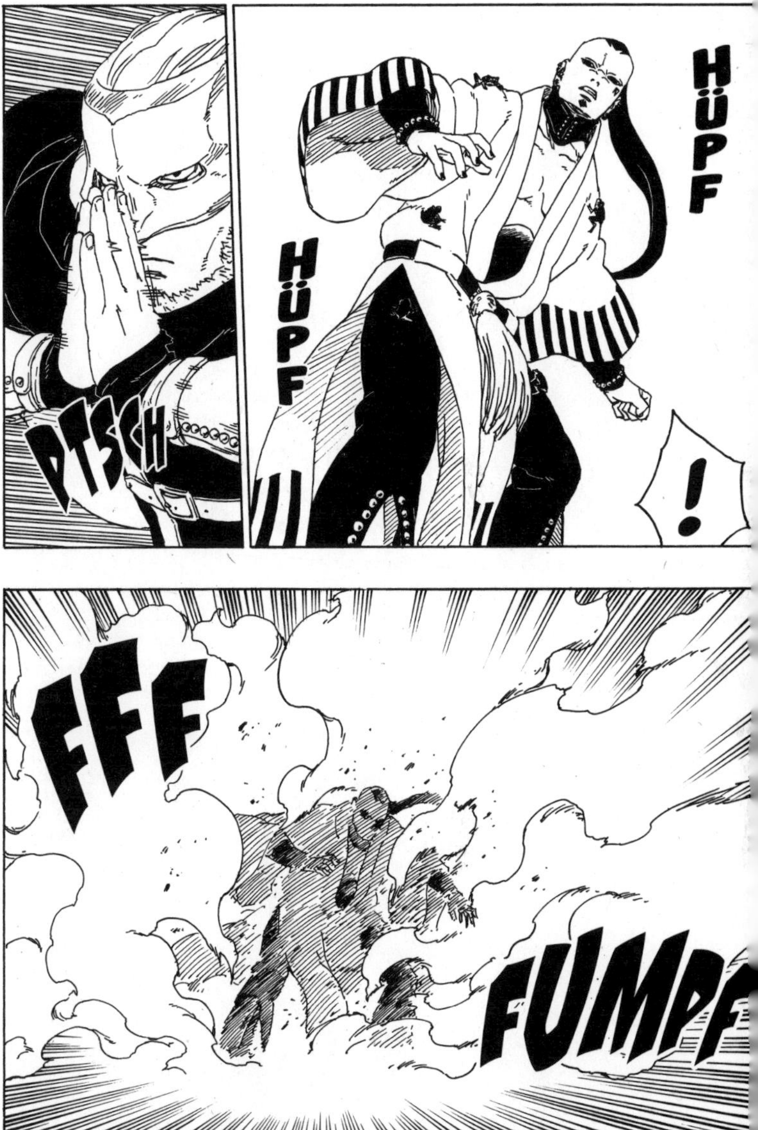
HÜPF
HÜPF
!
DTSCH
FFF
FUMPF

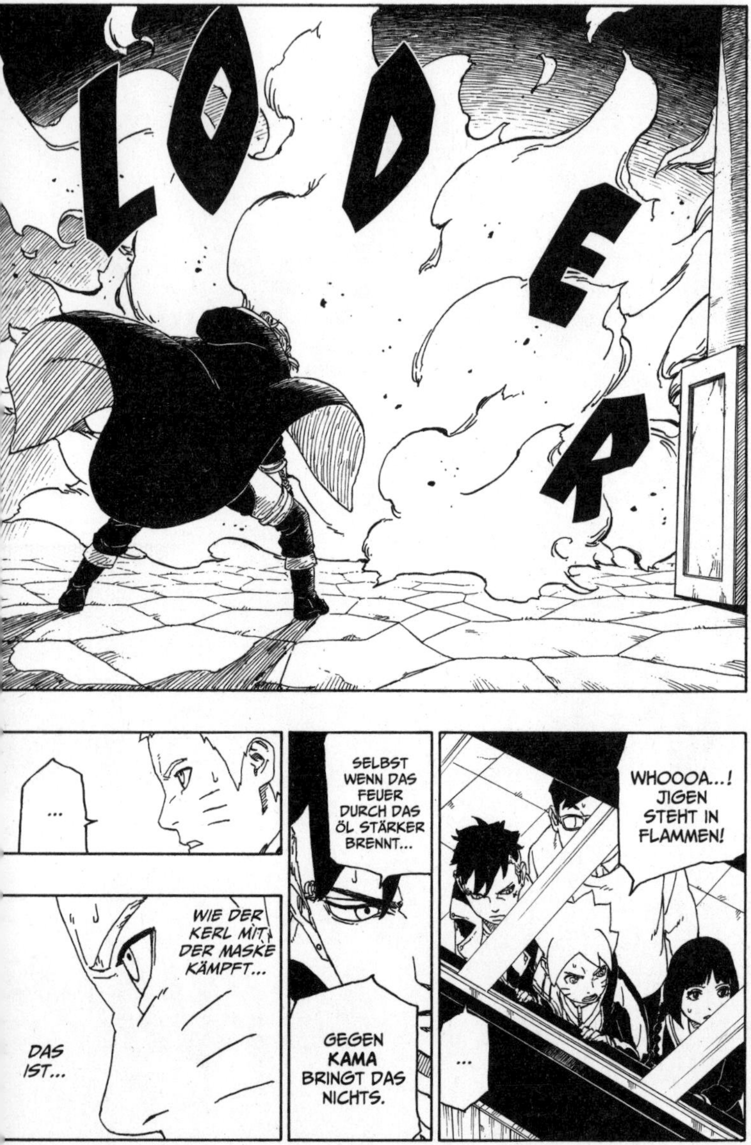
LODER
WHOOOA...! JIGEN STEHT IN FLAMMEN!
...
SELBST WENN DAS FEUER DURCH DAS ÖL STÄRKER BRENNT...
GEGEN KAMA BRINGT DAS NICHTS.
...
WIE DER KERL MIT DER MASKE KÄMPFT...
DAS IST...

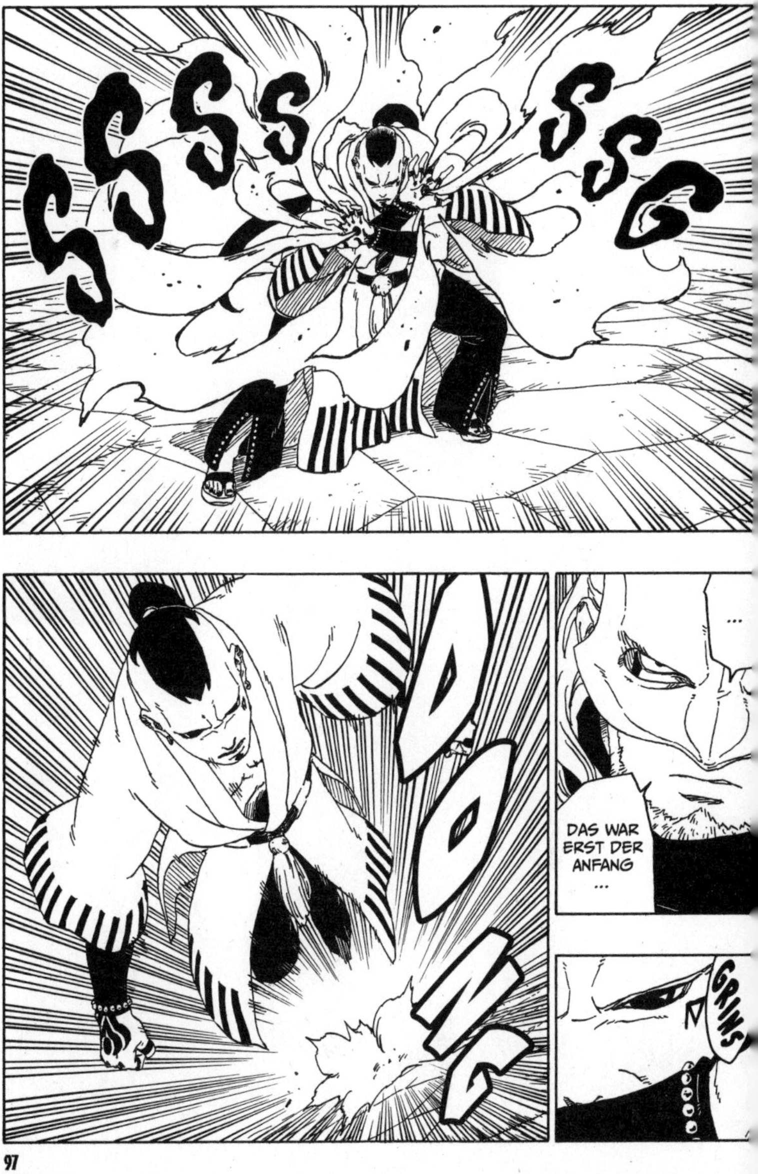
SSSSSSG
...
DAS WAR ERST DER ANFANG ...
DONG
GRINS

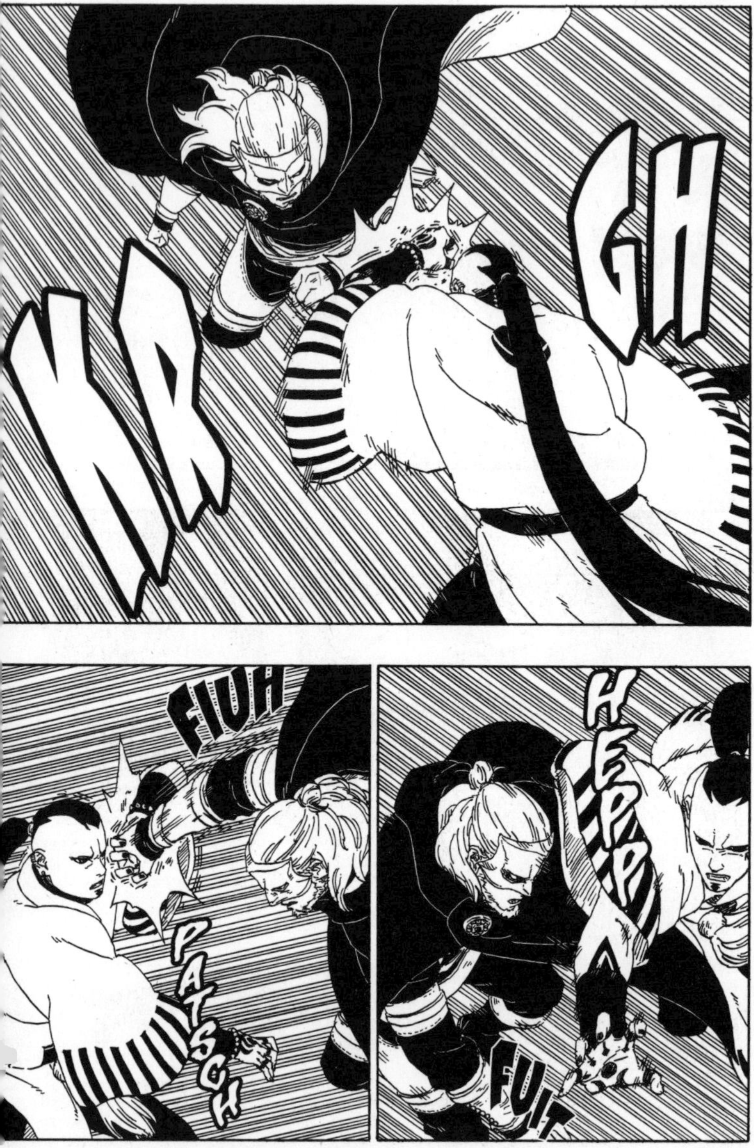
GH
HA
HEPP
FUIT
FIUH
PATSCH

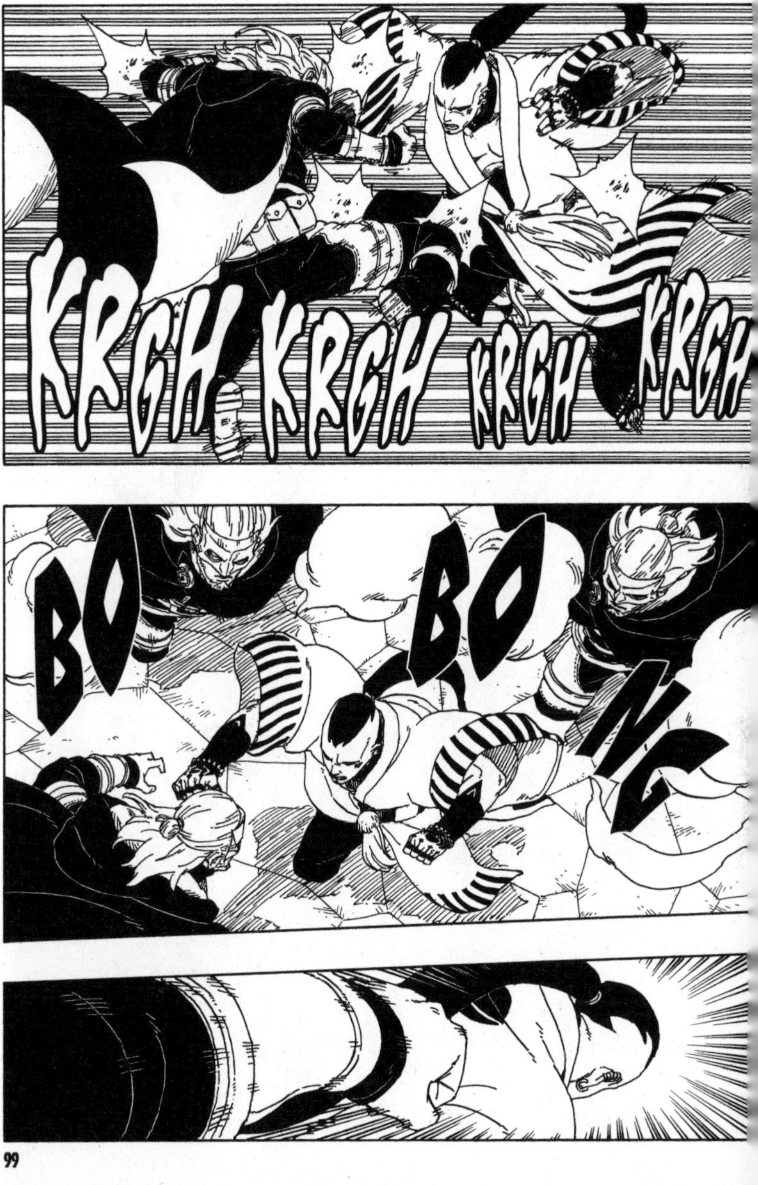
KRGH KRGH KRGH KRGH
BO BO
NG

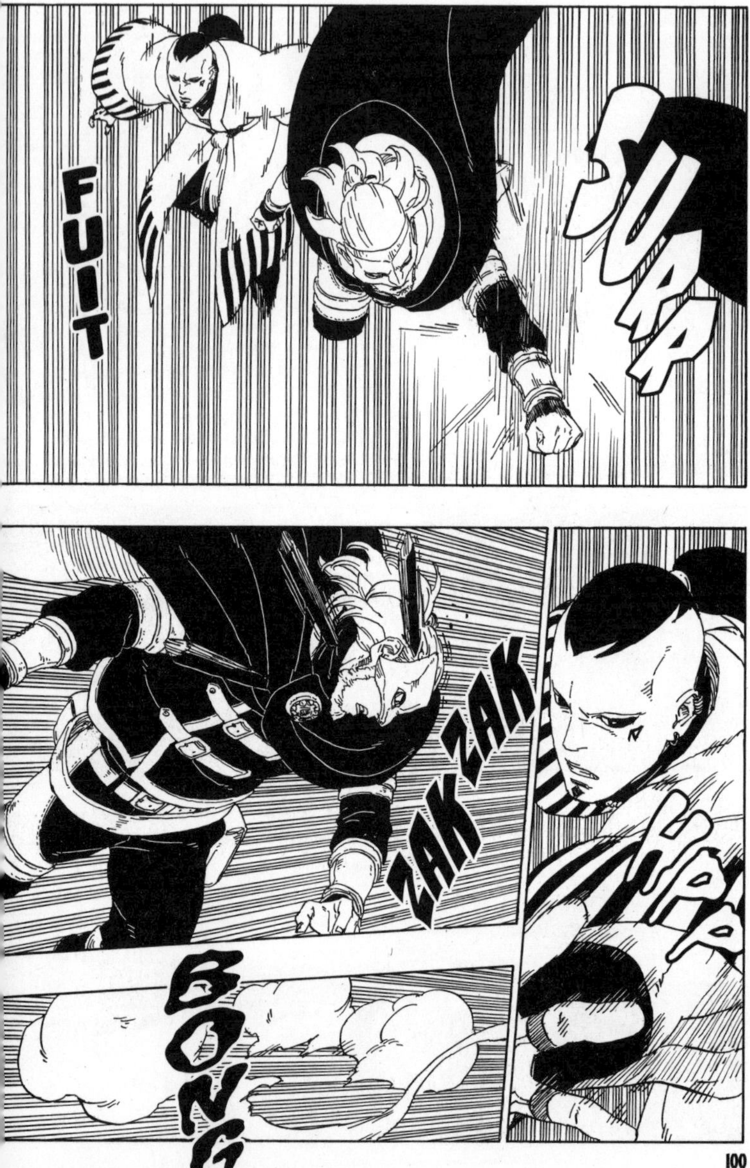
FUIT
ZAK ZAK
BONG

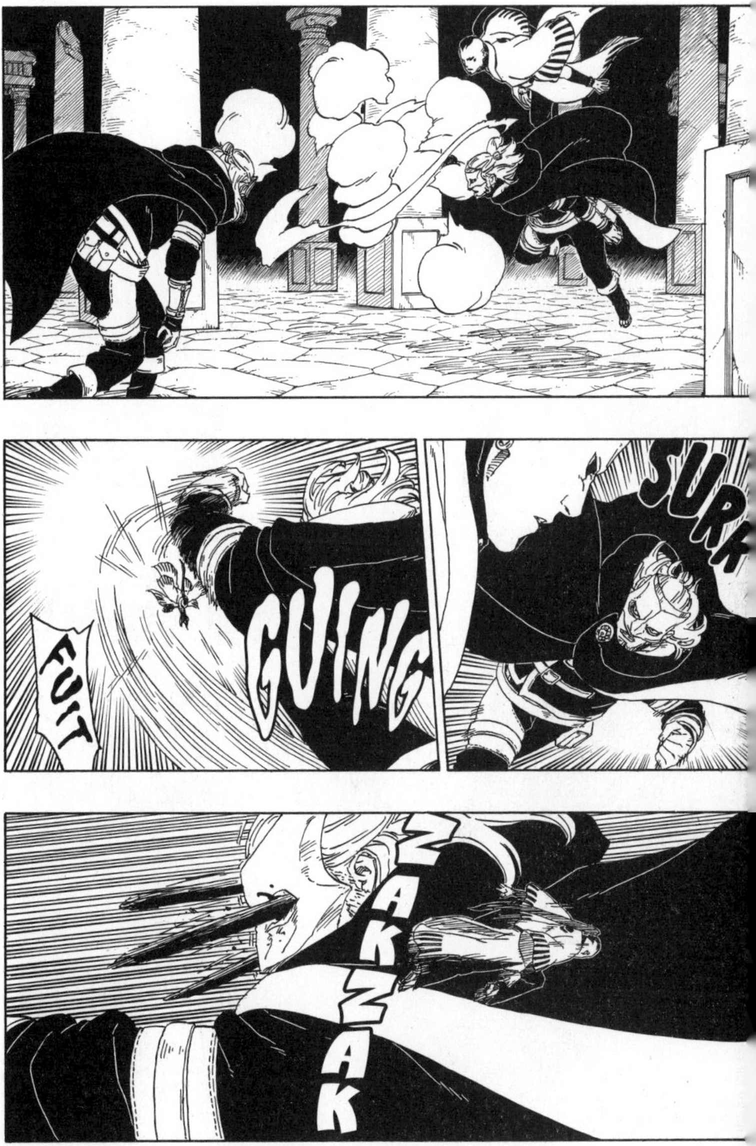
SURK
GU-I-NG
FUIT
ZAKZAK

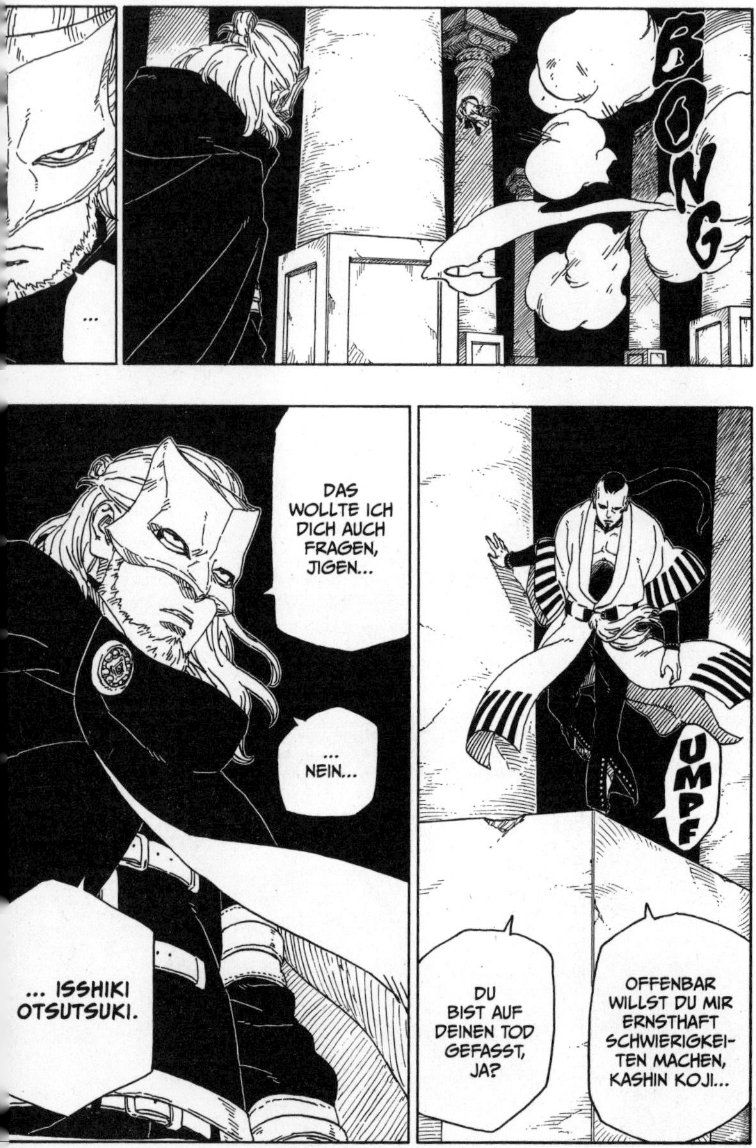
BONG
...
DAS WOLLTE ICH DICH AUCH FRAGEN, JIGEN...
... NEIN...
... ISSHIKI OTSUTSUKI.
UMPF
OFFENBAR WILLST DU MIR ERNSTHAFT SCHWIERIGKEI-TEN MACHEN, KASHIN KOJI...
DU BIST AUF DEINEN TOD GEFASST, JA?

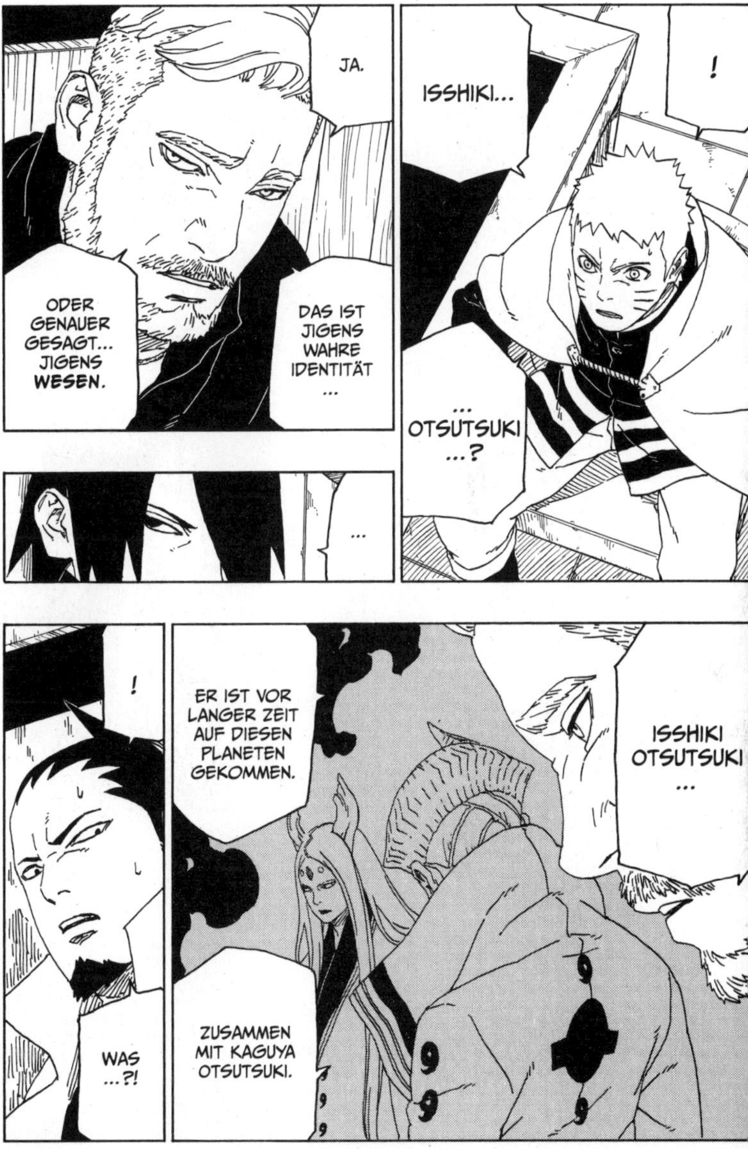
!
ISSHIKI...
... OTSUTSUKI ...?
JA.
DAS IST JIGENS WAHRE IDENTITÄT ...
ODER GENAUER GESAGT... JIGENS WESEN.
...
ISSHIKI OTSUTSUKI ...
ER IST VOR LANGER ZEIT AUF DIESEN PLANETEN GEKOMMEN.
ZUSAMMEN MIT KAGUYA OTSUTSUKI.
!
WAS ...?!

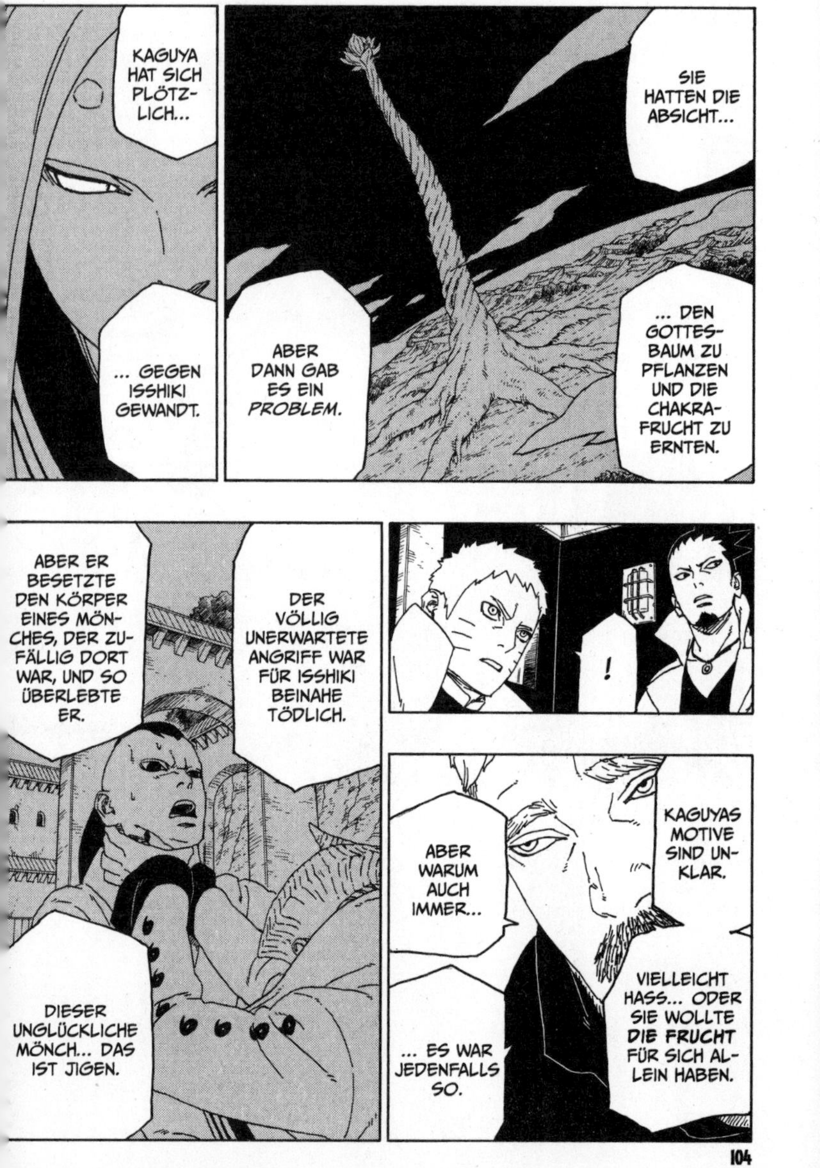
SIE HATTEN DIE ABSICHT...
... DEN GOTTESBAUM ZU PFLANZEN UND DIE CHAKRAFRUCHT ZU ERNTEN.
ABER DANN GAB ES EIN *PROBLEM*.
KAGUYA HAT SICH PLÖTZLICH...
... GEGEN ISSHIKI GEWANDT.
!
KAGUYAS MOTIVE SIND UNKLAR.
VIELLEICHT HASS... ODER SIE WOLLTE **DIE FRUCHT** FÜR SICH ALLEIN HABEN.
ABER WARUM AUCH IMMER...
... ES WAR JEDENFALLS SO.
DER VÖLLIG UNERWARTETE ANGRIFF WAR FÜR ISSHIKI BEINAHE TÖDLICH.
ABER ER BESETZTE DEN KÖRPER EINES MÖNCHES, DER ZUFÄLLIG DORT WAR, UND SO ÜBERLEBTE ER.
DIESER UNGLÜCKLICHE MÖNCH... DAS IST JIGEN.

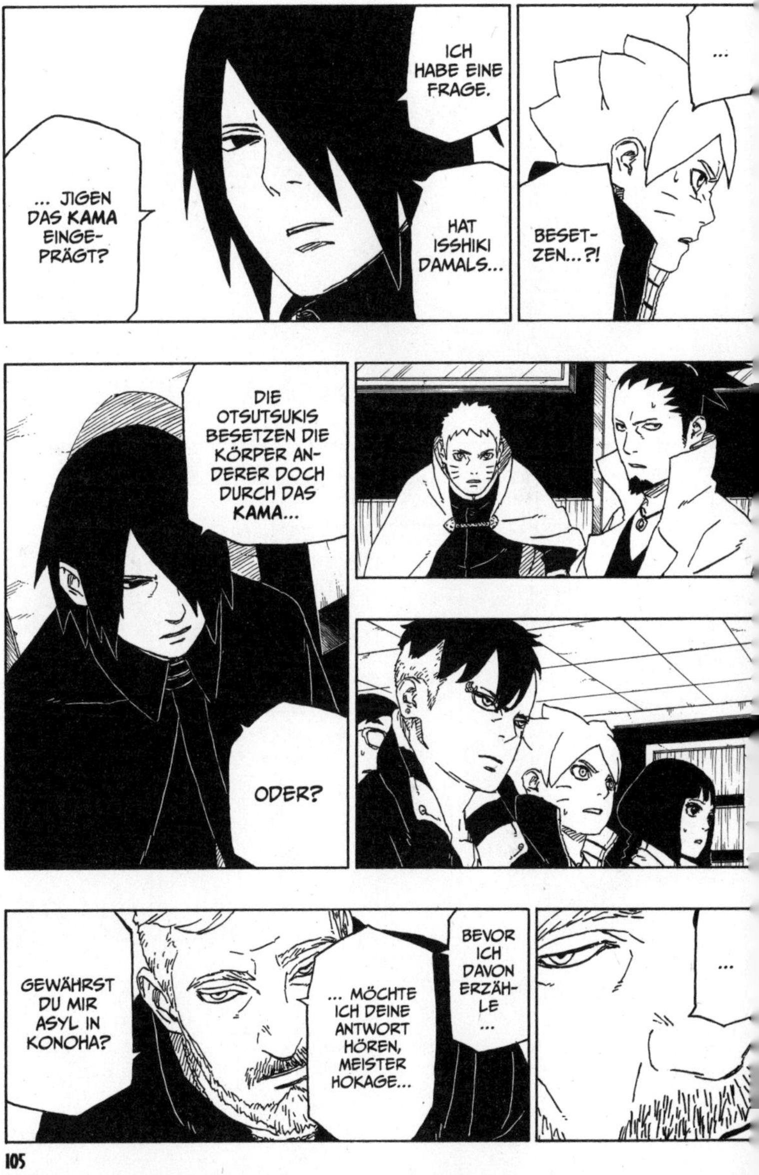
...
BESETZEN...?!
ICH HABE EINE FRAGE.
HAT ISSHIKI DAMALS...
... JIGEN DAS KAMA EINGEPRÄGT?
DIE OTSUTSUKIS BESETZEN DIE KÖRPER ANDERER DOCH DURCH DAS KAMA...
ODER?
...
BEVOR ICH DAVON ERZÄHLE...
... MÖCHTE ICH DEINE ANTWORT HÖREN, MEISTER HOKAGE...
GEWÄHRST DU MIR ASYL IN KONOHA?

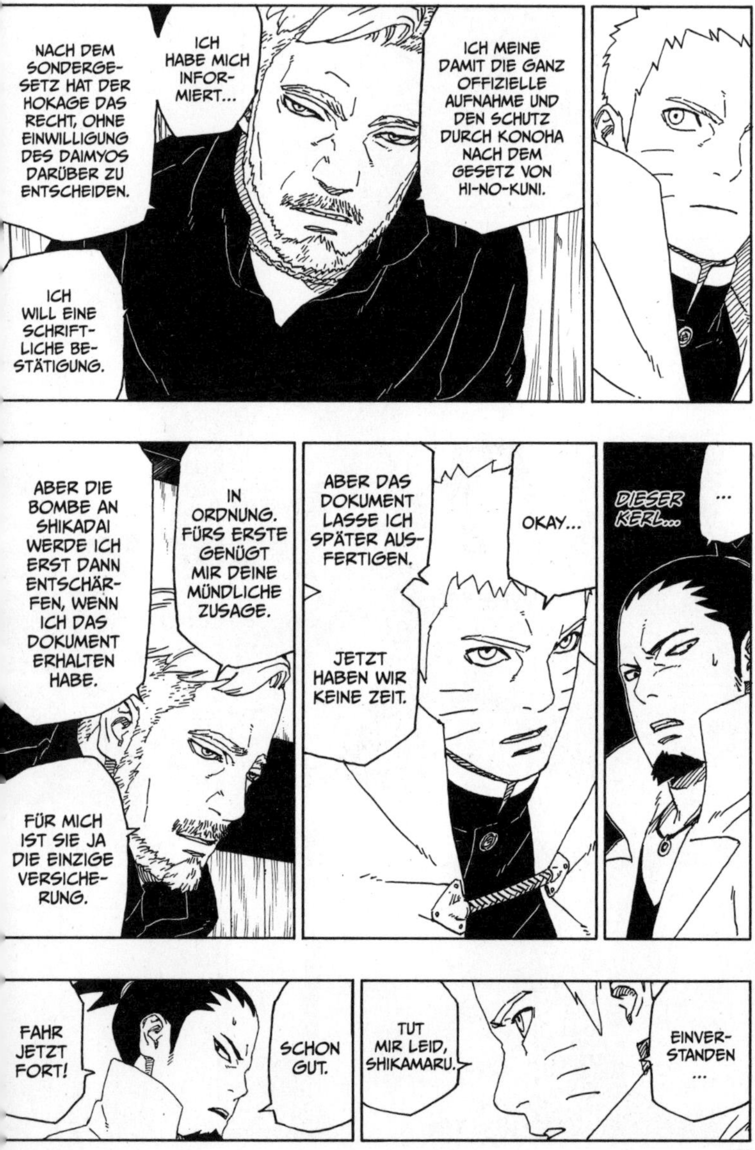
ICH MEINE DAMIT DIE GANZ OFFIZIELLE AUFNAHME UND DEN SCHUTZ DURCH KONOHA NACH DEM GESETZ VON HI-NO-KUNI.
ICH HABE MICH INFORMIERT...
NACH DEM SONDERGESETZ HAT DER HOKAGE DAS RECHT, OHNE EINWILLIGUNG DES DAIMYOS DARÜBER ZU ENTSCHEIDEN.
ICH WILL EINE SCHRIFTLICHE BESTÄTIGUNG.
...
DIESER KERL...
OKAY...
ABER DAS DOKUMENT LASSE ICH SPÄTER AUSFERTIGEN.
JETZT HABEN WIR KEINE ZEIT.
IN ORDNUNG. FÜRS ERSTE GENÜGT MIR DEINE MÜNDLICHE ZUSAGE.
ABER DIE BOMBE AN SHIKADAI WERDE ICH ERST DANN ENTSCHÄRFEN, WENN ICH DAS DOKUMENT ERHALTEN HABE.
FÜR MICH IST SIE JA DIE EINZIGE VERSICHERUNG.
EINVERSTANDEN ...
TUT MIR LEID, SHIKAMARU.
SCHON GUT.
FAHR JETZT FORT!

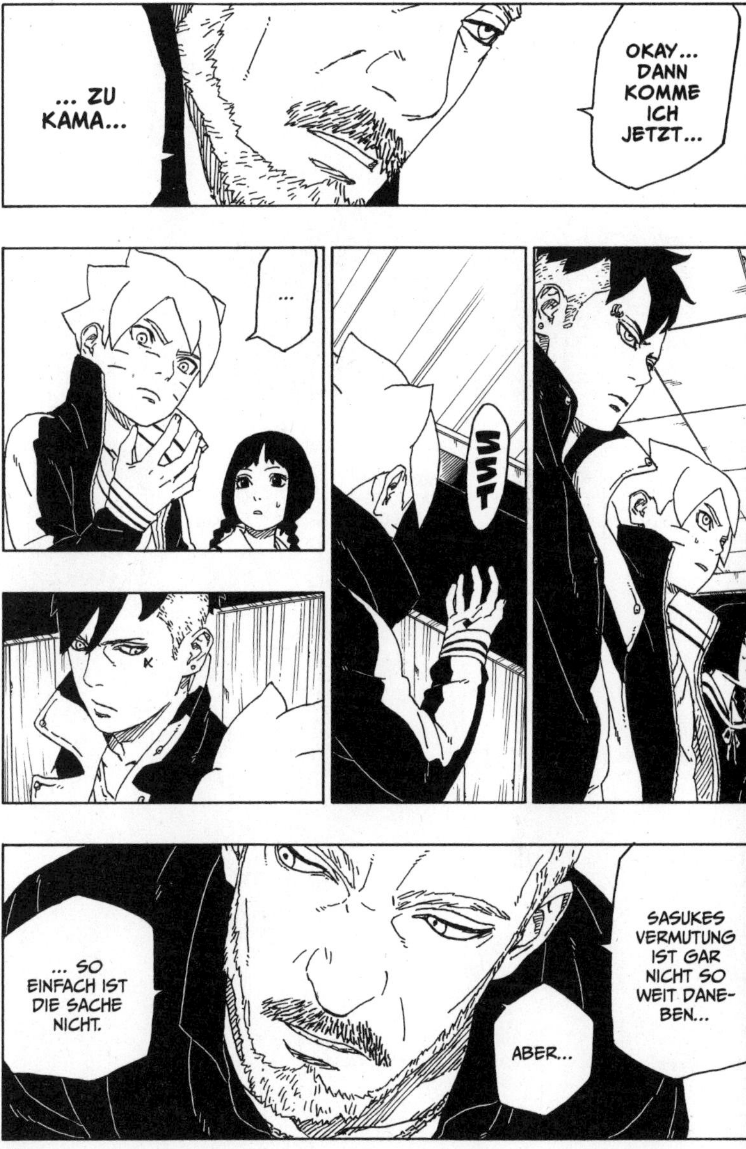
OKAY... DANN KOMME ICH JETZT...
... ZU KAMA...
SST
...
SASUKES VERMUTUNG IST GAR NICHT SO WEIT DANEBEN...
ABER...
... SO EINFACH IST DIE SACHE NICHT.

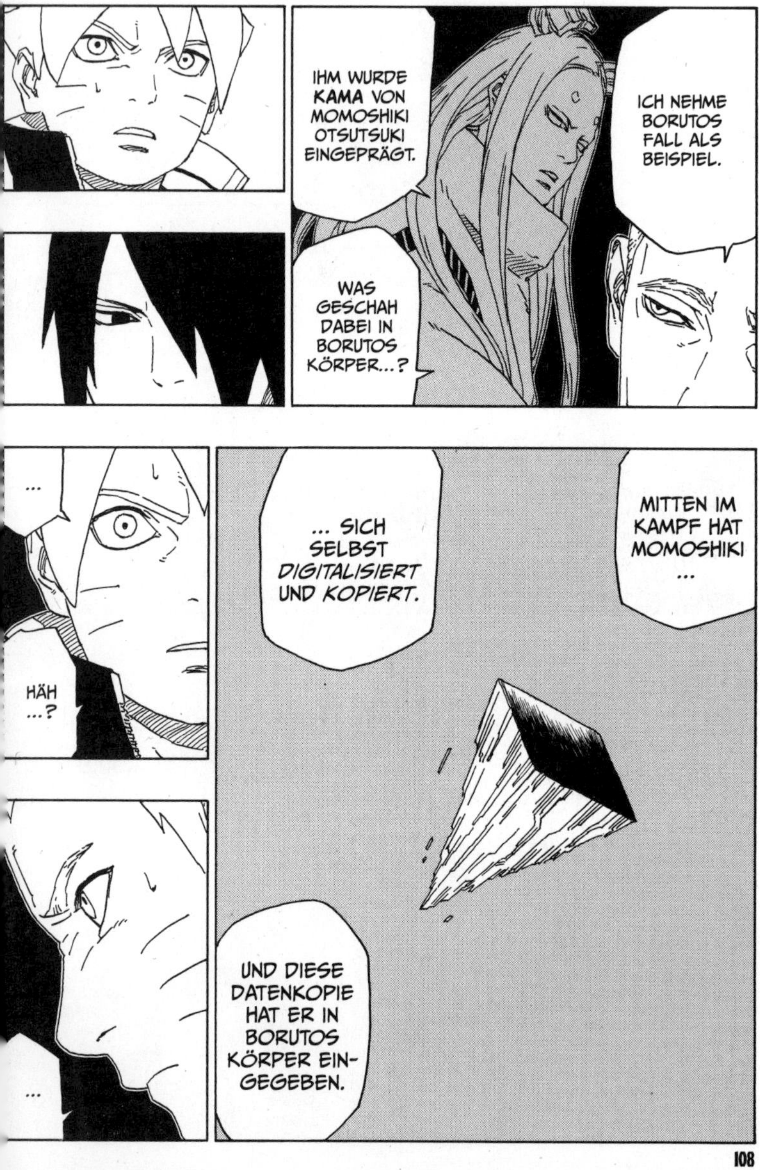
ICH NEHME BORUTOS FALL ALS BEISPIEL.
IHM WURDE KAMA VON MOMOSHIKI OTSUTSUKI EINGEPRÄGT.
WAS GESCHAH DABEI IN BORUTOS KÖRPER...?
MITTEN IM KAMPF HAT MOMOSHIKI ...
... SICH SELBST DIGITALISIERT UND KOPIERT.
...
HÄH ...?
UND DIESE DATENKOPIE HAT ER IN BORUTOS KÖRPER EIN-GEGEBEN.
...

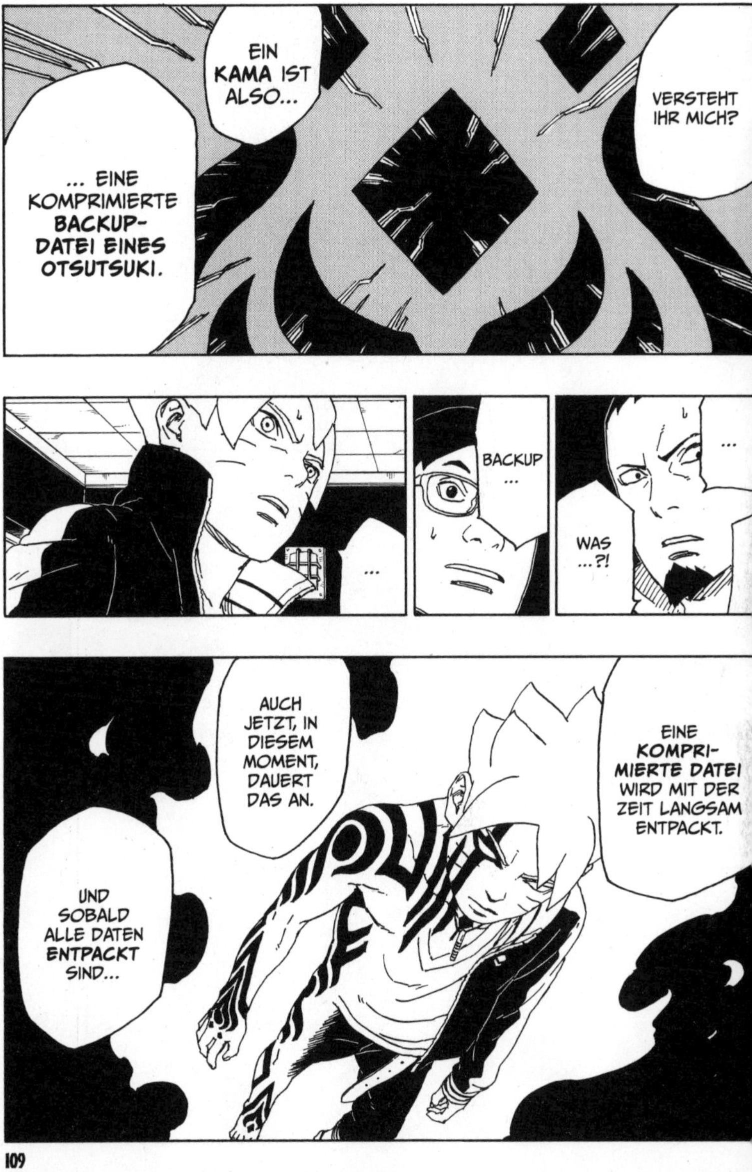
VERSTEHT IHR MICH?
EIN KAMA IST ALSO...
... EINE KOMPRIMIERTE BACKUP-DATEI EINES OTSUTSUKI.
...
WAS ...?!
BACKUP ...
...
EINE KOMPRIMIERTE DATEI WIRD MIT DER ZEIT LANGSAM ENTPACKT.
AUCH JETZT, IN DIESEM MOMENT, DAUERT DAS AN.
UND SOBALD ALLE DATEN ENTPACKT SIND...

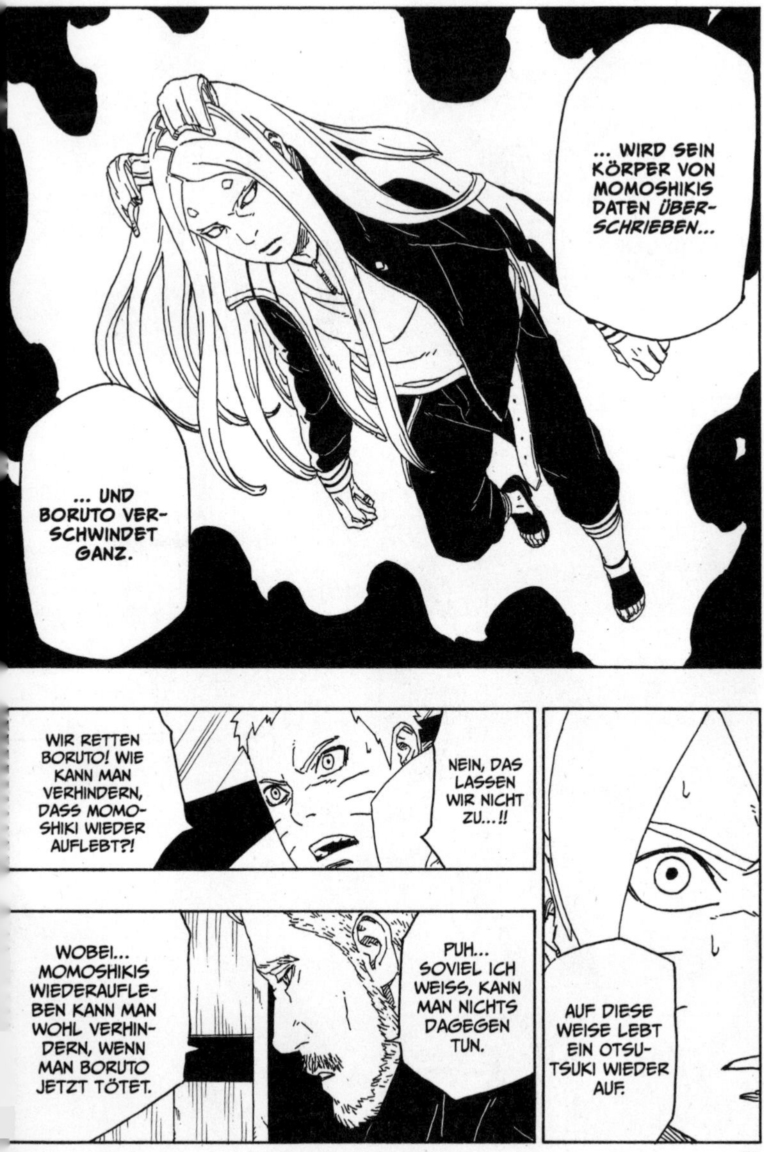
... WIRD SEIN KÖRPER VON MOMOSHIKIS DATEN ÜBERSCHRIEBEN...
... UND BORUTO VERSCHWINDET GANZ.
AUF DIESE WEISE LEBT EIN OTSUTSUKI WIEDER AUF.
NEIN, DAS LASSEN WIR NICHT ZU...!!
WIR RETTEN BORUTO! WIE KANN MAN VERHINDERN, DASS MOMOSHIKI WIEDER AUFLEBT?!
PUH... SOVIEL ICH WEISS, KANN MAN NICHTS DAGEGEN TUN.
WOBEI... MOMOSHIKIS WIEDERAUFLEBEN KANN MAN WOHL VERHINDERN, WENN MAN BORUTO JETZT TÖTET.

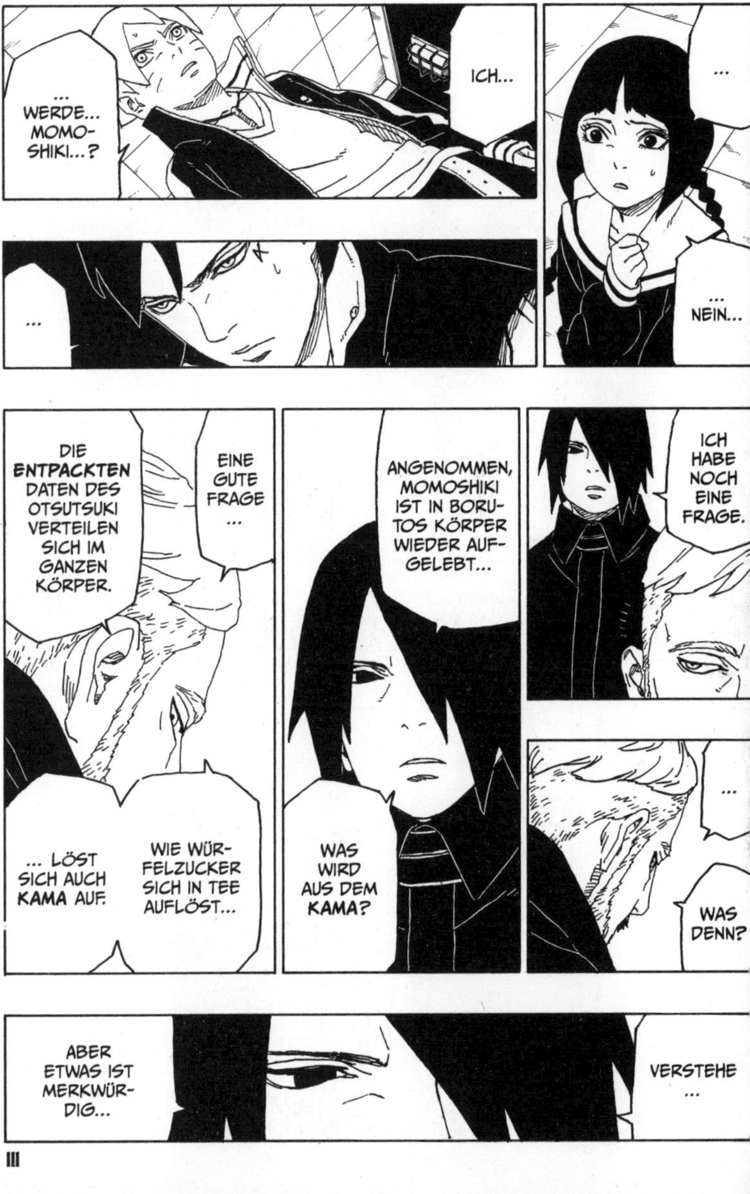

ICH...
... WERDE... MOMOSHIKI...?
...
... NEIN...
...
ICH HABE NOCH EINE FRAGE.
...
WAS DENN?
ANGENOMMEN, MOMOSHIKI IST IN BORUTOS KÖRPER WIEDER AUFGELEBT...
WAS WIRD AUS DEM KAMA?
EINE GUTE FRAGE ...
DIE ENTPACKTEN DATEN DES OTSUTSUKI VERTEILEN SICH IM GANZEN KÖRPER.
WIE WÜRFELZUCKER SICH IN TEE AUFLÖST...
... LÖST SICH AUCH KAMA AUF.
VERSTEHE ...
ABER ETWAS IST MERKWÜRDIG...

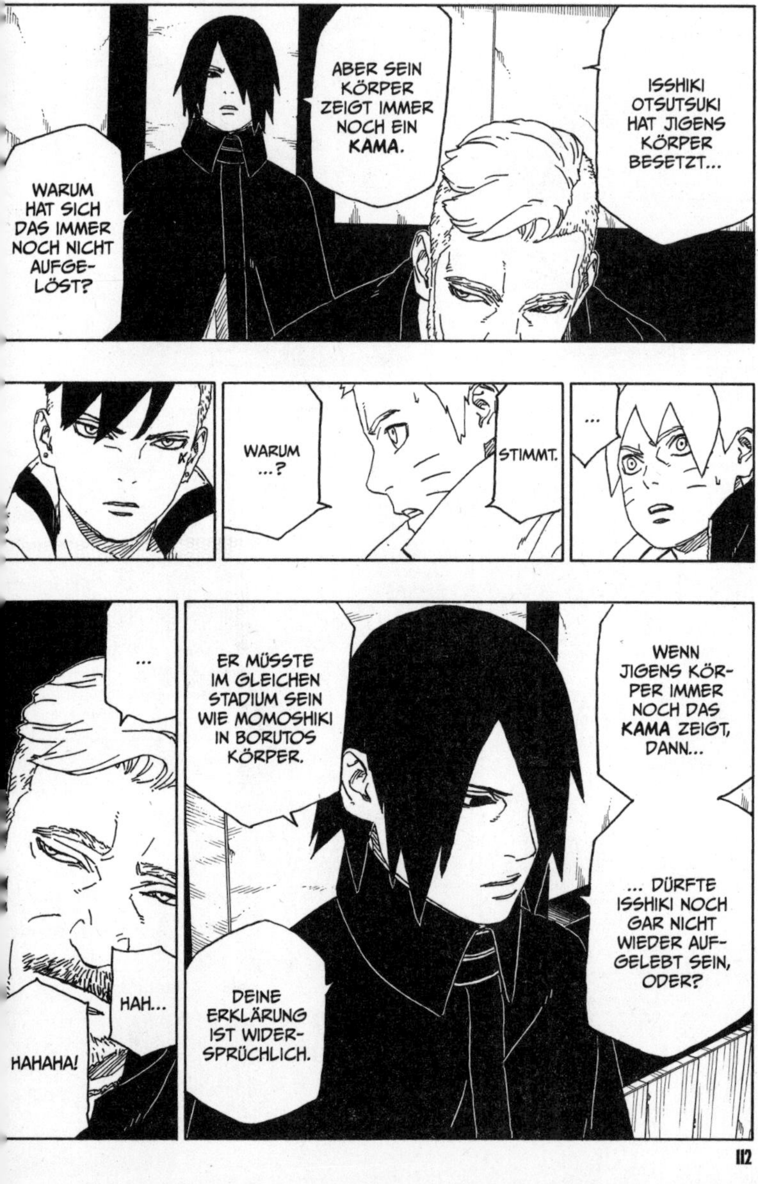
ISSHIKI OTSUTSUKI HAT JIGENS KÖRPER BESETZT...
ABER SEIN KÖRPER ZEIGT IMMER NOCH EIN KAMA.
WARUM HAT SICH DAS IMMER NOCH NICHT AUFGELÖST?
...
STIMMT.
WARUM ...?
WENN JIGENS KÖRPER IMMER NOCH DAS KAMA ZEIGT, DANN...
... DÜRFTE ISSHIKI NOCH GAR NICHT WIEDER AUFGELEBT SEIN, ODER?
ER MÜSSTE IM GLEICHEN STADIUM SEIN WIE MOMOSHIKI IN BORUTOS KÖRPER.
DEINE ERKLÄRUNG IST WIDERSPRÜCHLICH.
...
HAH...
HAHAHA!

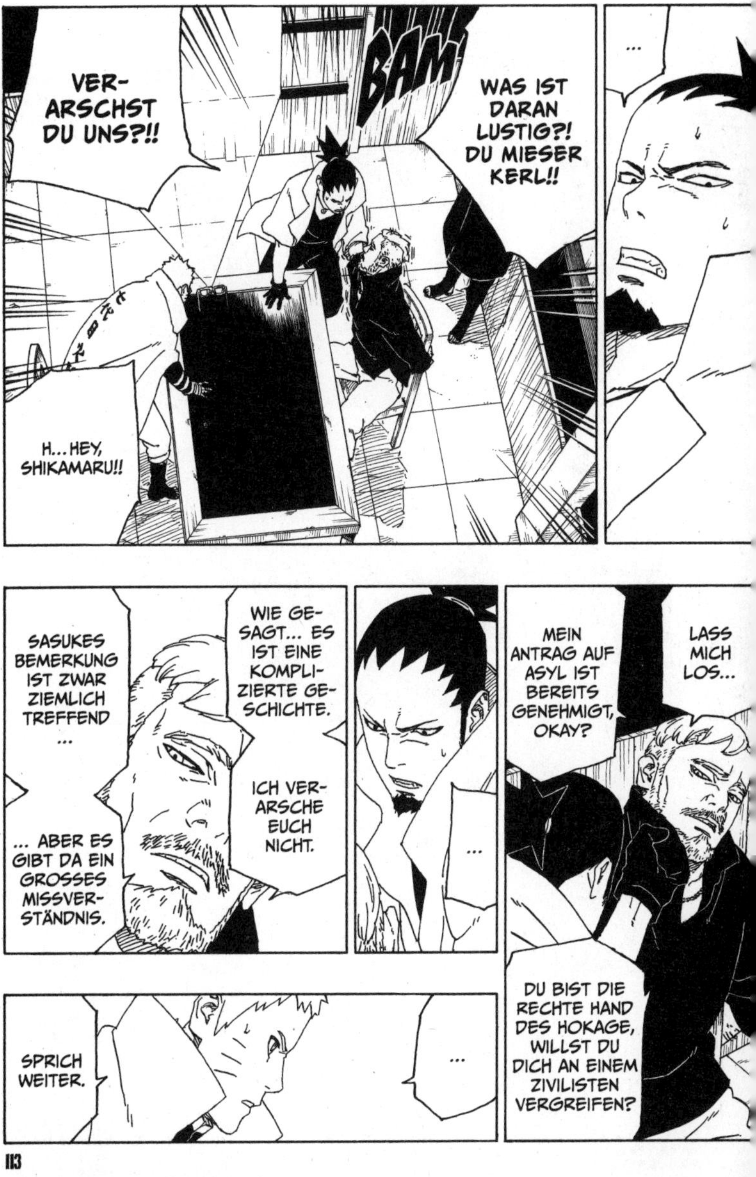
...
BAM
WAS IST DARAN LUSTIG?! DU MIESER KERL!!
VER-ARSCHST DU UNS?!!
H... HEY, SHIKAMARU!!
LASS MICH LOS...
MEIN ANTRAG AUF ASYL IST BEREITS GENEHMIGT, OKAY?
DU BIST DIE RECHTE HAND DES HOKAGE, WILLST DU DICH AN EINEM ZIVILISTEN VERGREIFEN?
...
WIE GE-SAGT... ES IST EINE KOMPLI-ZIERTE GE-SCHICHTE.
ICH VER-ARSCHE EUCH NICHT.
SASUKES BEMERKUNG IST ZWAR ZIEMLICH TREFFEND ...
... ABER ES GIBT DA EIN GROSSES MISSVER-STÄNDNIS.
...
SPRICH WEITER.

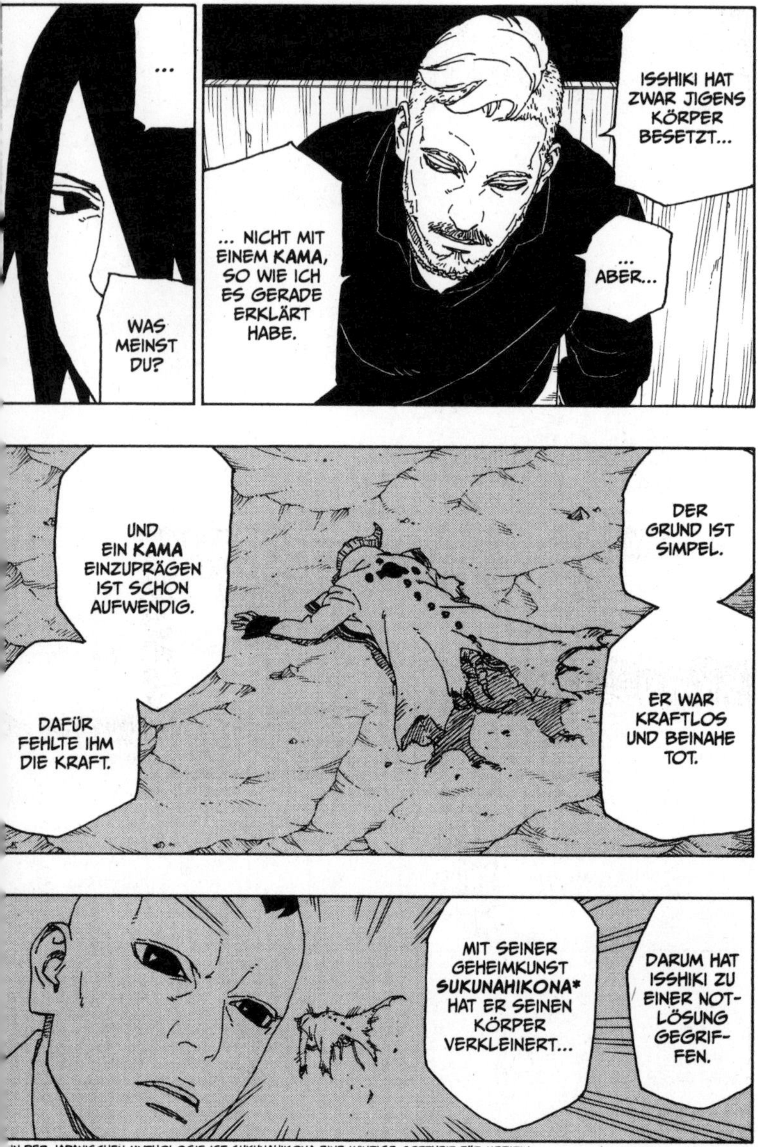

* IN DER JAPANISCHEN MYTHOLOGIE IST SUKUNAHIKONA EINE WINZIGE GOTTHEIT FÜR MEDIZIN, HEISSE QUELLEN UND SAKE.

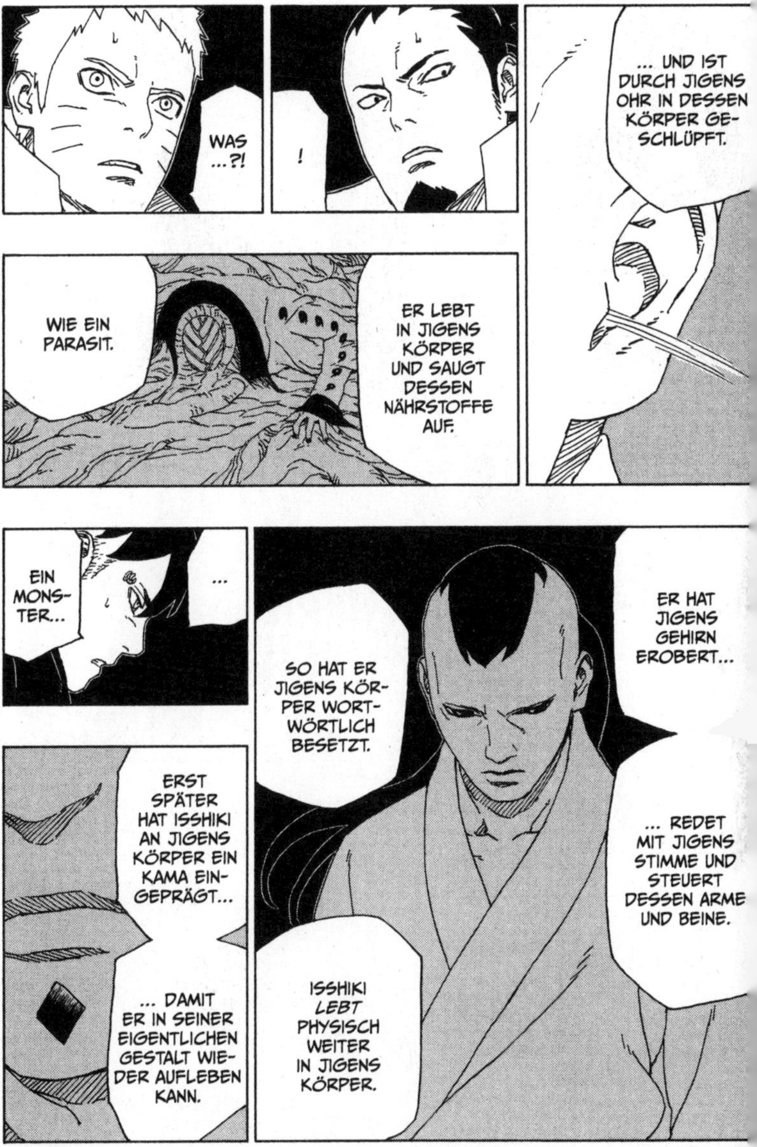

... UND IST DURCH JIGENS OHR IN DESSEN KÖRPER GESCHLÜPFT.
!
WAS ...?!
ER LEBT IN JIGENS KÖRPER UND SAUGT DESSEN NÄHRSTOFFE AUF.
WIE EIN PARASIT.
ER HAT JIGENS GEHIRN EROBERT...
SO HAT ER JIGENS KÖRPER WORTWÖRTLICH BESETZT.
...
EIN MONSTER...
... REDET MIT JIGENS STIMME UND STEUERT DESSEN ARME UND BEINE.
ISSHIKI *LEBT* PHYSISCH WEITER IN JIGENS KÖRPER.
ERST SPÄTER HAT ISSHIKI AN JIGENS KÖRPER EIN KAMA EINGEPRÄGT...
... DAMIT ER IN SEINER EIGENTLICHEN GESTALT WIEDER AUFLEBEN KANN.

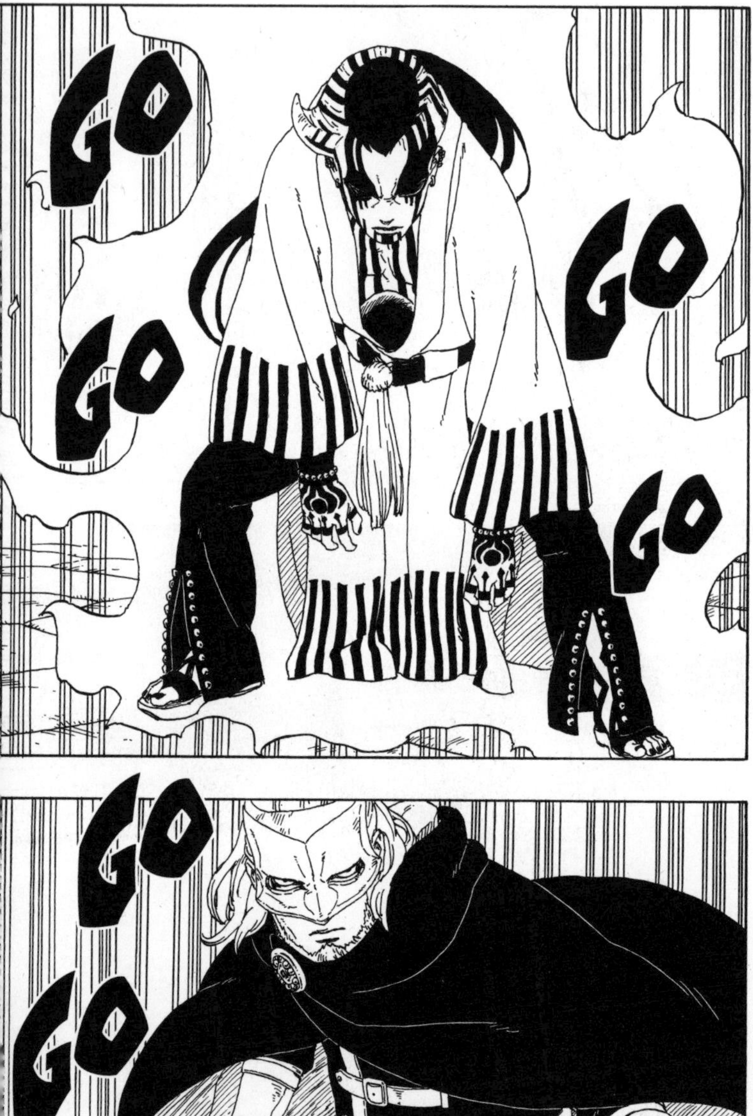
GO
GO
GO
GO
GO
GO

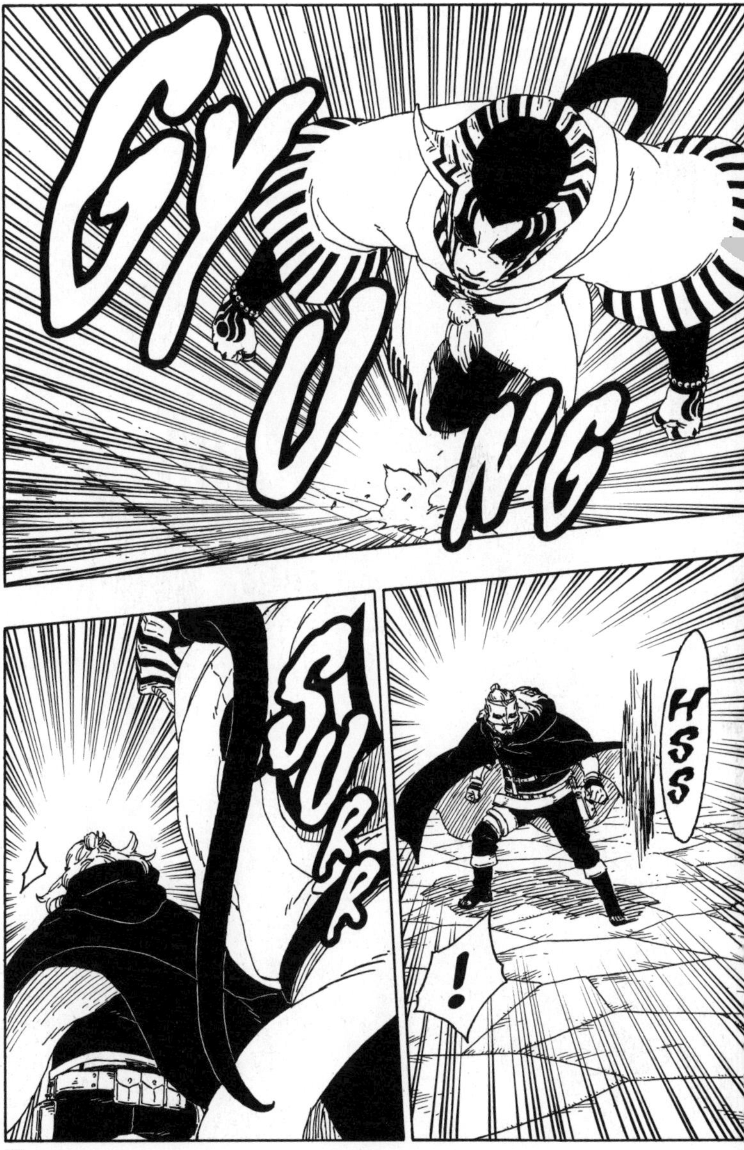
GYOONG
SHUKK
HSS
!

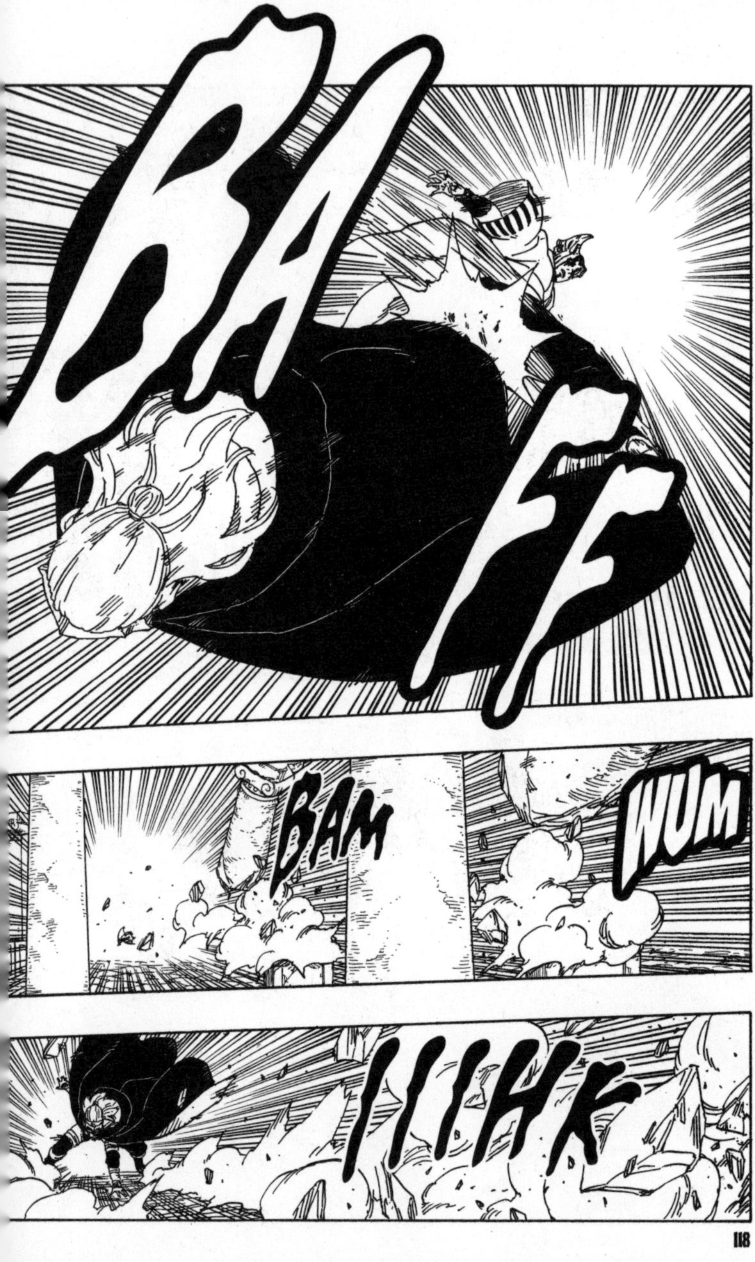
BAFF
BAM
WUM
IIIHK

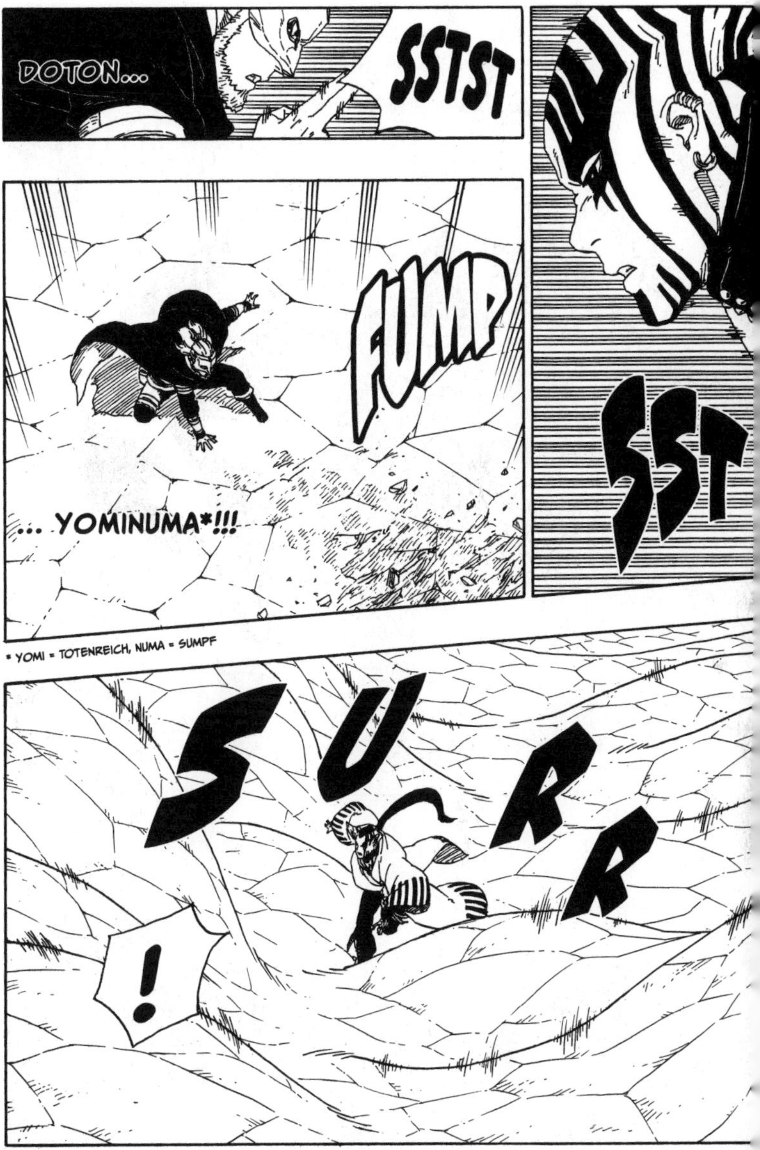

* YOMI = TOTENREICH, NUMA = SUMPF

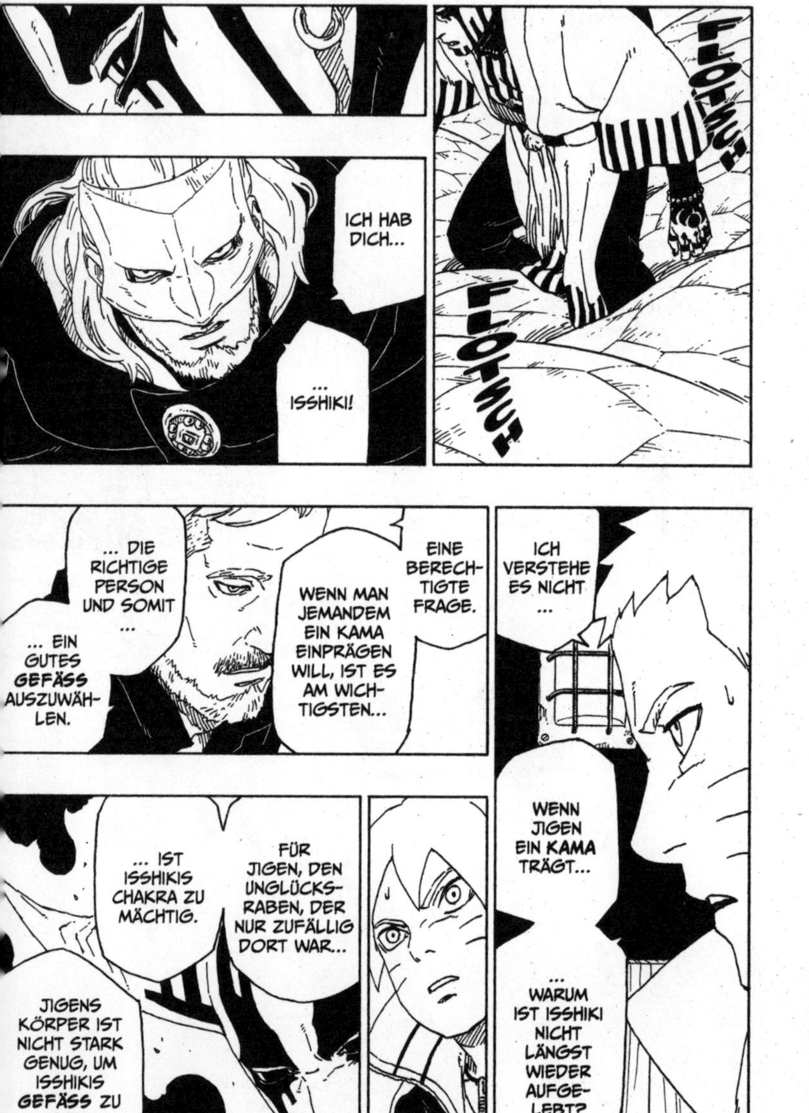
FLOTSCH
FLOTSCH
ICH HAB DICH...
... ISSHIKI!
ICH VERSTEHE ES NICHT ...
EINE BERECHTIGTE FRAGE.
WENN MAN JEMANDEM EIN KAMA EINPRÄGEN WILL, IST ES AM WICHTIGSTEN...
... DIE RICHTIGE PERSON UND SOMIT ...
... EIN GUTES GEFÄSS AUSZUWÄHLEN.
WENN JIGEN EIN KAMA TRÄGT...
... WARUM IST ISSHIKI NICHT LÄNGST WIEDER AUFGELEBT?
FÜR JIGEN, DEN UNGLÜCKSRABEN, DER NUR ZUFÄLLIG DORT WAR...
... IST ISSHIKIS CHAKRA ZU MÄCHTIG.
JIGENS KÖRPER IST NICHT STARK GENUG, UM ISSHIKIS GEFÄSS ZU SEIN.

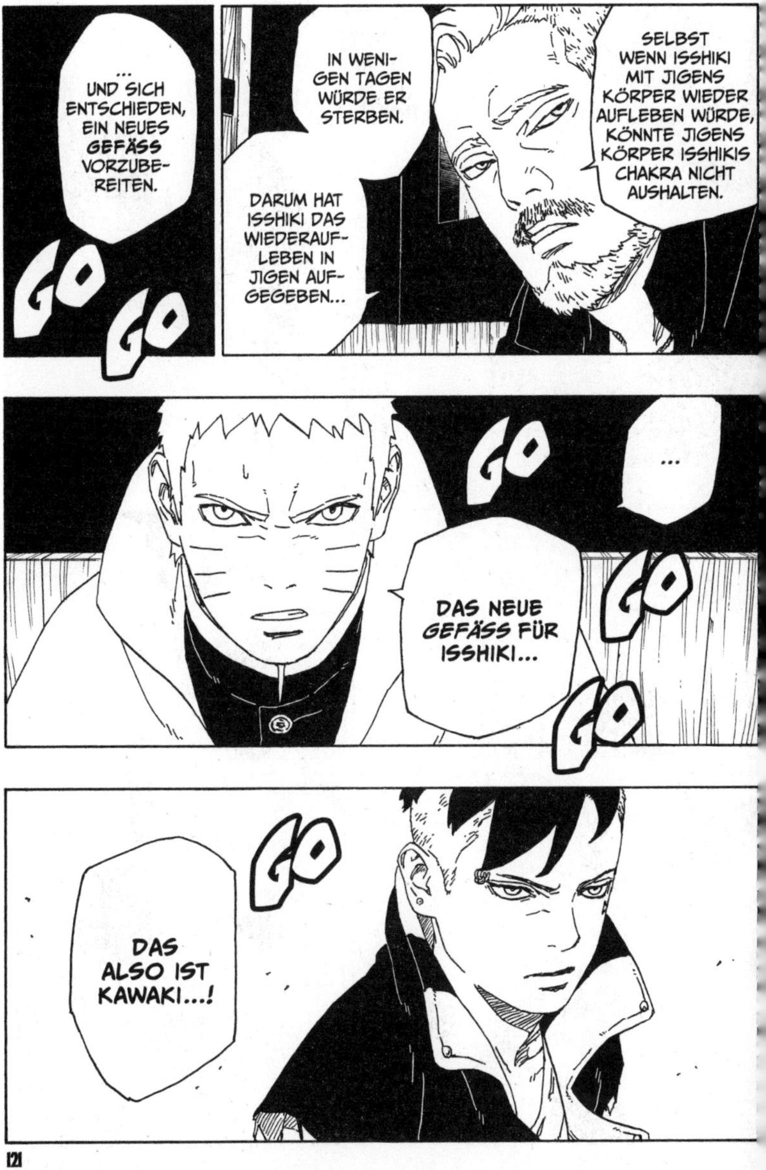
SELBST WENN ISSHIKI MIT JIGENS KÖRPER WIEDER AUFLEBEN WÜRDE, KÖNNTE JIGENS KÖRPER ISSHIKIS CHAKRA NICHT AUSHALTEN.
IN WENIGEN TAGEN WÜRDE ER STERBEN.
DARUM HAT ISSHIKI DAS WIEDERAUFLEBEN IN JIGEN AUFGEGEBEN...
... UND SICH ENTSCHIEDEN, EIN NEUES GEFÄSS VORZUBEREITEN.
GO GO
...
GO GO GO
DAS NEUE GEFÄSS FÜR ISSHIKI...
GO
DAS ALSO IST KAWAKI...!

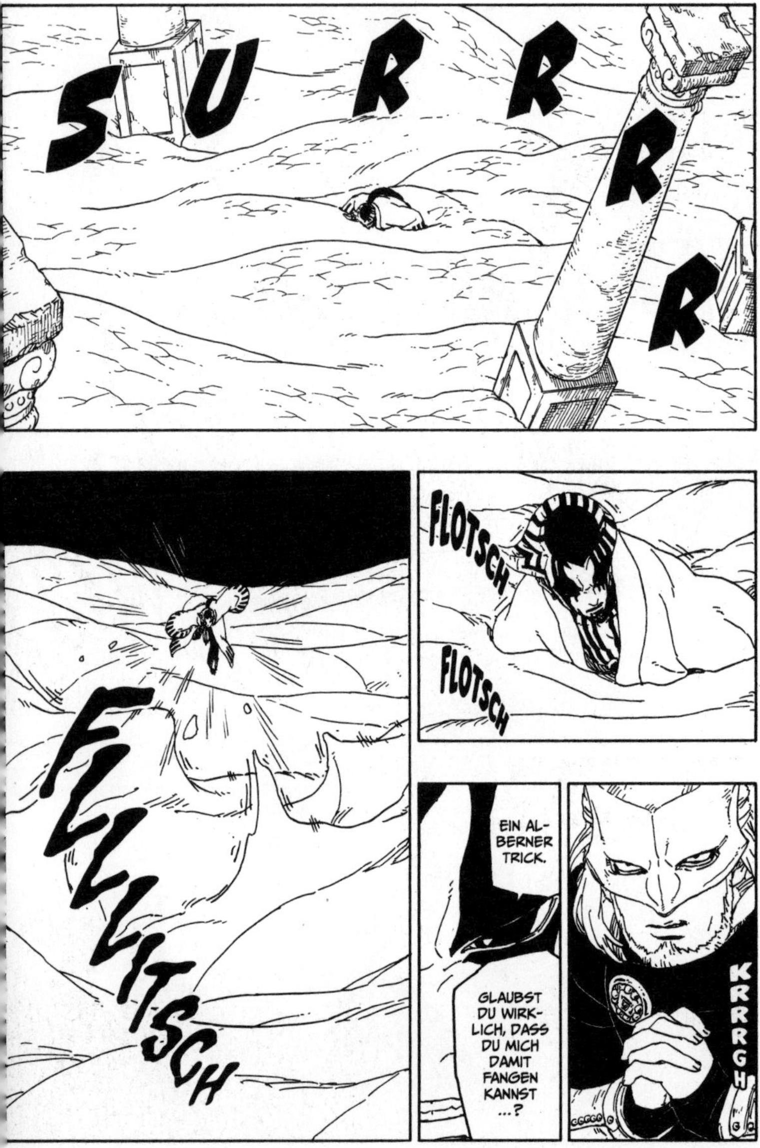

SURRRRR
FLOTSCH
FLOTSCH
FLLLLITSCH
EIN ALBERNER TRICK.
GLAUBST DU WIRKLICH, DASS DU MICH DAMIT FANGEN KANNST ...?
KRRRGH

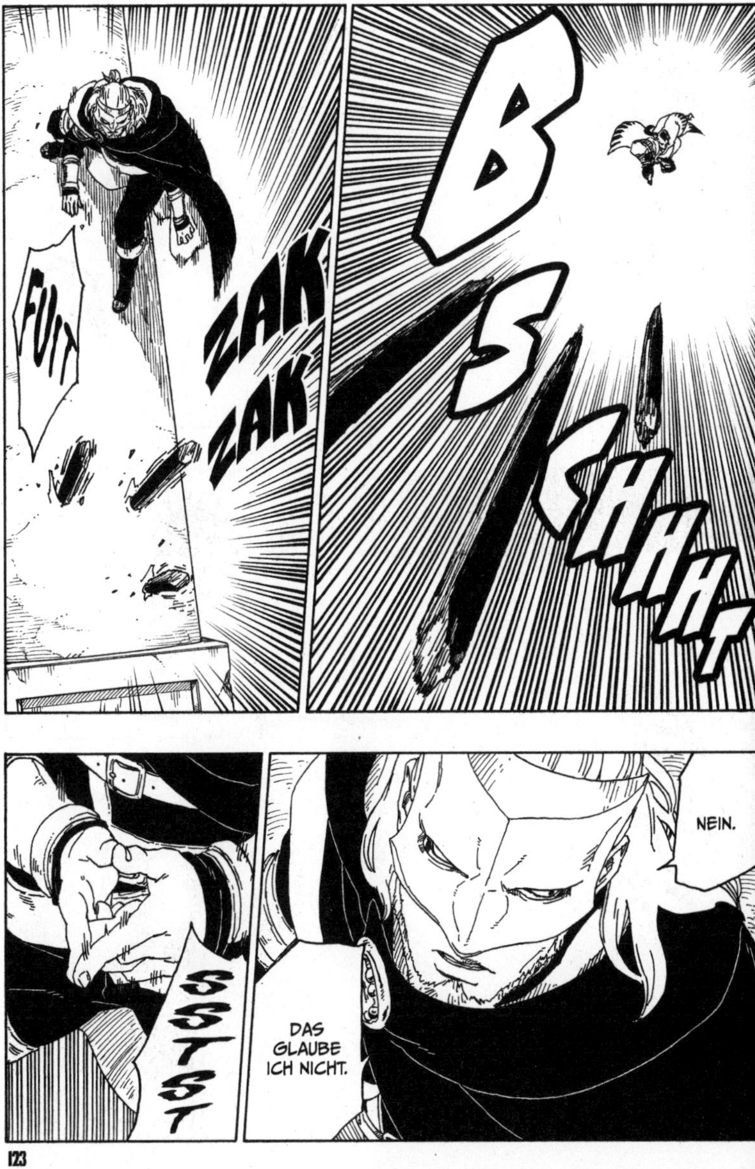
BSCHHHT
ZAK
ZAK
FUIT
NEIN.
DAS GLAUBE ICH NICHT.
SSSTST

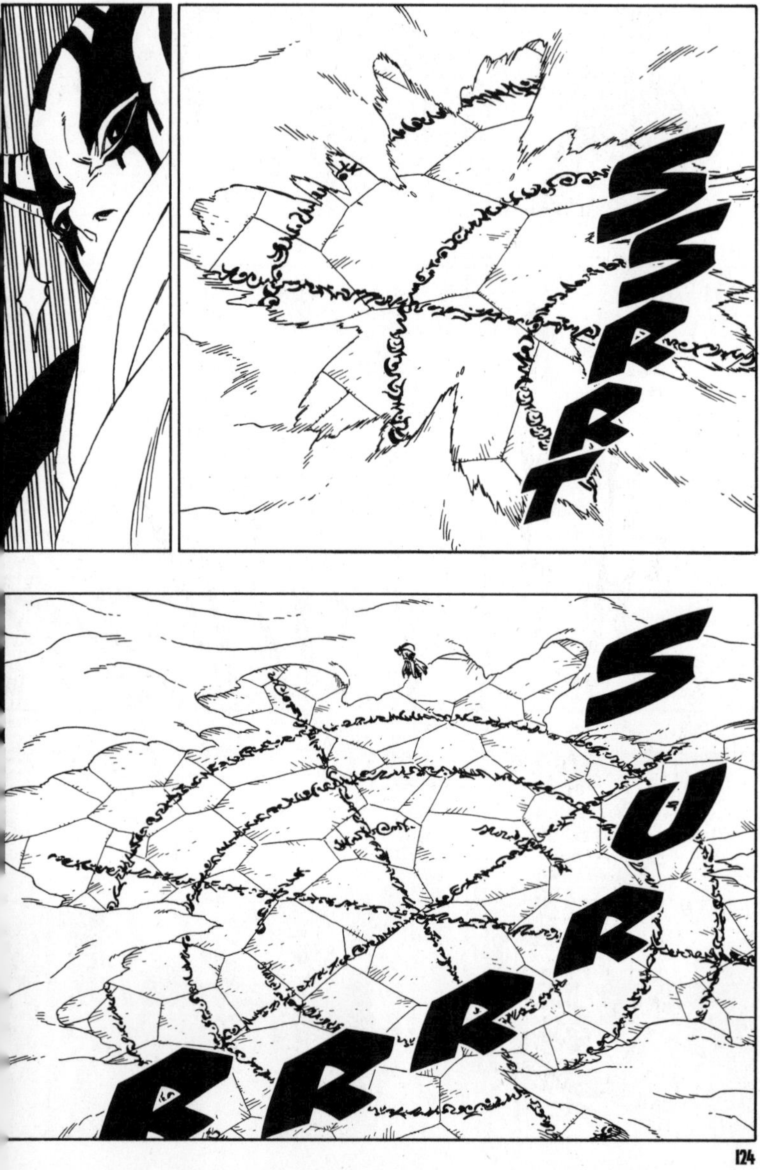
SWRRT
SURRRRR

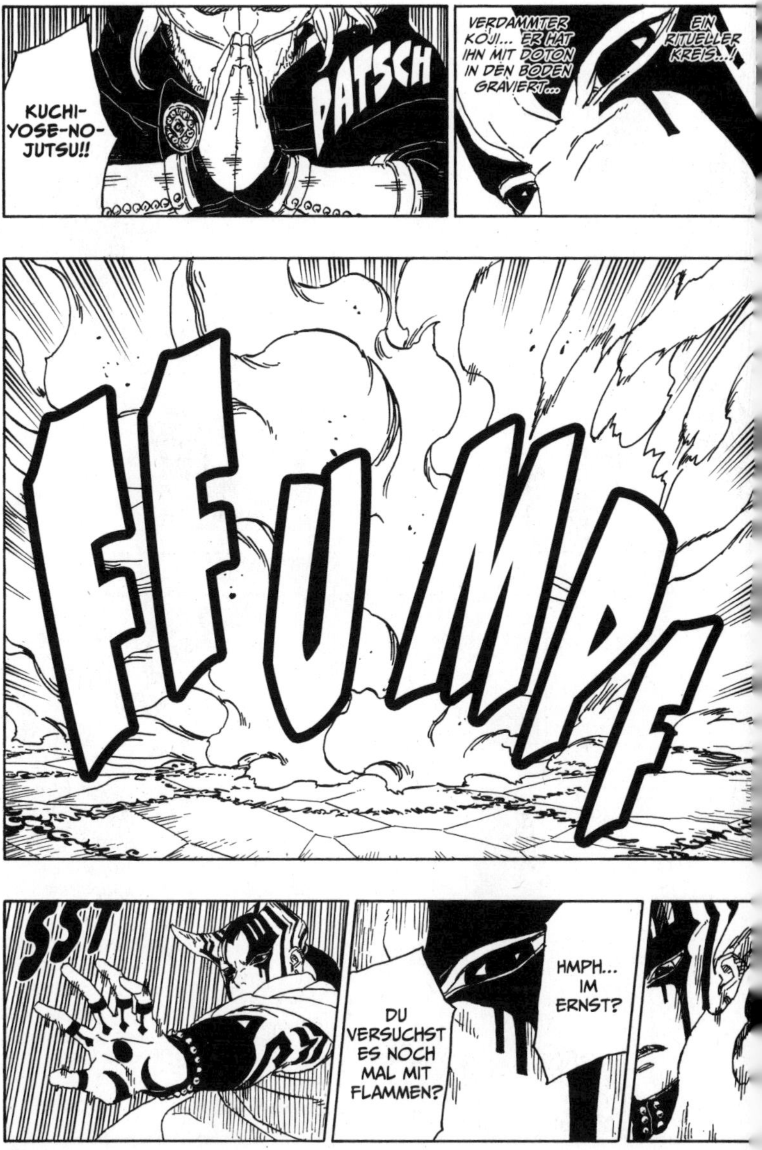
EIN RITUELLER KREIS...!
VERDAMMTER KOJI... ER HAT IHN MIT DOTON IN DEN BODEN GRAVIERT...
PATSCH
KUCHI-YOSE-NO-JUTSU!!
FFUMPF
HMPH... IM ERNST?
DU VERSUCHST ES NOCH MAL MIT FLAMMEN?
SST

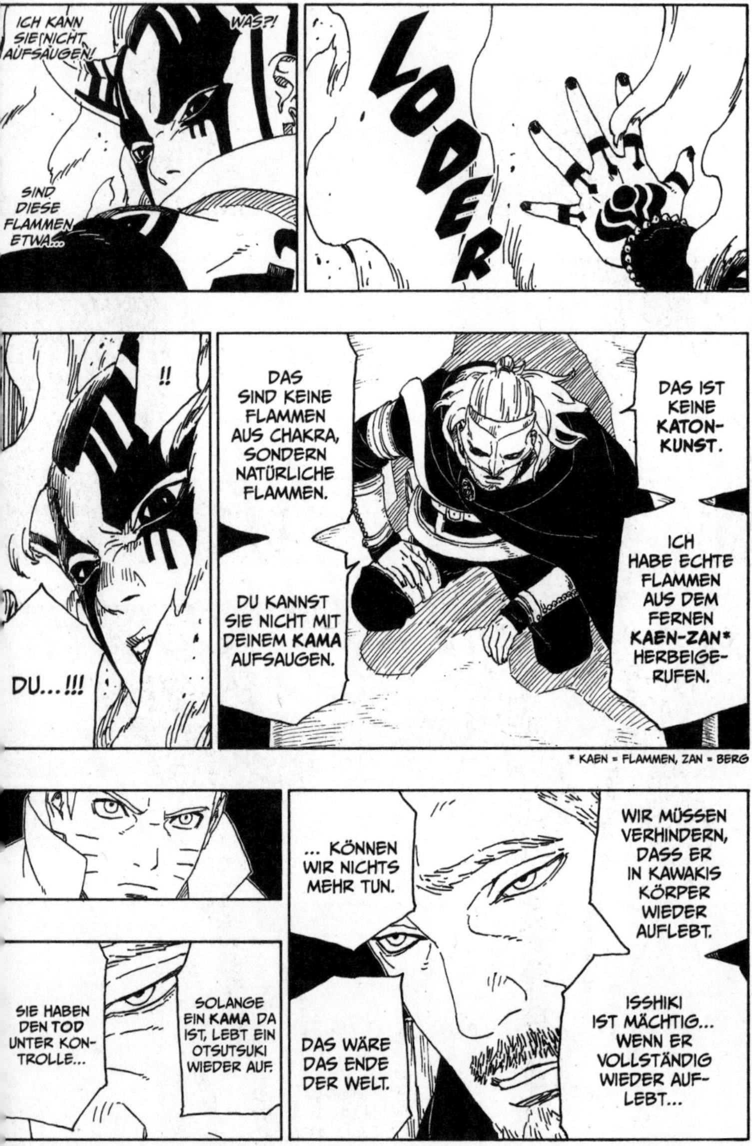
LODER
ICH KANN SIE NICHT AUFSAUGEN!
WAS?!
SIND DIESE FLAMMEN ETWA...
DAS IST KEINE KATON-KUNST.
DAS SIND KEINE FLAMMEN AUS CHAKRA, SONDERN NATÜRLICHE FLAMMEN.
ICH HABE ECHTE FLAMMEN AUS DEM FERNEN KAEN-ZAN* HERBEIGE-RUFEN.
DU KANNST SIE NICHT MIT DEINEM KAMA AUFSAUGEN.
!!
DU...!!!
* KAEN = FLAMMEN, ZAN = BERG
WIR MÜSSEN VERHINDERN, DASS ER IN KAWAKIS KÖRPER WIEDER AUFLEBT.
... KÖNNEN WIR NICHTS MEHR TUN.
ISSHIKI IST MÄCHTIG... WENN ER VOLLSTÄNDIG WIEDER AUF-LEBT...
DAS WÄRE DAS ENDE DER WELT.
SOLANGE EIN KAMA DA IST, LEBT EIN OTSUTSUKI WIEDER AUF.
SIE HABEN DEN TOD UNTER KON-TROLLE...

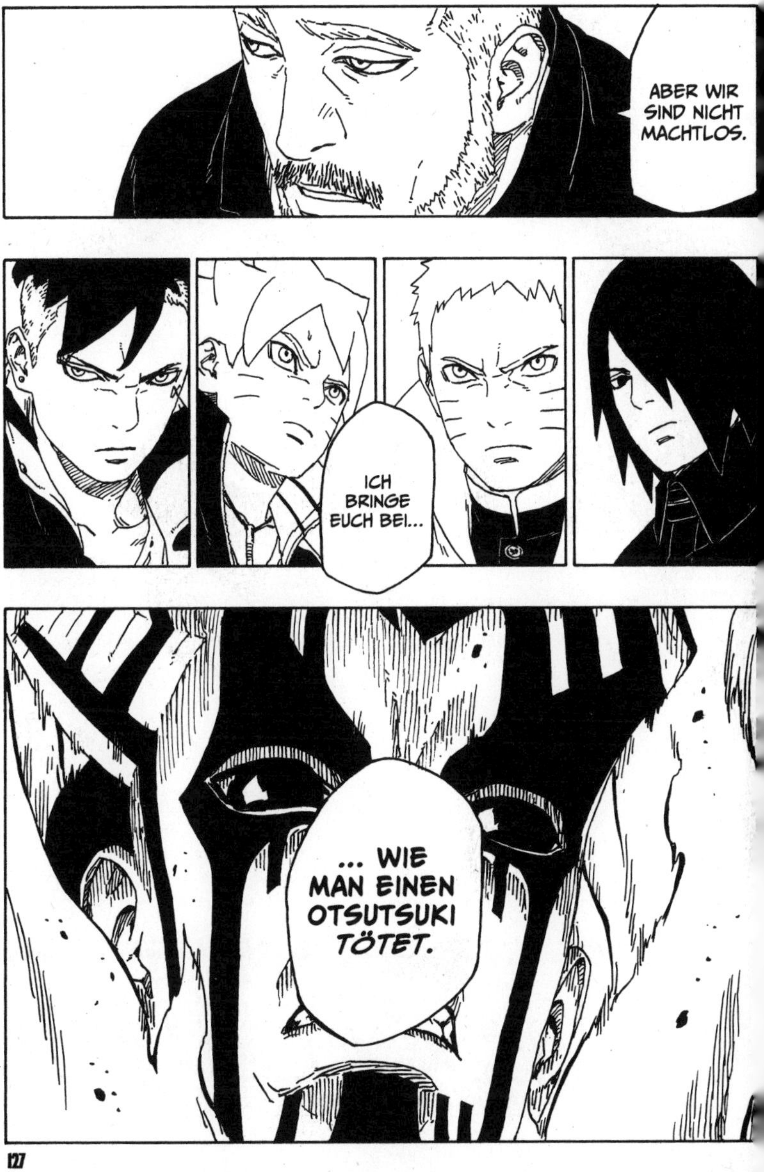
ABER WIR SIND NICHT MACHTLOS.
ICH BRINGE EUCH BEI...
... WIE MAN EINEN OTSUTSUKI TÖTET.

BORUTO
-NARUTO NEXT GENERATION-

47: SCHICKSAL

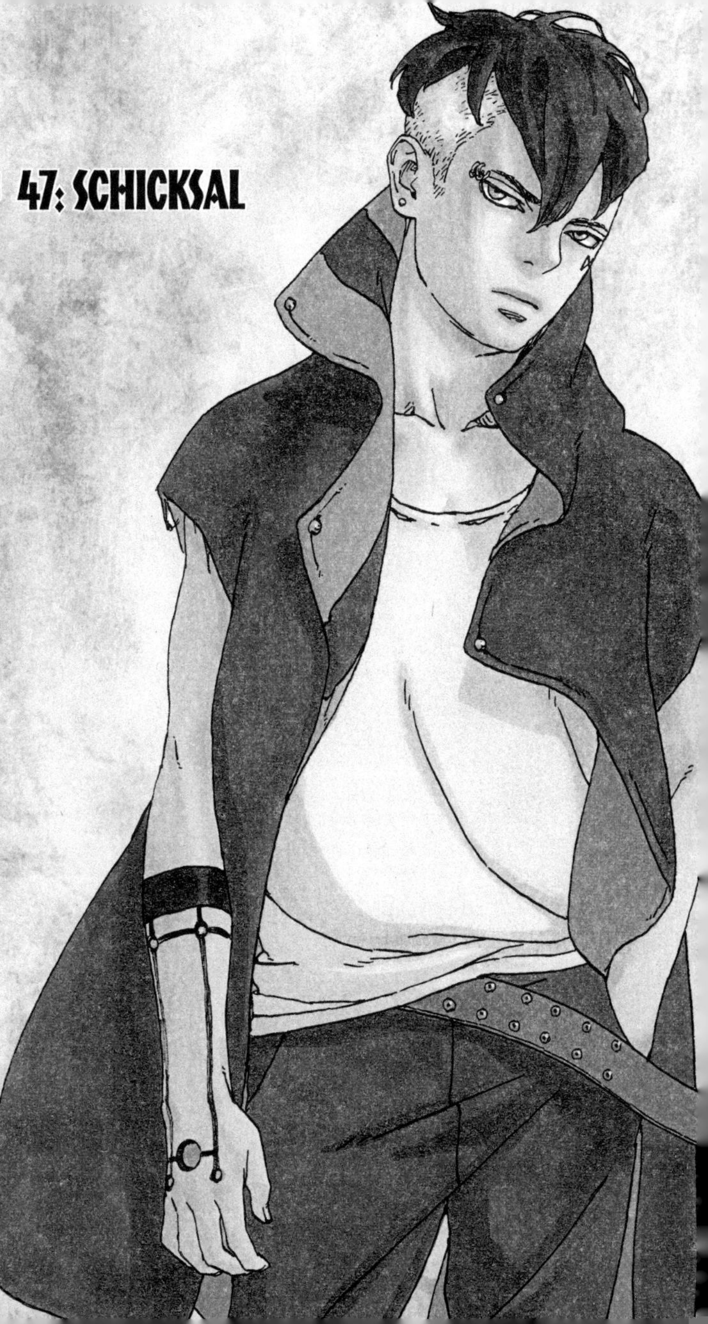

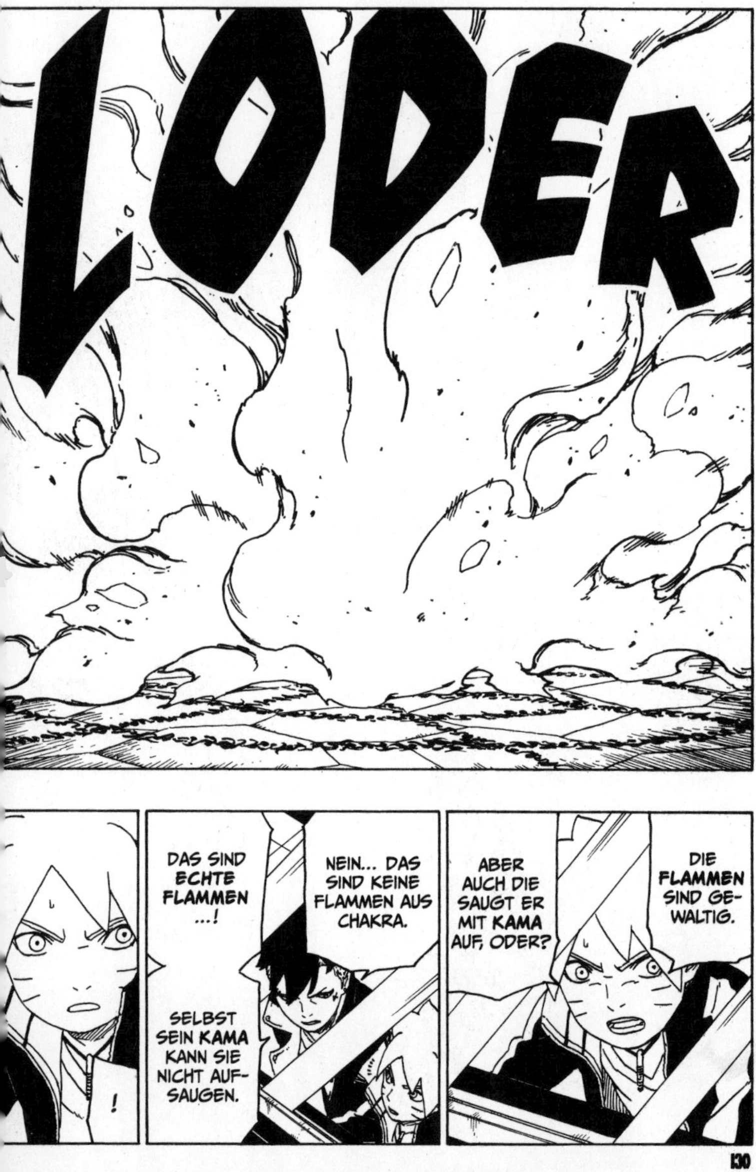

LODER
DIE FLAMMEN SIND GEWALTIG.
ABER AUCH DIE SAUGT ER MIT KAMA AUF, ODER?
NEIN... DAS SIND KEINE FLAMMEN AUS CHAKRA.
DAS SIND ECHTE FLAMMEN ...!
SELBST SEIN KAMA KANN SIE NICHT AUFSAUGEN.
!

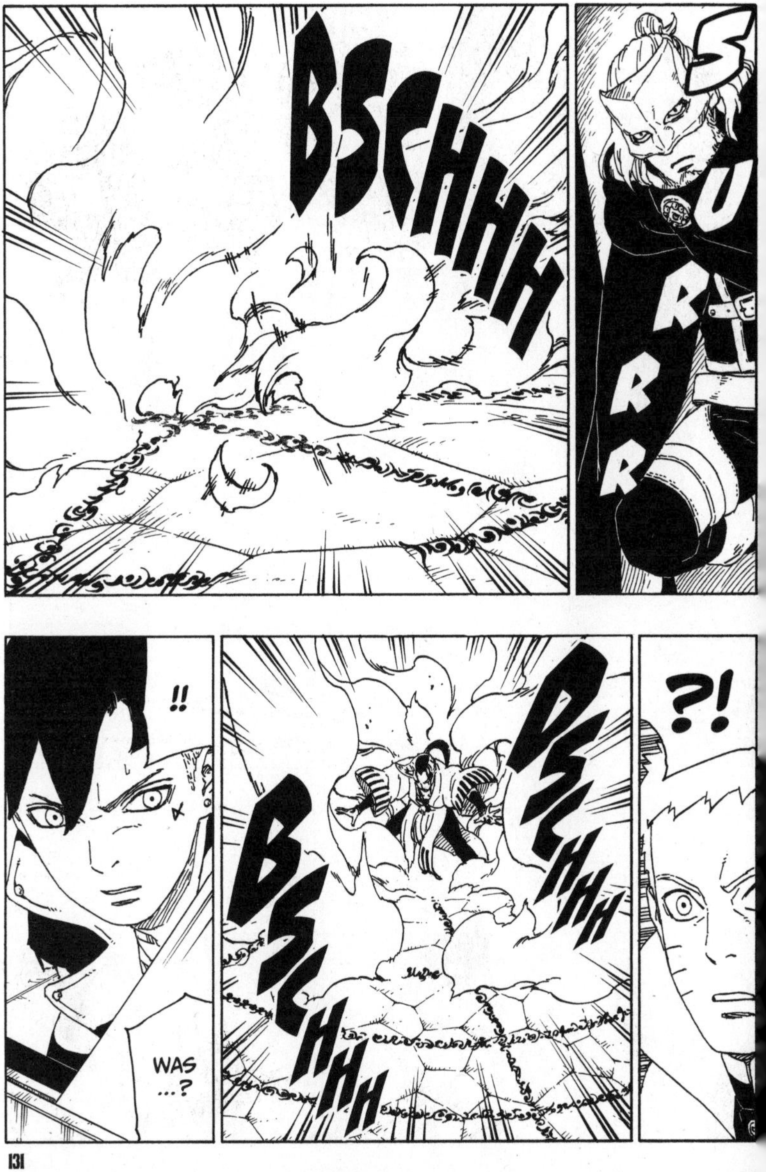
SURRRR
BSCHHHH
?!
DSCHHHH
BSCHHHH
!!
WAS
…?

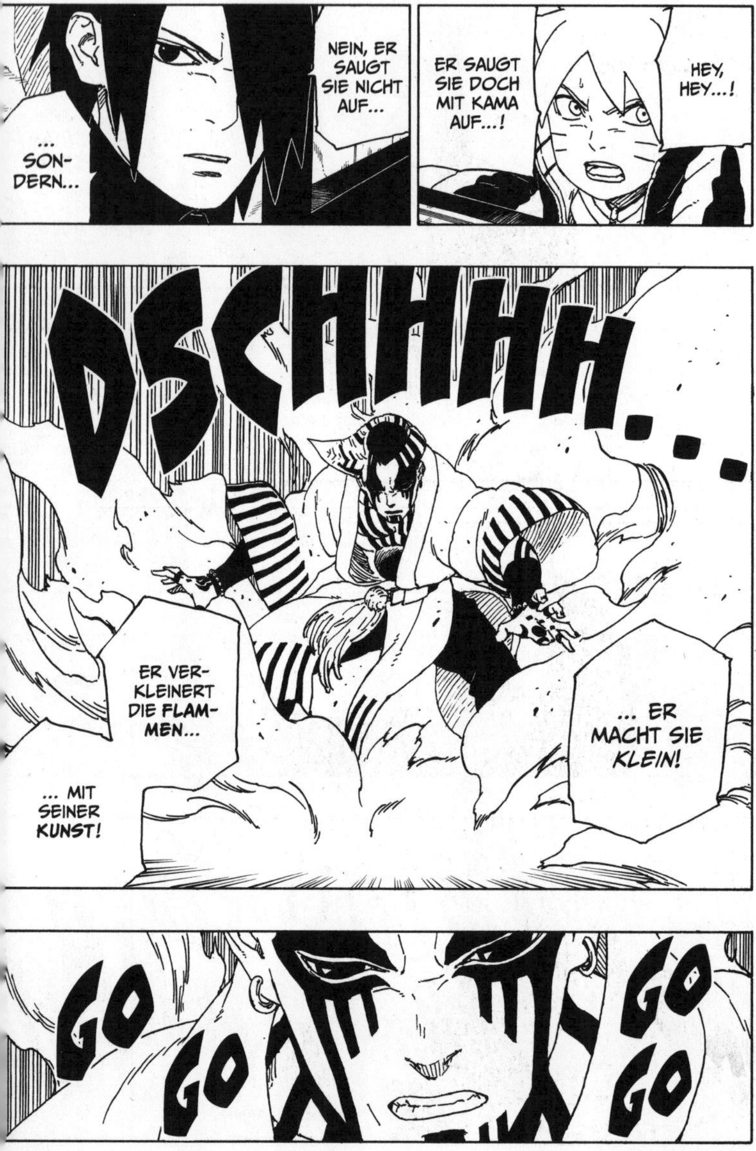
HEY, HEY...!
ER SAUGT SIE DOCH MIT KAMA AUF...!
NEIN, ER SAUGT SIE NICHT AUF...
... SON-DERN...
DSCHHHH...
... ER MACHT SIE KLEIN!
ER VER-KLEINERT DIE FLAM-MEN...
... MIT SEINER KUNST!
GO GO
GO GO

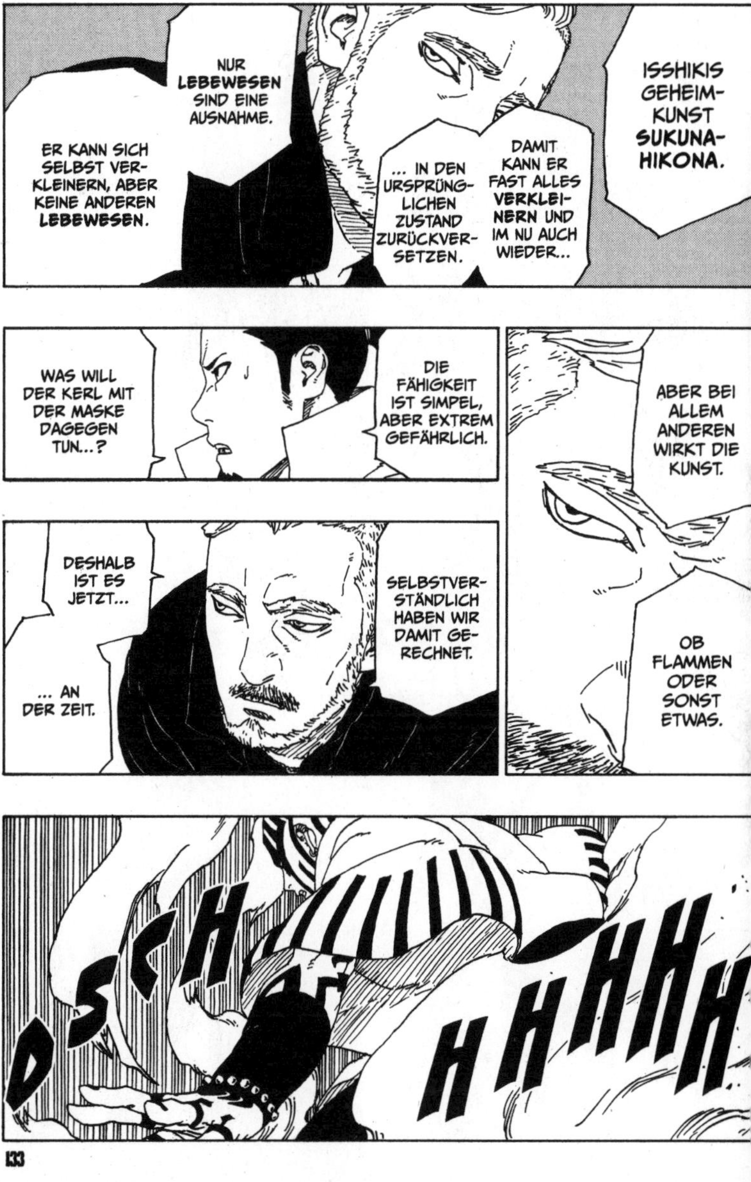

ISSHIKIS GEHEIMKUNST SUKUNAHIKONA.
DAMIT KANN ER FAST ALLES VERKLEINERN UND IM NU AUCH WIEDER...
... IN DEN URSPRÜNGLICHEN ZUSTAND ZURÜCKVERSETZEN.
NUR LEBEWESEN SIND EINE AUSNAHME.
ER KANN SICH SELBST VERKLEINERN, ABER KEINE ANDEREN LEBEWESEN.
ABER BEI ALLEM ANDEREN WIRKT DIE KUNST.
OB FLAMMEN ODER SONST ETWAS.
DIE FÄHIGKEIT IST SIMPEL, ABER EXTREM GEFÄHRLICH.
WAS WILL DER KERL MIT DER MASKE DAGEGEN TUN...?
SELBSTVERSTÄNDLICH HABEN WIR DAMIT GERECHNET.
DESHALB IST ES JETZT...
... AN DER ZEIT.
DSCHHHHHHH...

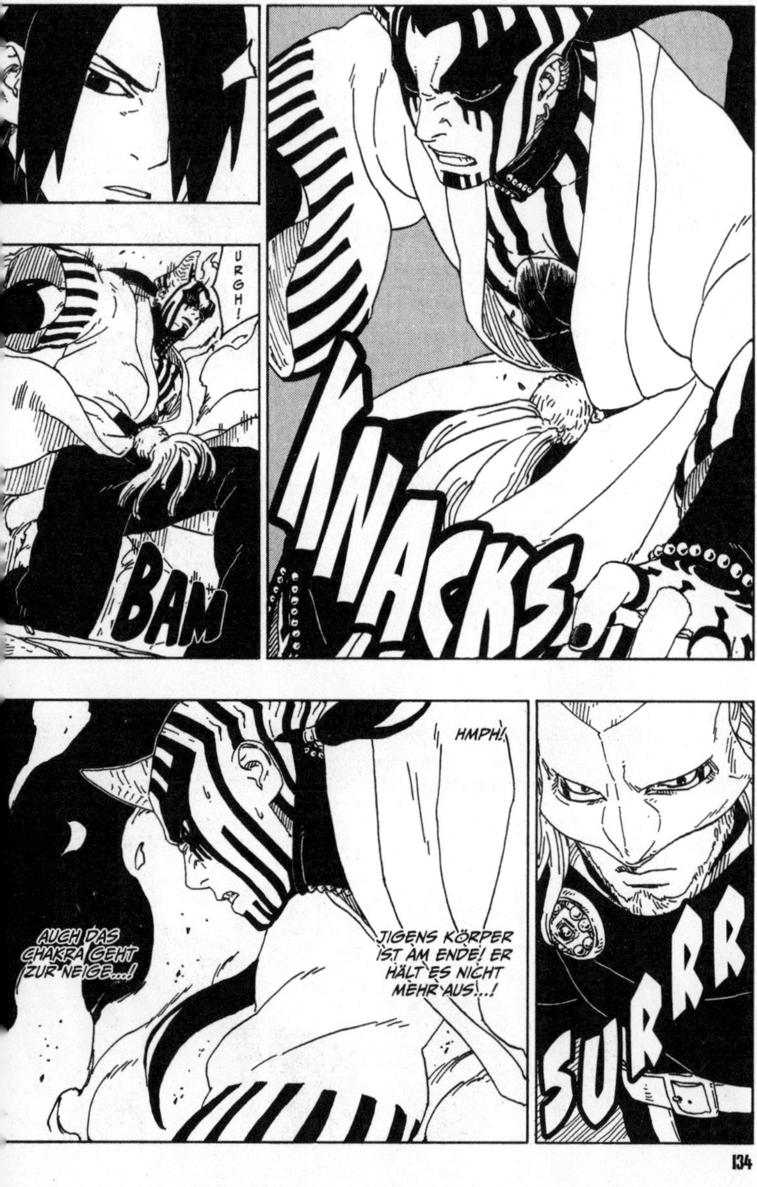
KNACKS
URGH!
BAM
SURRR
HMPH!
JIGENS KÖRPER IST AM ENDE! ER HÄLT ES NICHT MEHR AUS...!
AUCH DAS CHAKRA GEHT ZUR NEIGE...!

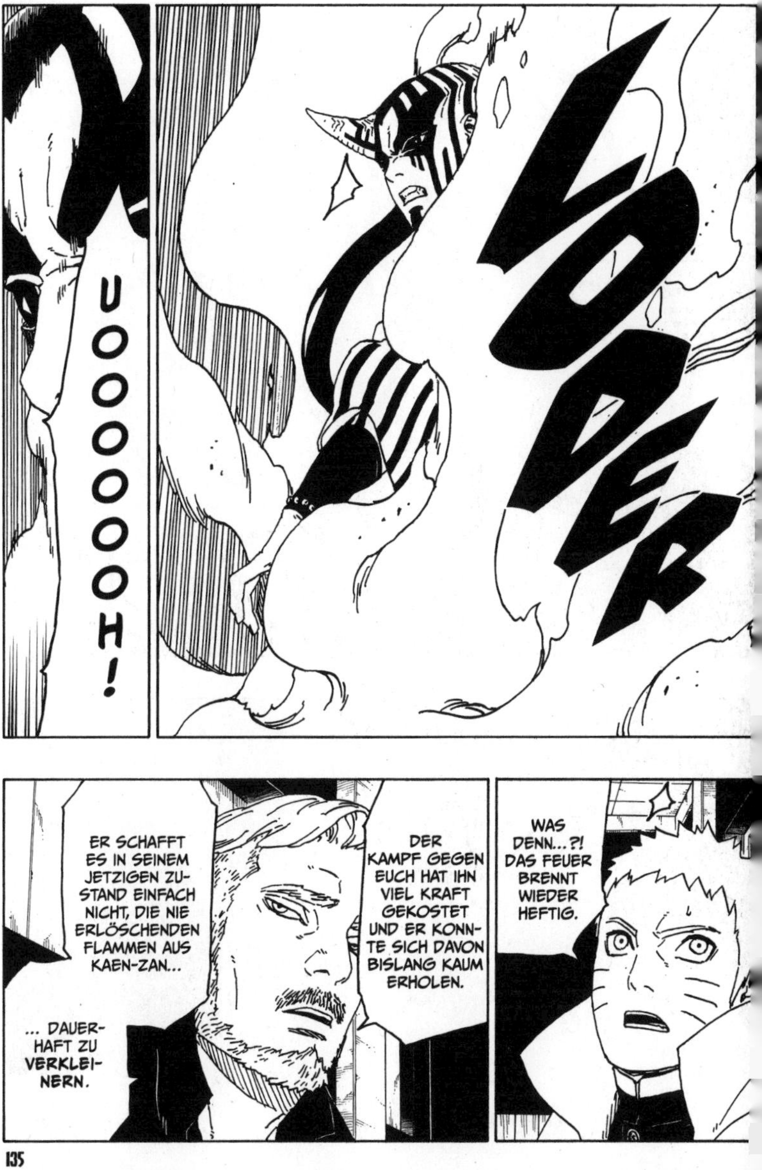
LODER
UOOOOOOH!
WAS DENN...?! DAS FEUER BRENNT WIEDER HEFTIG.
DER KAMPF GEGEN EUCH HAT IHN VIEL KRAFT GEKOSTET UND ER KONNTE SICH DAVON BISLANG KAUM ERHOLEN.
ER SCHAFFT ES IN SEINEM JETZIGEN ZUSTAND EINFACH NICHT, DIE NIE ERLÖSCHENDEN FLAMMEN AUS KAEN-ZAN...
... DAUERHAFT ZU VERKLEINERN.

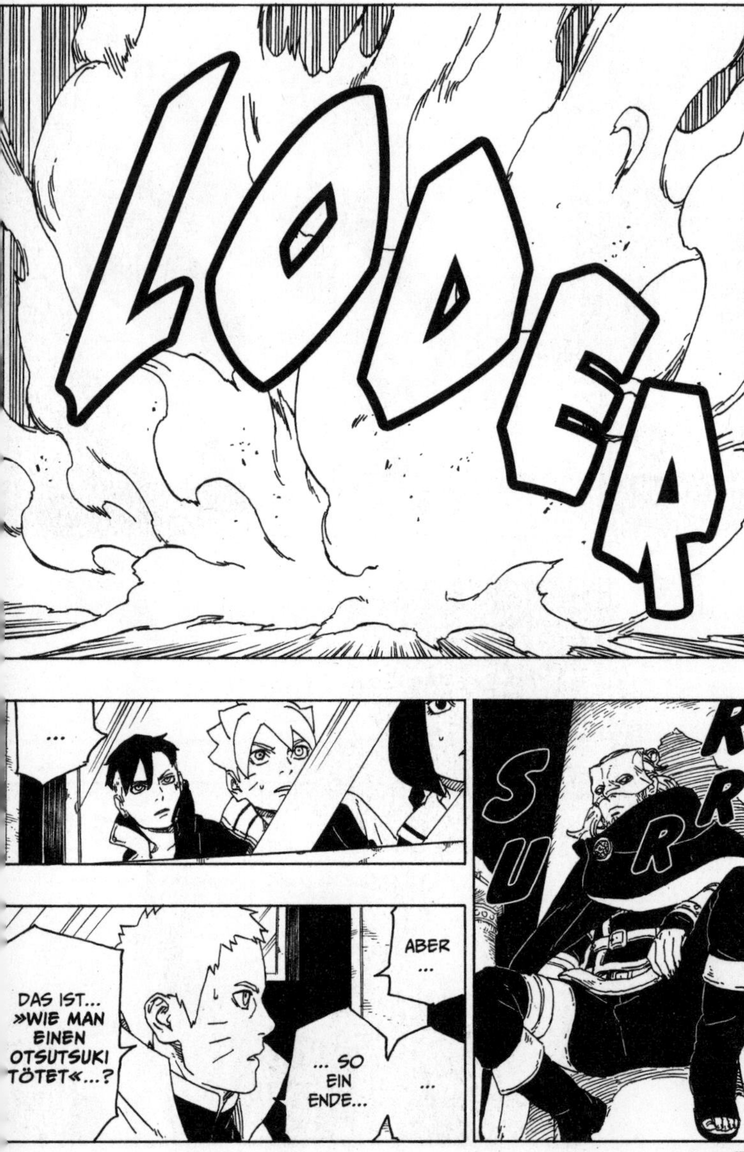
LODER
...
SURRR
DAS IST... »WIE MAN EINEN OTSUTSUKI TÖTET«...?
ABER ...
... SO EIN ENDE...
...

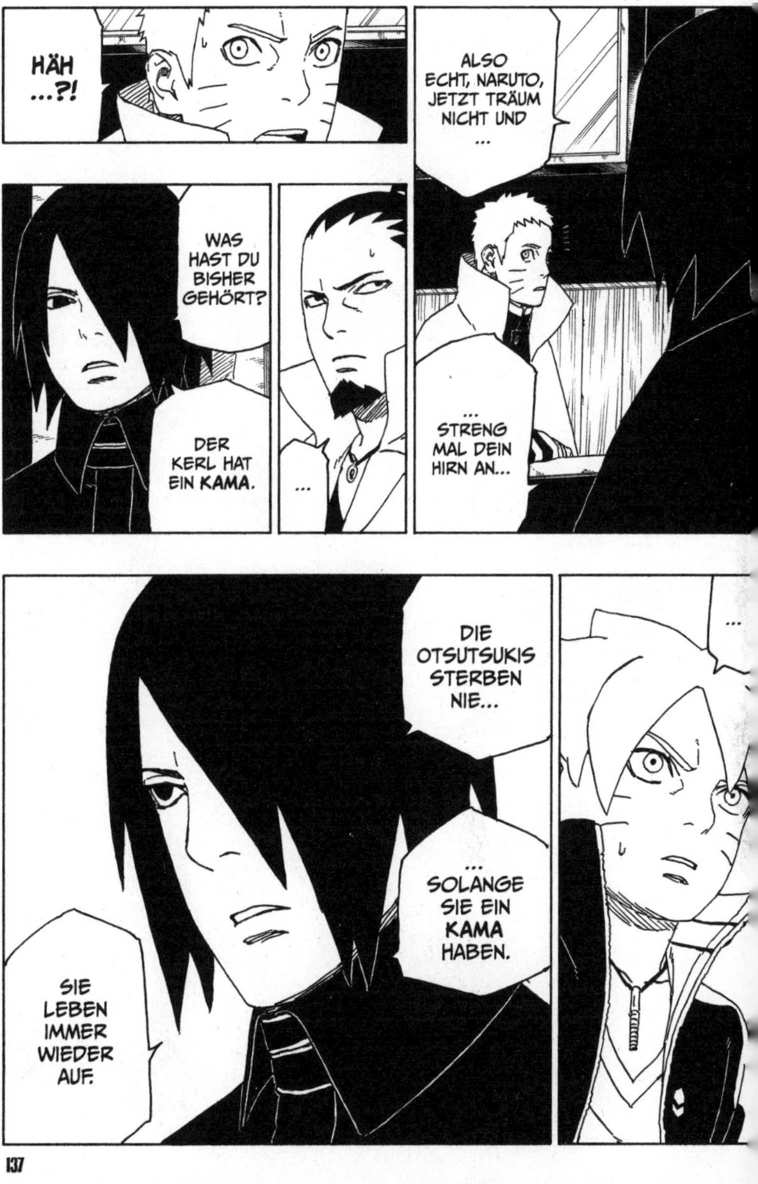
ALSO ECHT, NARUTO, JETZT TRÄUM NICHT UND ...
... STRENG MAL DEIN HIRN AN...
HÄH ...?!
...
WAS HAST DU BISHER GEHÖRT?
DER KERL HAT EIN KAMA.
...
DIE OTSUTSUKIS STERBEN NIE...
... SOLANGE SIE EIN KAMA HABEN.
SIE LEBEN IMMER WIEDER AUF.

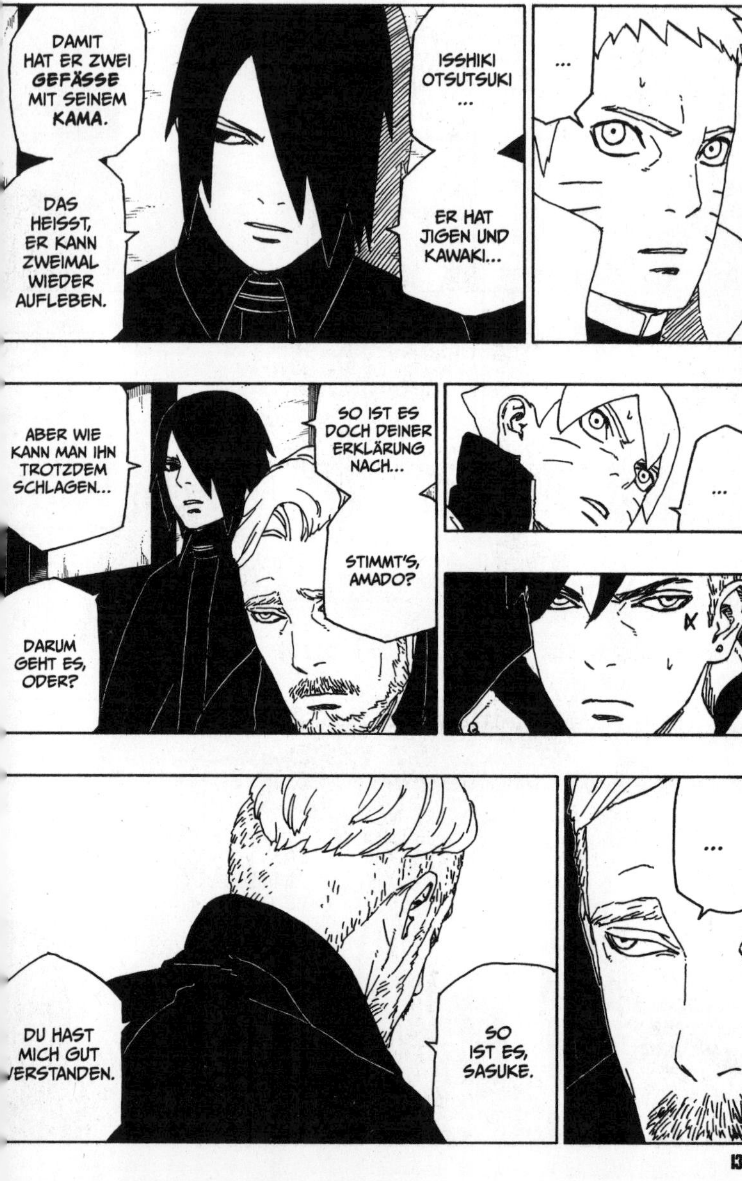

...
ISSHIKI OTSUTSUKI ...
ER HAT JIGEN UND KAWAKI...
DAMIT HAT ER ZWEI GEFÄSSE MIT SEINEM KAMA.
DAS HEISST, ER KANN ZWEIMAL WIEDER AUFLEBEN.
...
SO IST ES DOCH DEINER ERKLÄRUNG NACH...
STIMMT'S, AMADO?
ABER WIE KANN MAN IHN TROTZDEM SCHLAGEN...
DARUM GEHT ES, ODER?
...
SO IST ES, SASUKE.
DU HAST MICH GUT VERSTANDEN.

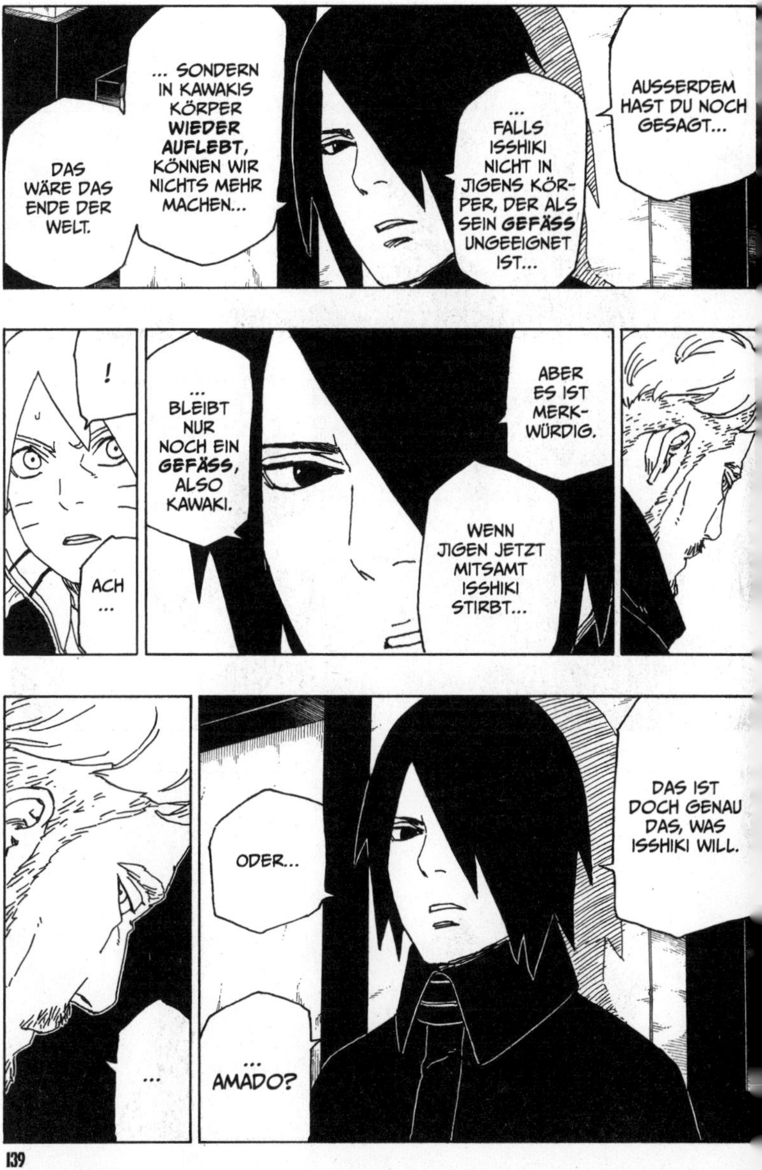
AUSSERDEM HAST DU NOCH GESAGT...
... FALLS ISSHIKI NICHT IN JIGENS KÖRPER, DER ALS SEIN GEFÄSS UNGEEIGNET IST...
... SONDERN IN KAWAKIS KÖRPER WIEDER AUFLEBT, KÖNNEN WIR NICHTS MEHR MACHEN...
DAS WÄRE DAS ENDE DER WELT.
ABER ES IST MERKWÜRDIG.
WENN JIGEN JETZT MITSAMT ISSHIKI STIRBT...
... BLEIBT NUR NOCH EIN GEFÄSS, ALSO KAWAKI.
!
ACH ...
DAS IST DOCH GENAU DAS, WAS ISSHIKI WILL.
ODER...
... AMADO?
...

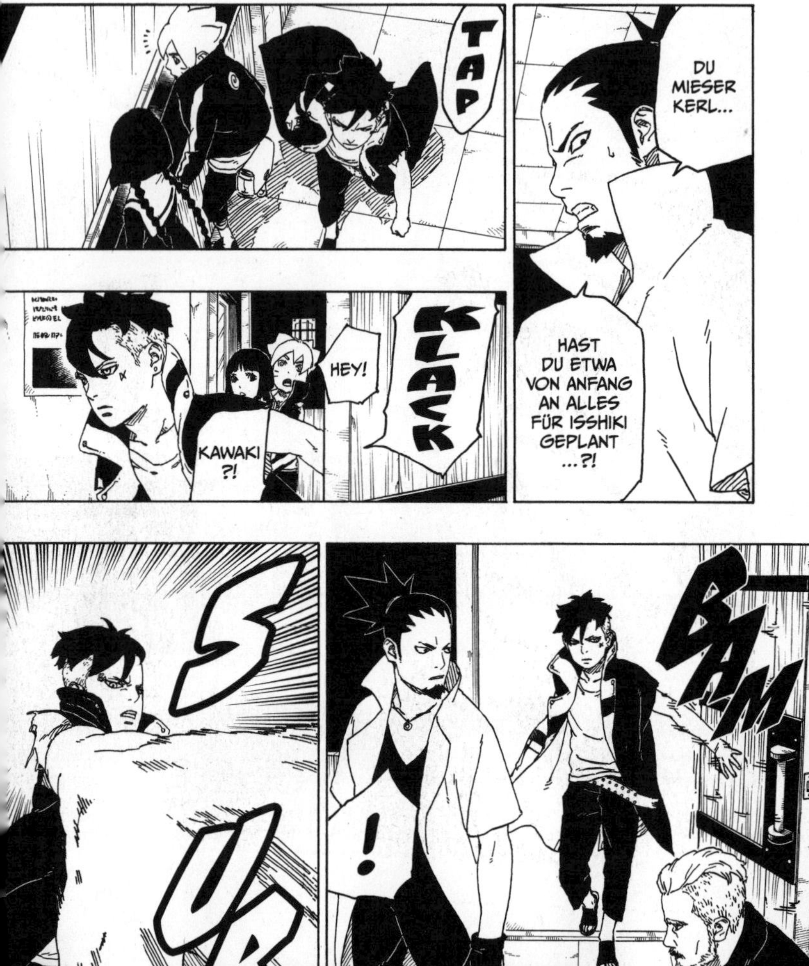
DU MIESER KERL...
HAST DU ETWA VON ANFANG AN ALLES FÜR ISSHIKI GEPLANT ...?!
TAP
KLACK
HEY!
KAWAKI ?!
BAM
!
SURR

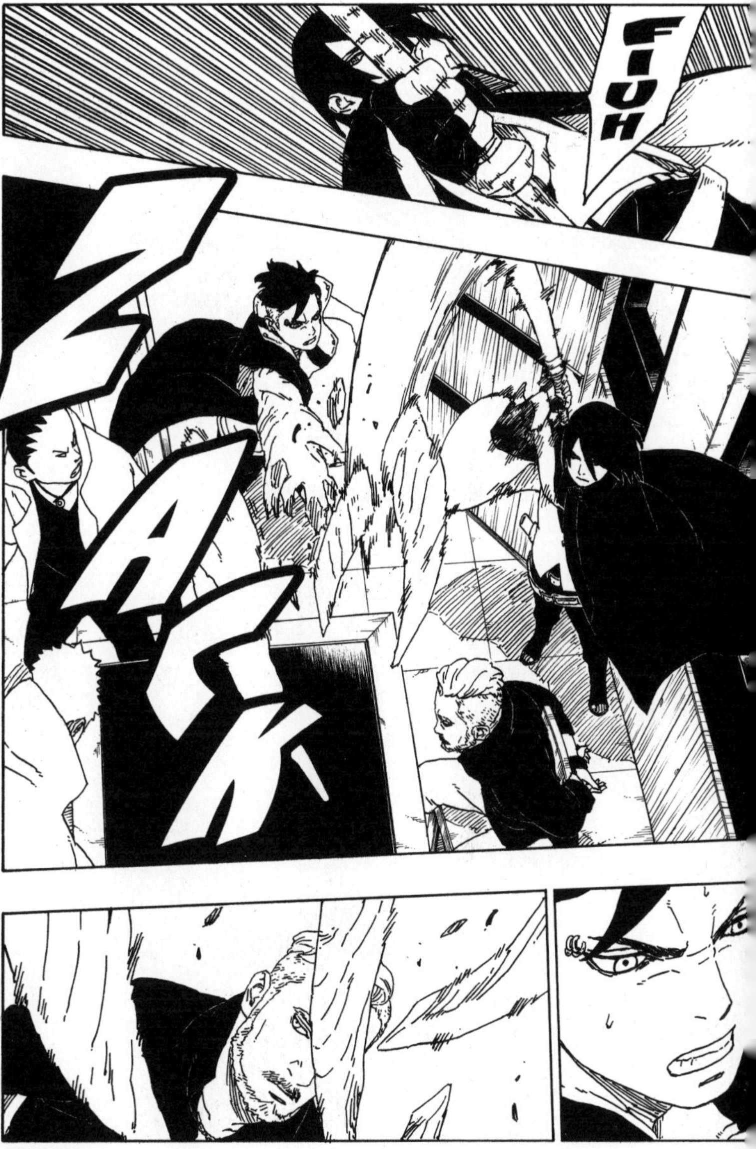
FIUH
ZACK

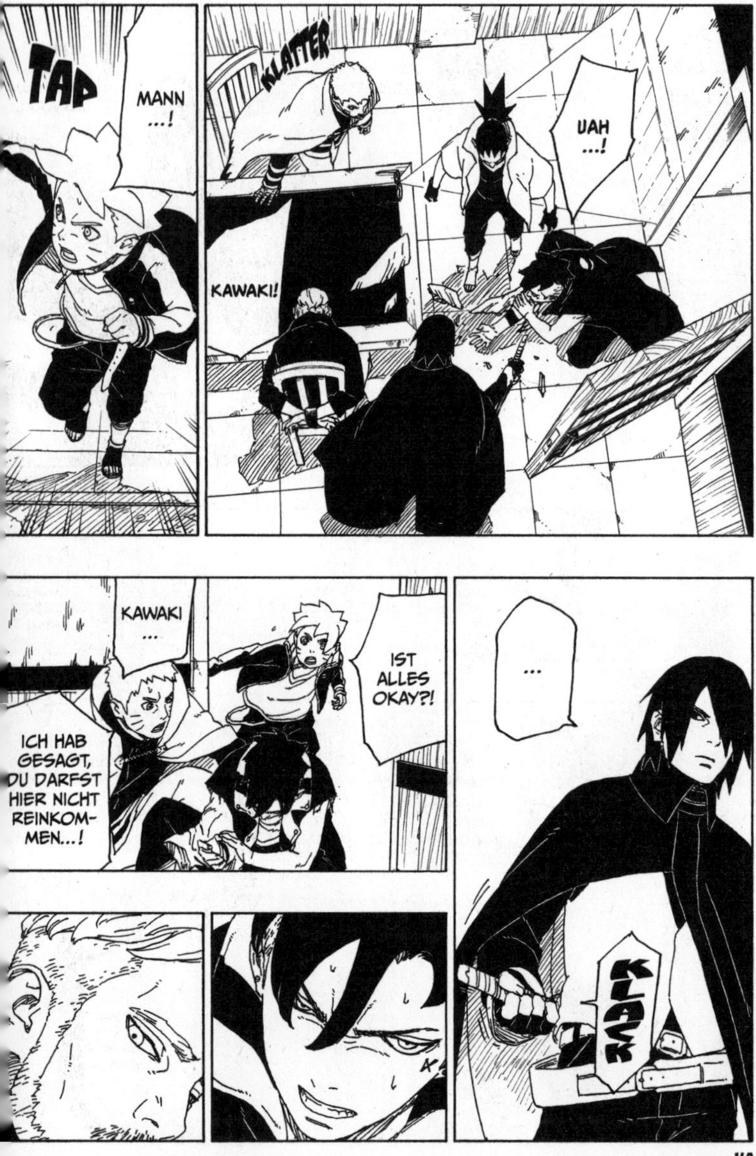
UAH ...!
KLATTER
KAWAKI!
MANN ...!
TAP
...
IST ALLES OKAY?!
KAWAKI ...
ICH HAB GESAGT, DU DARFST HIER NICHT REINKOM-MEN...!
KLACK

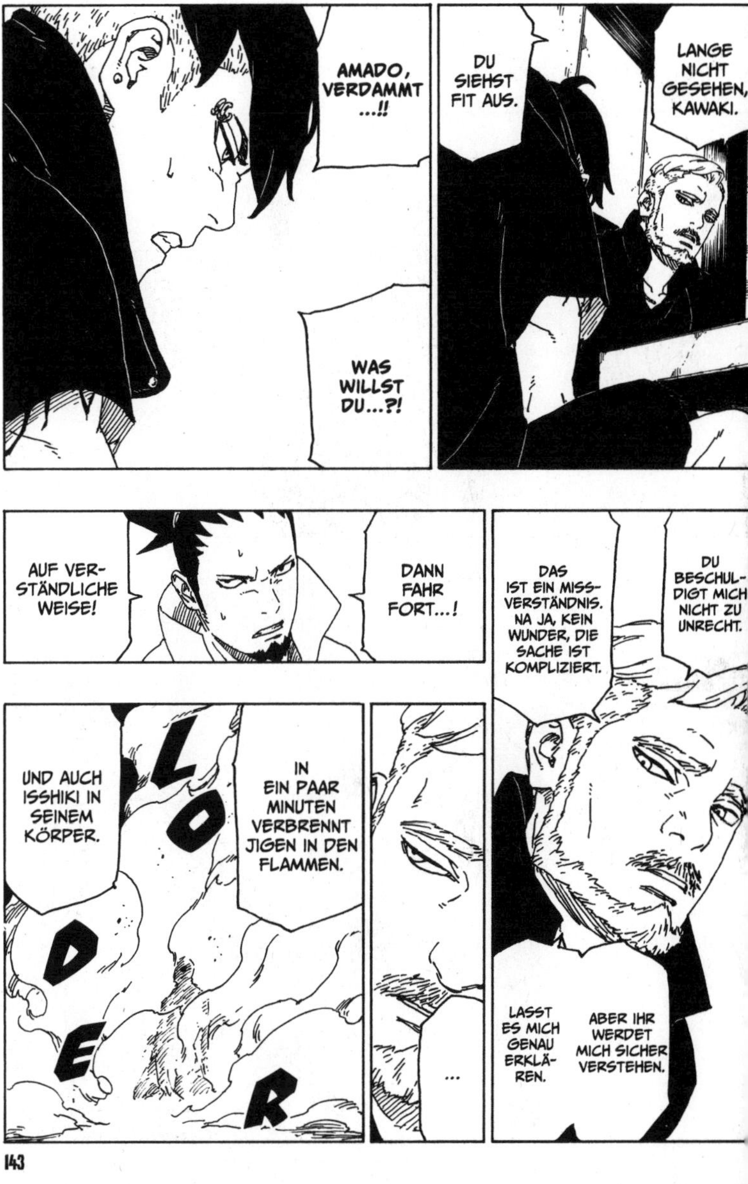
LANGE NICHT GESEHEN, KAWAKI.
DU SIEHST FIT AUS.
AMADO, VERDAMMT ...!!
WAS WILLST DU...?!
DU BESCHULDIGT MICH NICHT ZU UNRECHT.
DAS IST EIN MISSVERSTÄNDNIS. NA JA, KEIN WUNDER, DIE SACHE IST KOMPLIZIERT.
DANN FAHR FORT...!
AUF VERSTÄNDLICHE WEISE!
ABER IHR WERDET MICH SICHER VERSTEHEN.
LASST ES MICH GENAU ERKLÄREN.
...
IN EIN PAAR MINUTEN VERBRENNT JIGEN IN DEN FLAMMEN.
UND AUCH ISSHIKI IN SEINEM KÖRPER.
LODER

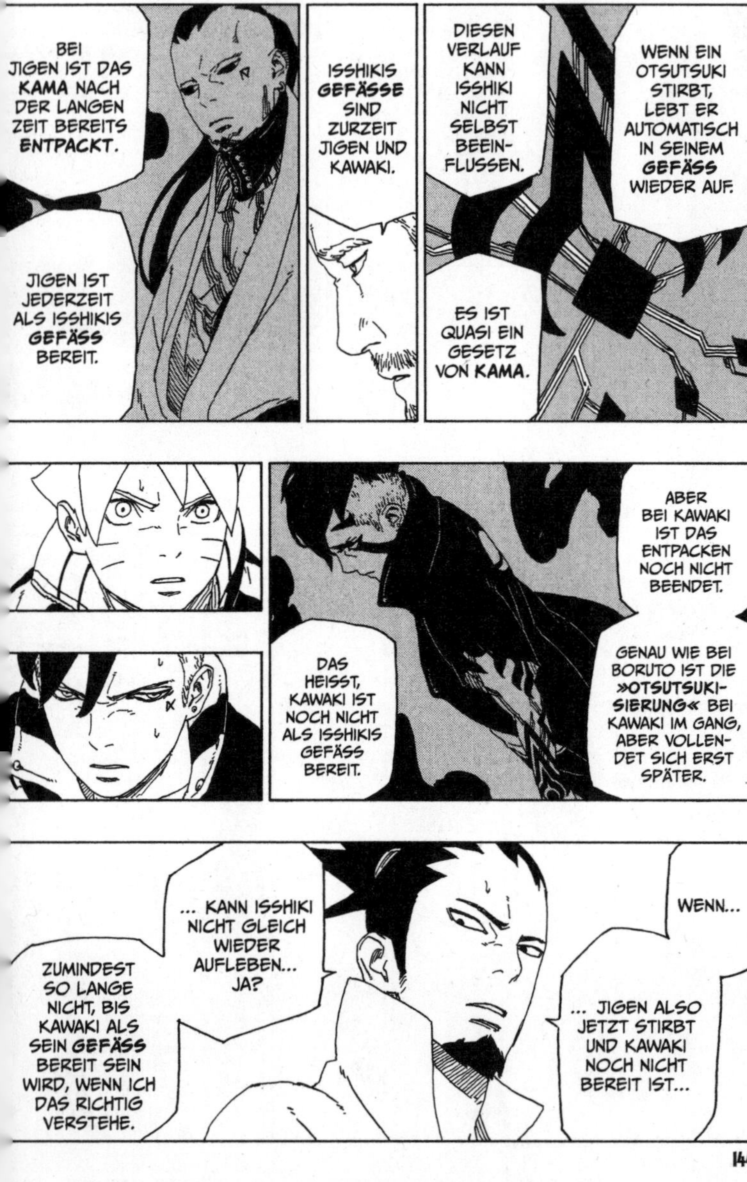
WENN EIN OTSUTSUKI STIRBT, LEBT ER AUTOMATISCH IN SEINEM GEFÄSS WIEDER AUF.
DIESEN VERLAUF KANN ISSHIKI NICHT SELBST BEEINFLUSSEN.
ES IST QUASI EIN GESETZ VON KAMA.
ISSHIKIS GEFÄSSE SIND ZURZEIT JIGEN UND KAWAKI.
BEI JIGEN IST DAS KAMA NACH DER LANGEN ZEIT BEREITS ENTPACKT.
JIGEN IST JEDERZEIT ALS ISSHIKIS GEFÄSS BEREIT.
ABER BEI KAWAKI IST DAS ENTPACKEN NOCH NICHT BEENDET.
GENAU WIE BEI BORUTO IST DIE »OTSUTSUKI-SIERUNG« BEI KAWAKI IM GANG, ABER VOLLENDET SICH ERST SPÄTER.
DAS HEISST, KAWAKI IST NOCH NICHT ALS ISSHIKIS GEFÄSS BEREIT.
WENN...
... JIGEN ALSO JETZT STIRBT UND KAWAKI NOCH NICHT BEREIT IST...
... KANN ISSHIKI NICHT GLEICH WIEDER AUFLEBEN... JA?
ZUMINDEST SO LANGE NICHT, BIS KAWAKI ALS SEIN GEFÄSS BEREIT SEIN WIRD, WENN ICH DAS RICHTIG VERSTEHE.

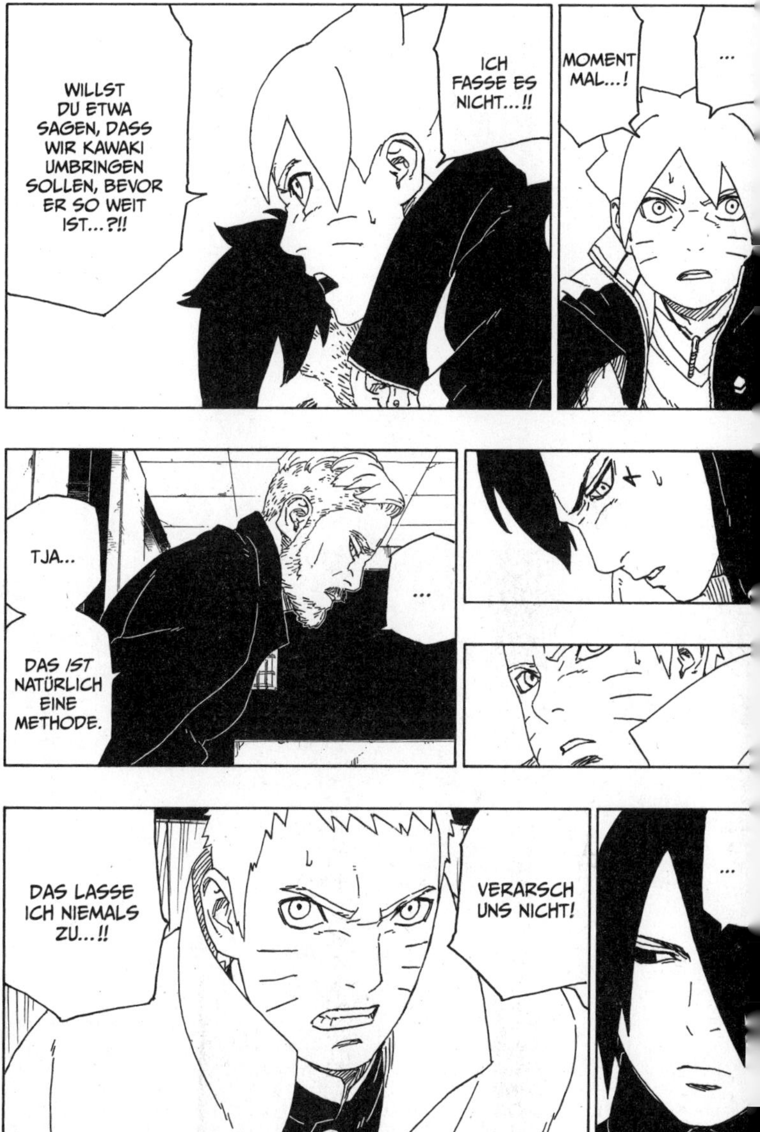
...
MOMENT MAL...!
ICH FASSE ES NICHT...!!
WILLST DU ETWA SAGEN, DASS WIR KAWAKI UMBRINGEN SOLLEN, BEVOR ER SO WEIT IST...?!!
...
TJA...
DAS *IST* NATÜRLICH EINE METHODE.
...
VERARSCH UNS NICHT!
DAS LASSE ICH NIEMALS ZU...!!

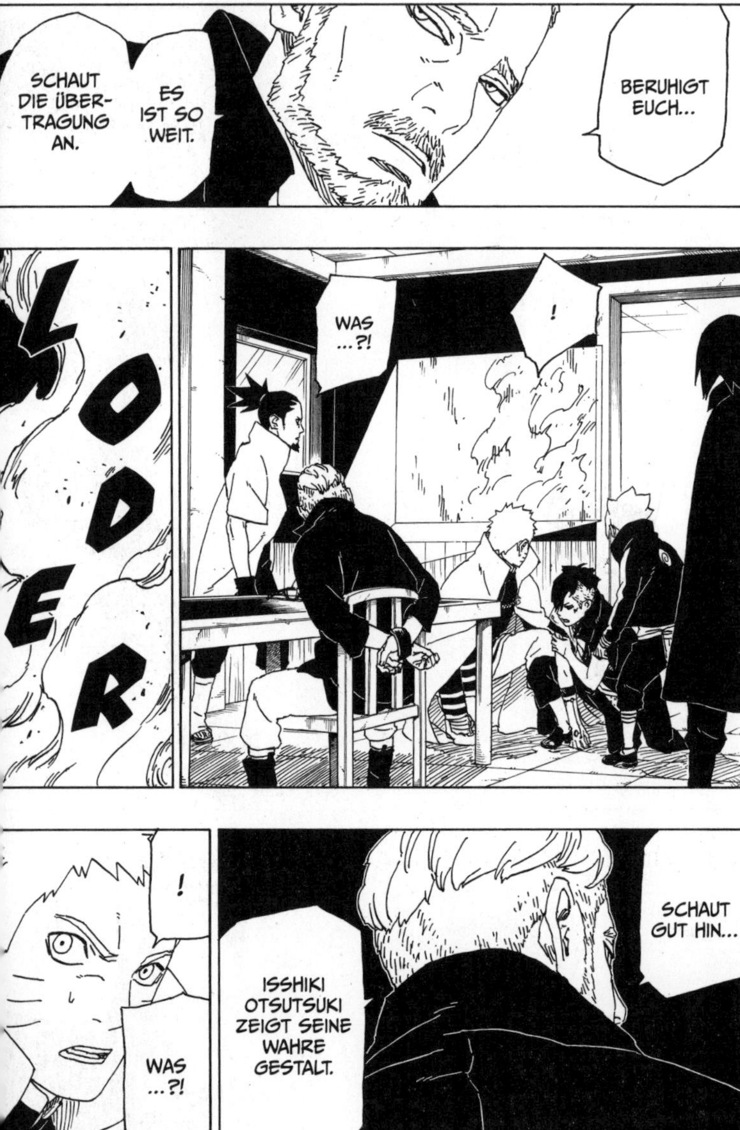
BERUHIGT EUCH...
ES IST SO WEIT.
SCHAUT DIE ÜBER-TRAGUNG AN.
!
WAS ...?!
LODER
SCHAUT GUT HIN...
ISSHIKI OTSUTSUKI ZEIGT SEINE WAHRE GESTALT.
!
WAS ...?!

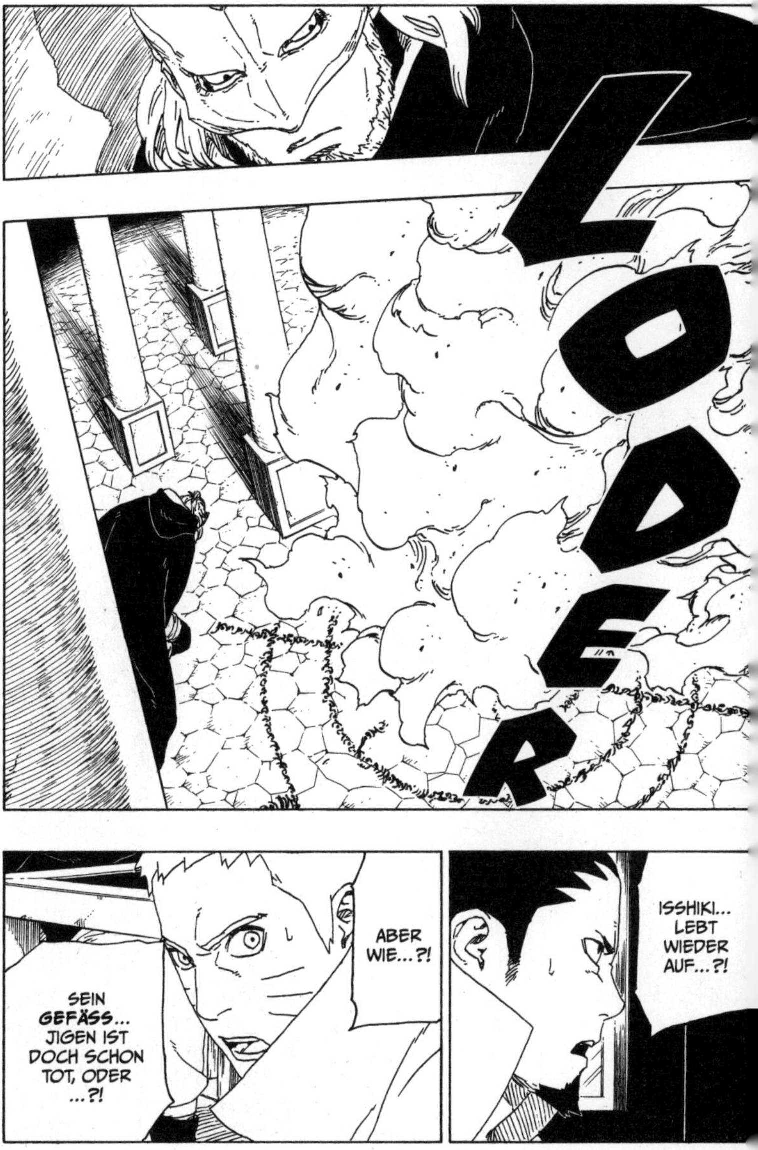
LODERR
ISSHIKI... LEBT WIEDER AUF...?!
ABER WIE...?!
SEIN GEFÄSS... JIGEN IST DOCH SCHON TOT, ODER ...?!

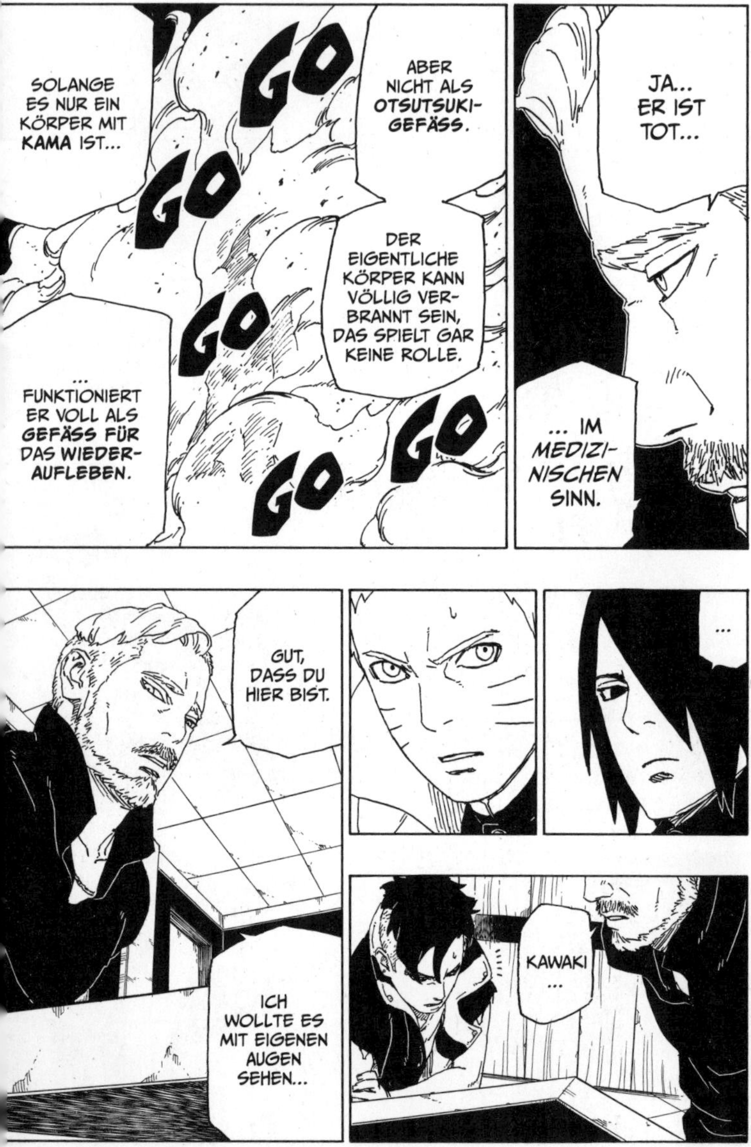
JA... ER IST TOT...
... IM MEDIZINISCHEN SINN.
ABER NICHT ALS OTSUTSUKI-GEFÄSS.
GO GO
DER EIGENTLICHE KÖRPER KANN VÖLLIG VERBRANNT SEIN, DAS SPIELT GAR KEINE ROLLE.
GO
SOLANGE ES NUR EIN KÖRPER MIT KAMA IST...
GO GO
... FUNKTIONIERT ER VOLL ALS GEFÄSS FÜR DAS WIEDERAUFLEBEN.
...
GUT, DASS DU HIER BIST.
KAWAKI ...
ICH WOLLTE ES MIT EIGENEN AUGEN SEHEN...

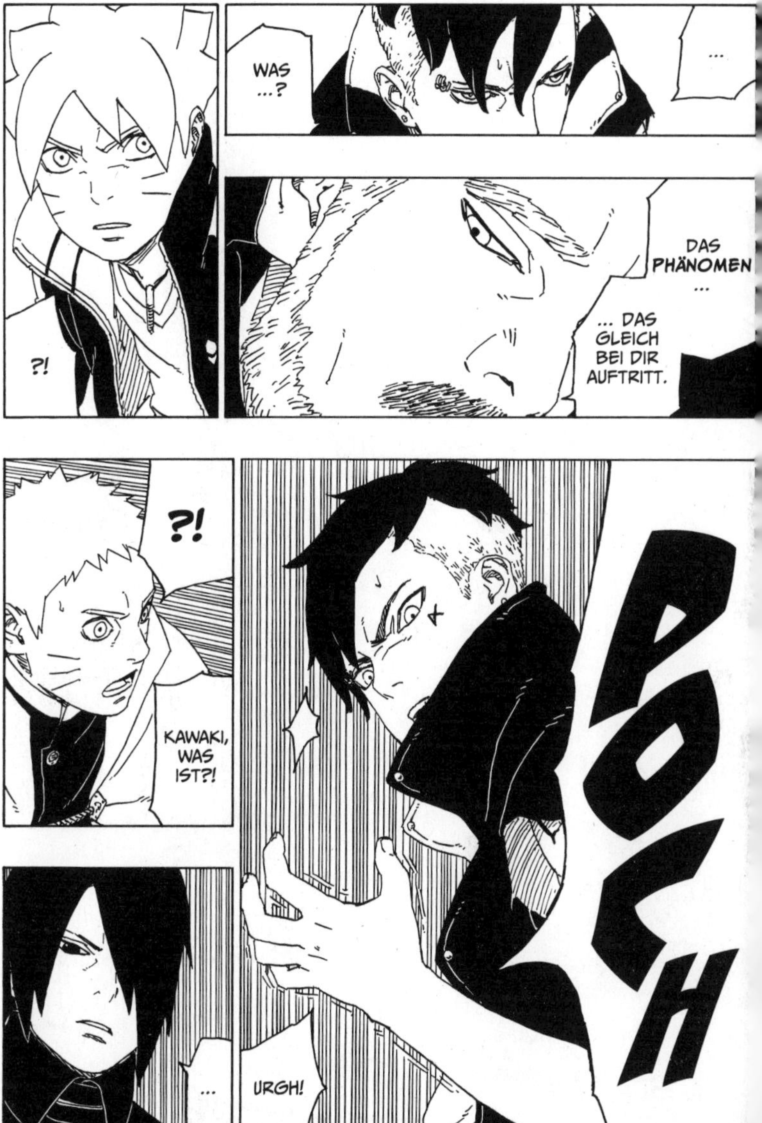
...
WAS ...?
DAS PHÄNOMEN ...
... DAS GLEICH BEI DIR AUFTRITT.
?!
POCH
URGH!
?!
KAWAKI, WAS IST?!
...

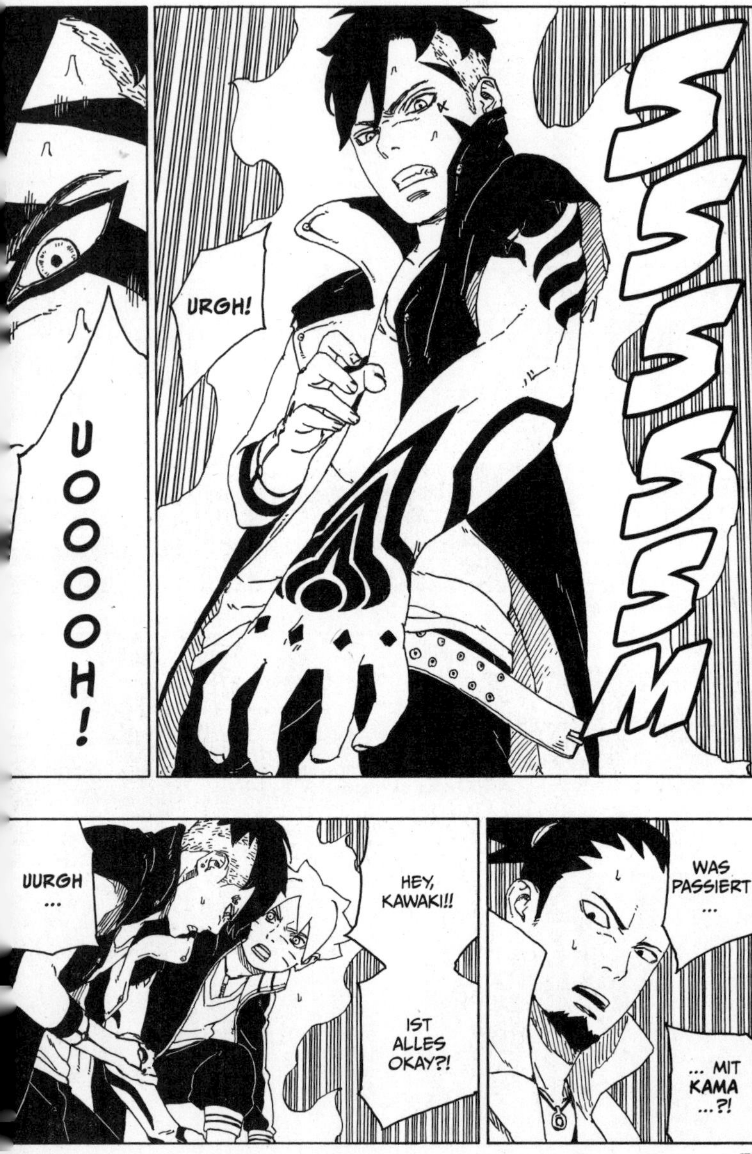
SSSSSM
URGH!
UOOOOOH!
WAS PASSIERT …
… MIT KAMA …?!
HEY, KAWAKI!!
IST ALLES OKAY?!
UURGH …

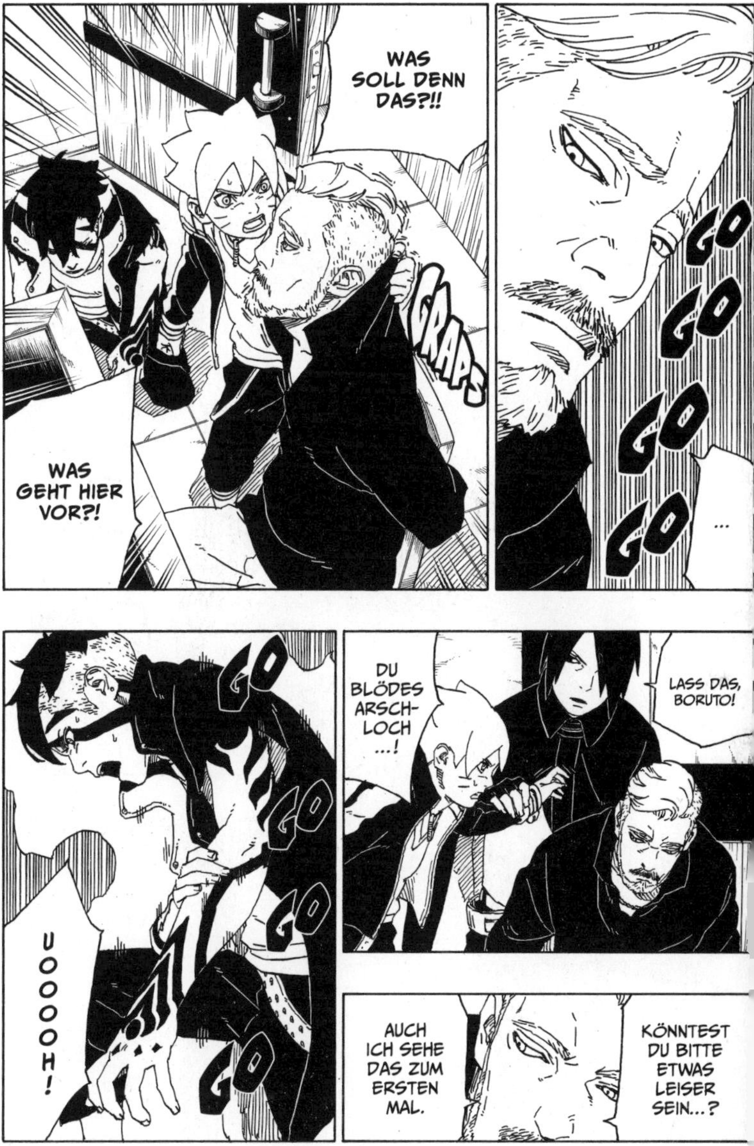

WAS SOLL DENN DAS?!!
WAS GEHT HIER VOR?!
GRAPS
GO GO GO GO
...
LASS DAS, BORUTO!
DU BLÖDES ARSCHLOCH ...!
GO GO GO GO
UOOOOOH!
KÖNNTEST DU BITTE ETWAS LEISER SEIN...?
AUCH ICH SEHE DAS ZUM ERSTEN MAL.

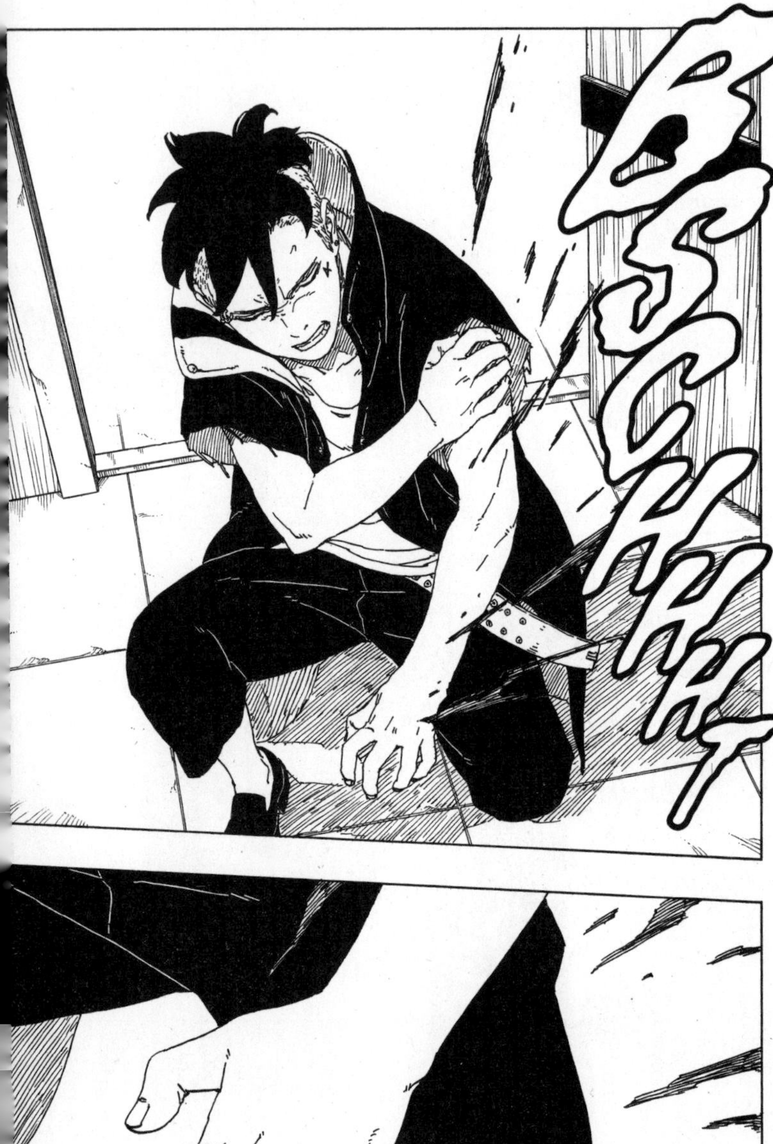
BSCHHHT

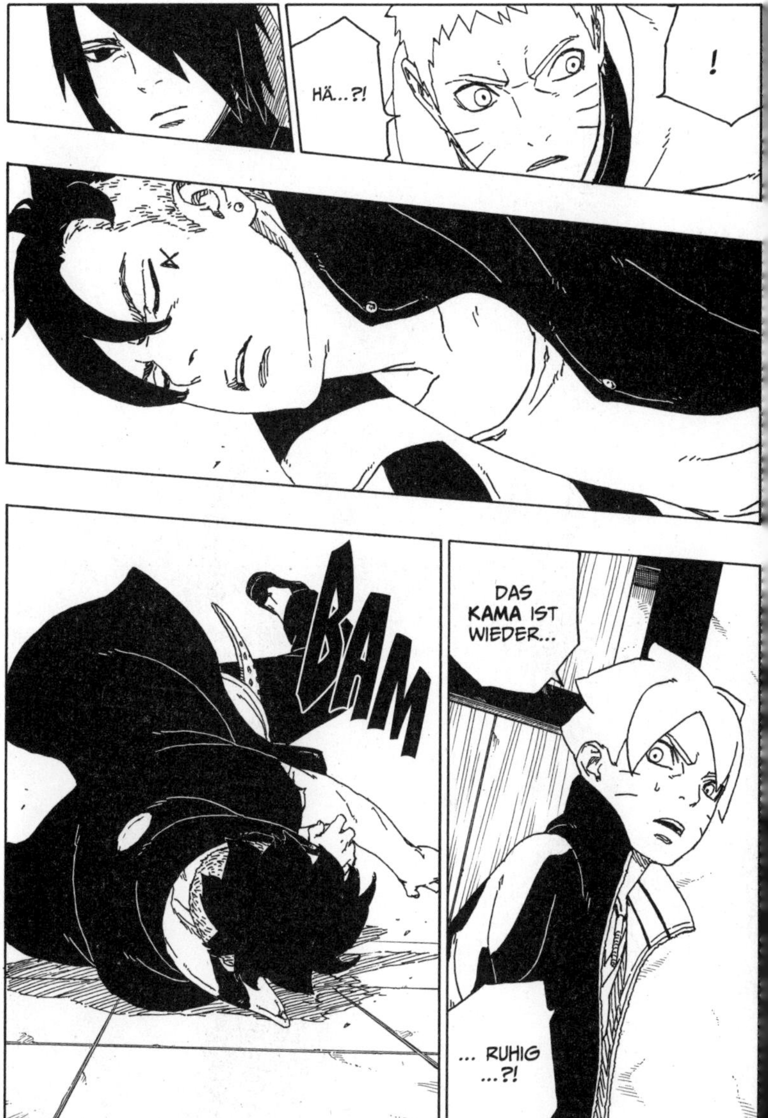
!
HÄ...?!
BAM
DAS KAMA IST WIEDER...
... RUHIG ...?!

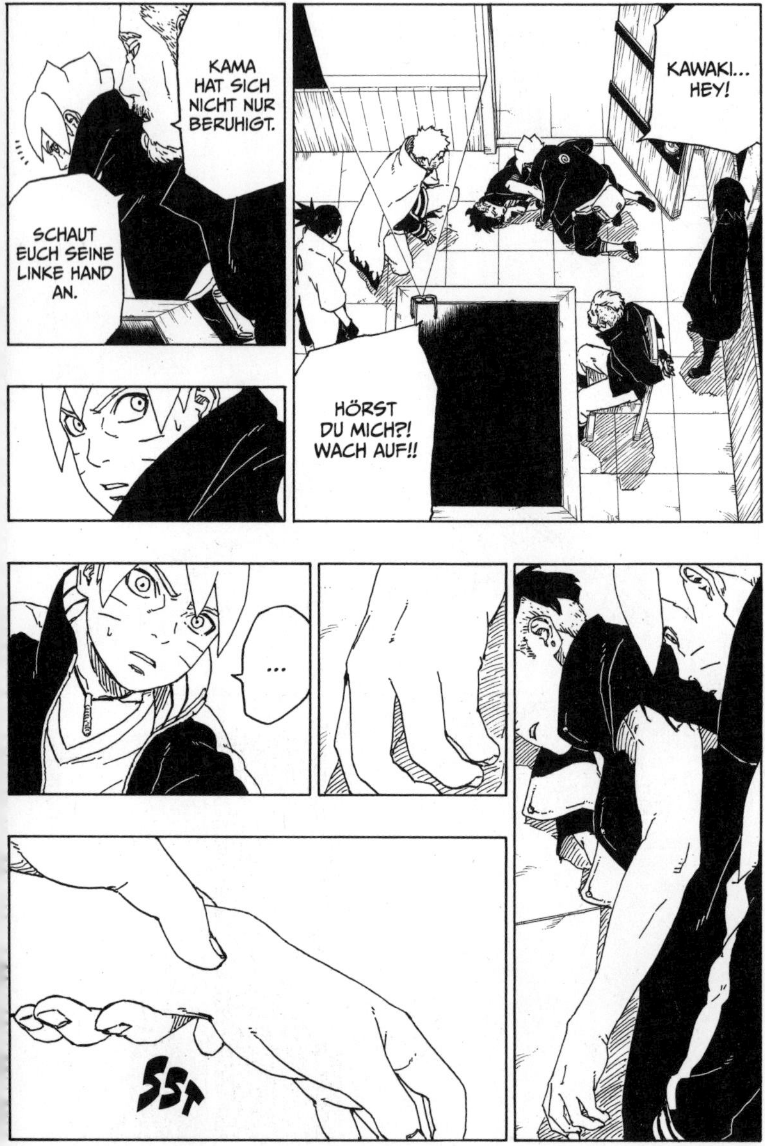

KAWAKI... HEY!
HÖRST DU MICH?! WACH AUF!!
KAMA HAT SICH NICHT NUR BERUHIGT.
SCHAUT EUCH SEINE LINKE HAND AN.
...
SST

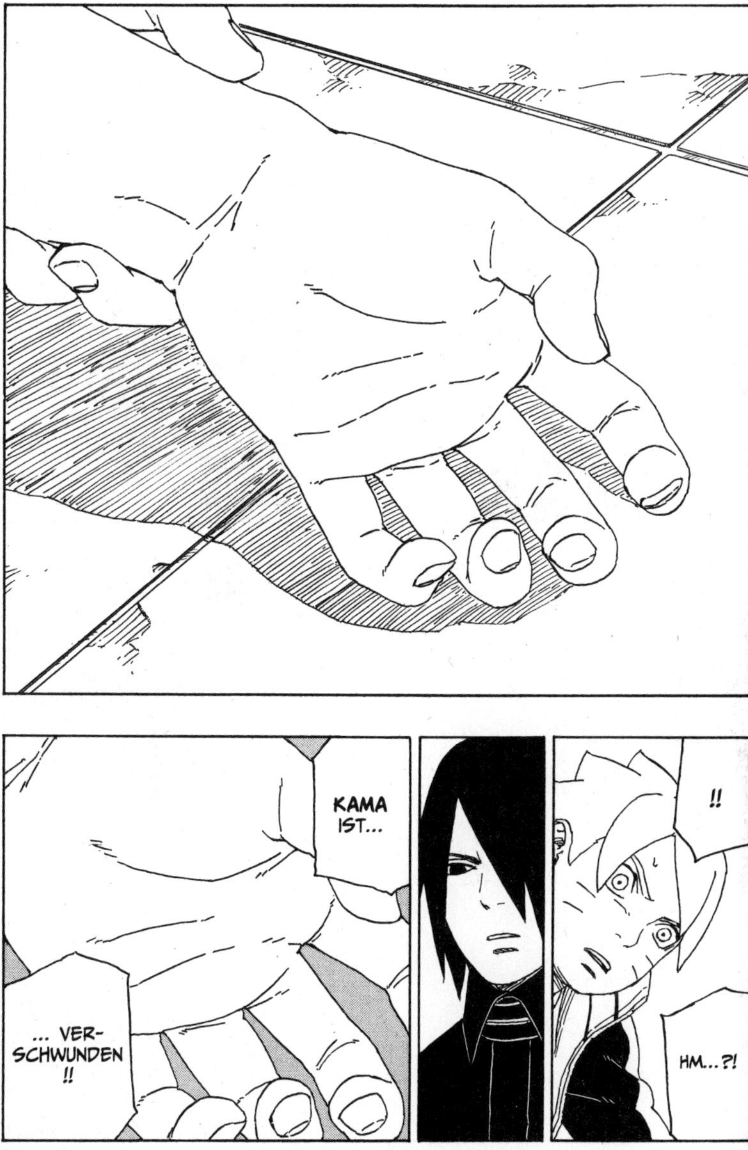
!!
HM…?!
KAMA IST…
… VER-SCHWUNDEN !!

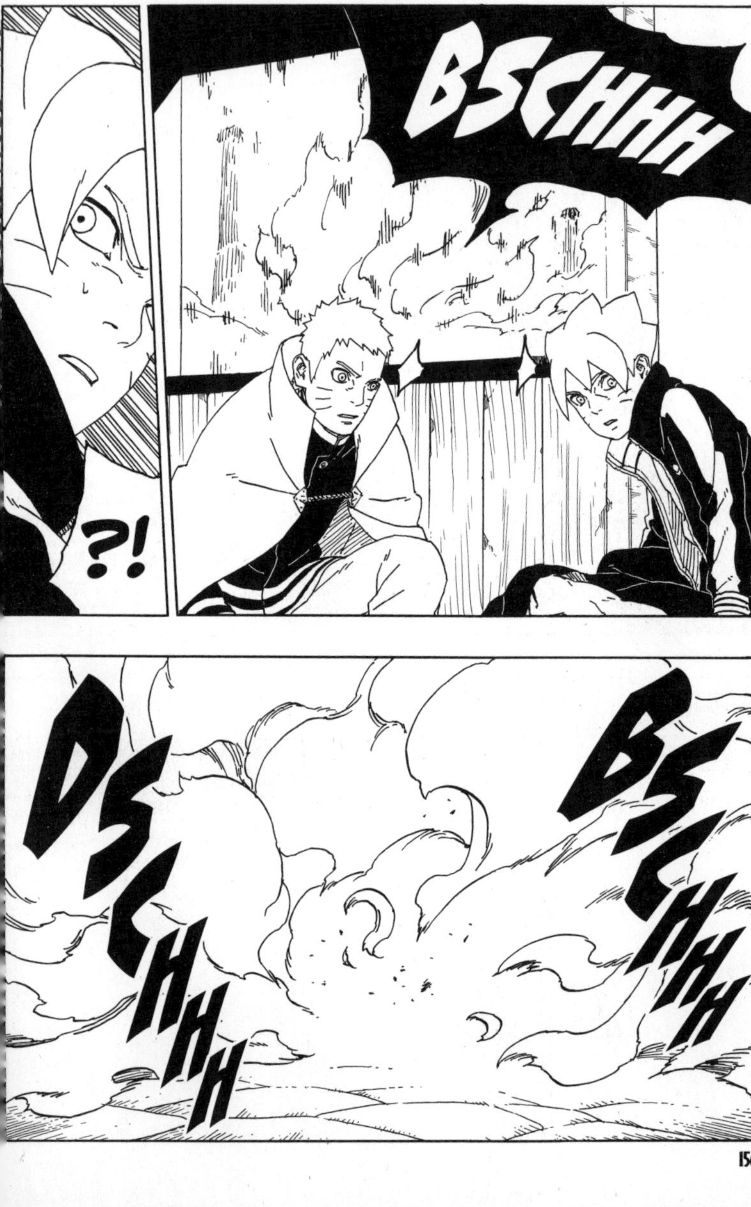
BSCHHH
?!
BSCHHH
DSCHHH

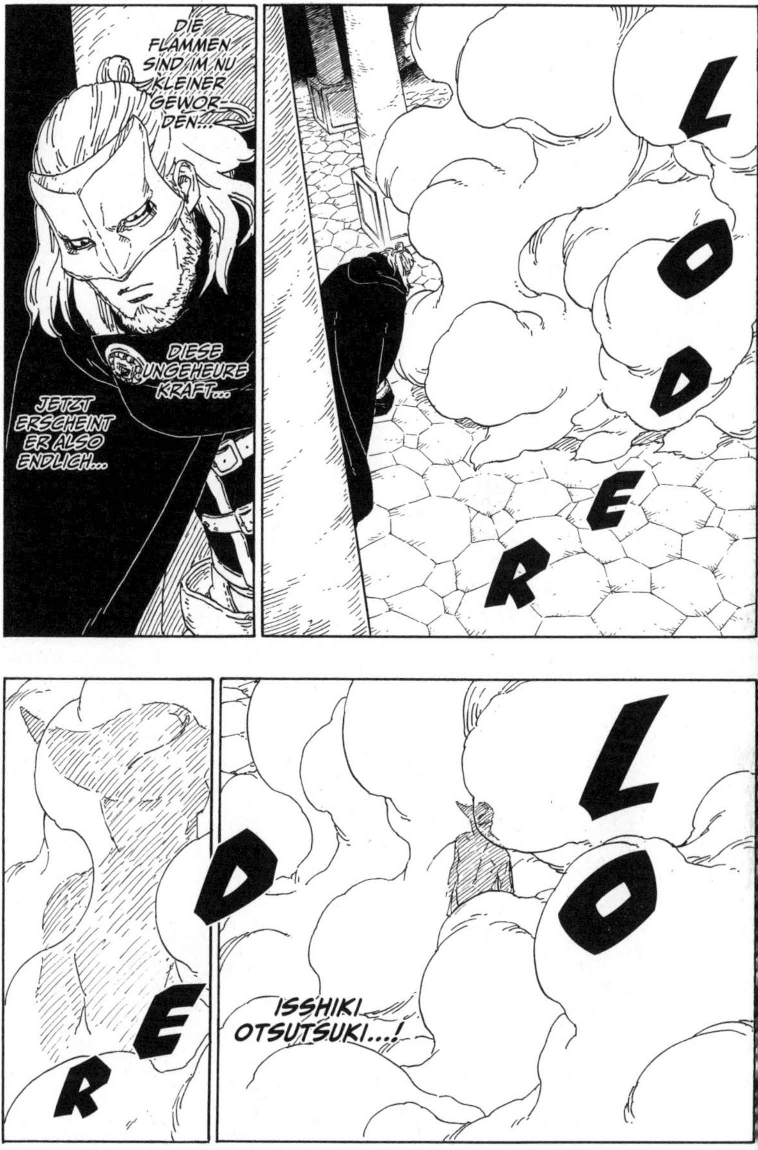

LODER
DIE FLAMMEN SIND IM NU KLEINER GEWORDEN...
DIESE UNGEHEURE KRAFT...
JETZT ERSCHEINT ER ALSO ENDLICH...
LO
ISSHIKI OTSUTSUKI...!
DER

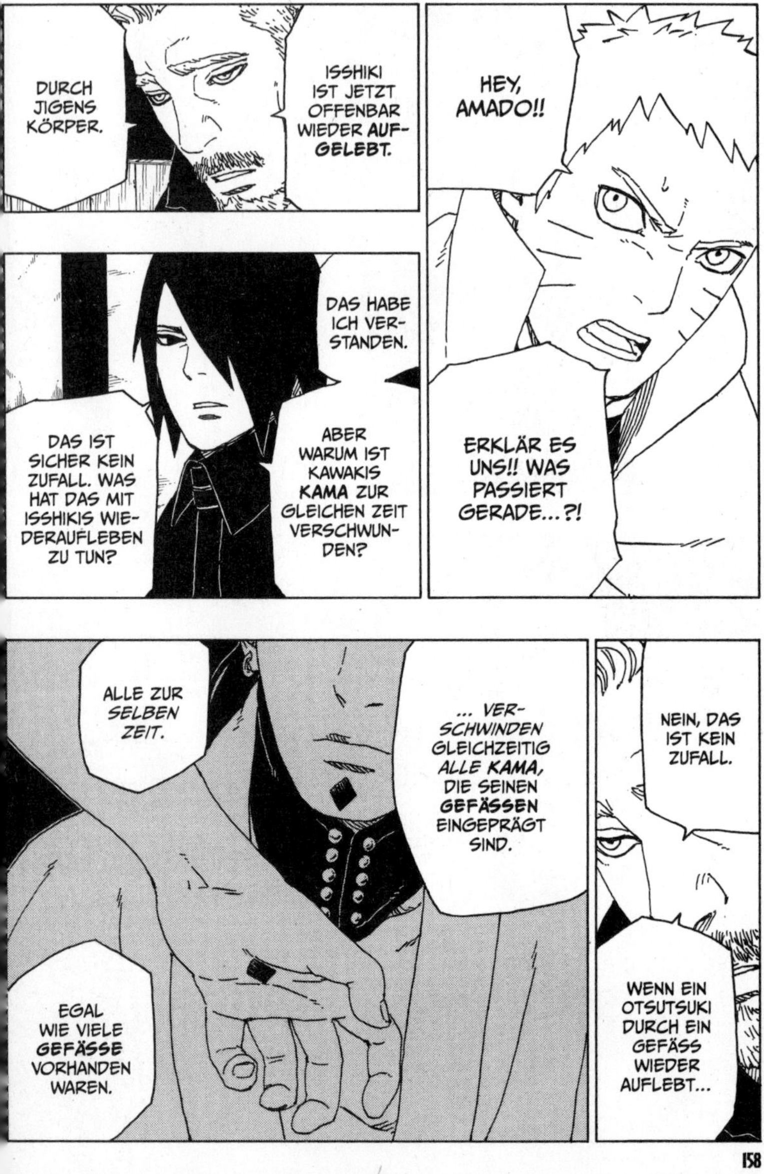
HEY, AMADO!!
ERKLÄR ES UNS!! WAS PASSIERT GERADE...?!
ISSHIKI IST JETZT OFFENBAR WIEDER AUFGELEBT.
DURCH JIGENS KÖRPER.
DAS HABE ICH VERSTANDEN.
ABER WARUM IST KAWAKIS KAMA ZUR GLEICHEN ZEIT VERSCHWUNDEN?
DAS IST SICHER KEIN ZUFALL. WAS HAT DAS MIT ISSHIKIS WIEDERAUFLEBEN ZU TUN?
NEIN, DAS IST KEIN ZUFALL.
WENN EIN OTSUTSUKI DURCH EIN GEFÄSS WIEDER AUFLEBT...
... VERSCHWINDEN GLEICHZEITIG ALLE KAMA, DIE SEINEN GEFÄSSEN EINGEPRÄGT SIND.
ALLE ZUR SELBEN ZEIT.
EGAL WIE VIELE GEFÄSSE VORHANDEN WAREN.

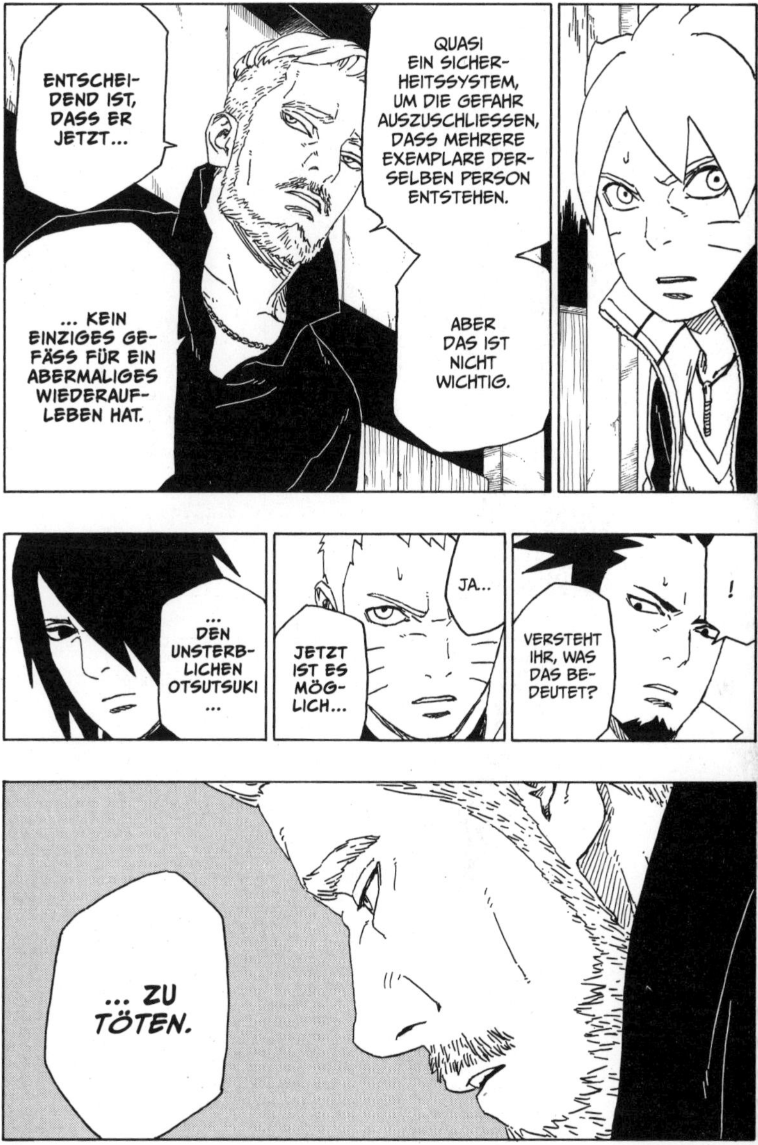
QUASI EIN SICHERHEITSSYSTEM, UM DIE GEFAHR AUSZUSCHLIESSEN, DASS MEHRERE EXEMPLARE DERSELBEN PERSON ENTSTEHEN.
ABER DAS IST NICHT WICHTIG.
ENTSCHEIDEND IST, DASS ER JETZT...
... KEIN EINZIGES GEFÄSS FÜR EIN ABERMALIGES WIEDERAUFLEBEN HAT.
!
VERSTEHT IHR, WAS DAS BEDEUTET?
JA...
JETZT IST ES MÖGLICH...
... DEN UNSTERBLICHEN OTSUTSUKI ...
... ZU TÖTEN.

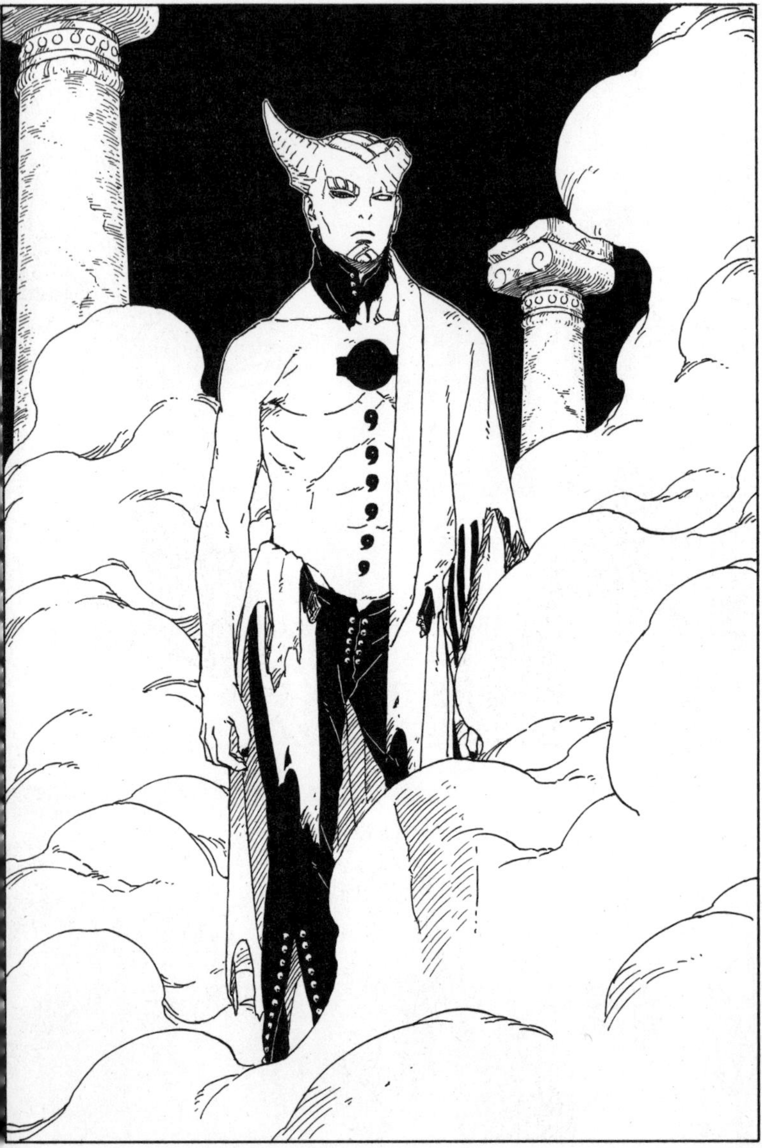

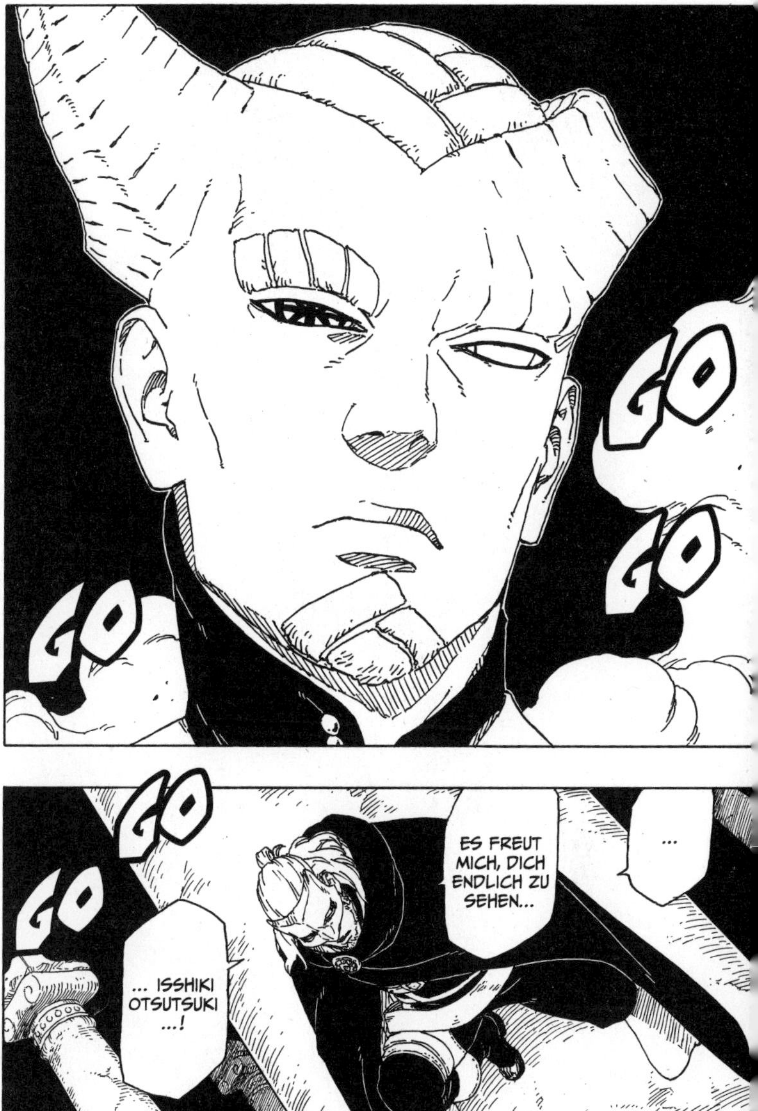
GO
GO
GO
GO
GO
...
ES FREUT MICH, DICH ENDLICH ZU SEHEN...
... ISSHIKI OTSUTSUKI ...!

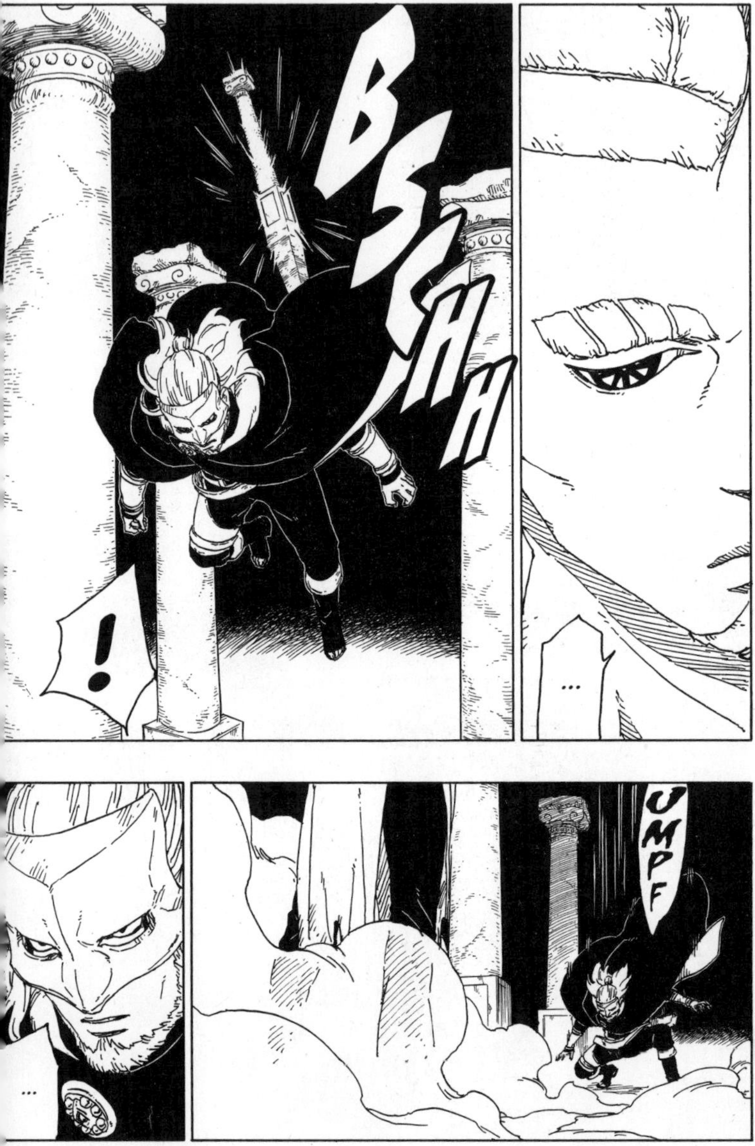
...
BSCHHH
!
UMPF
...

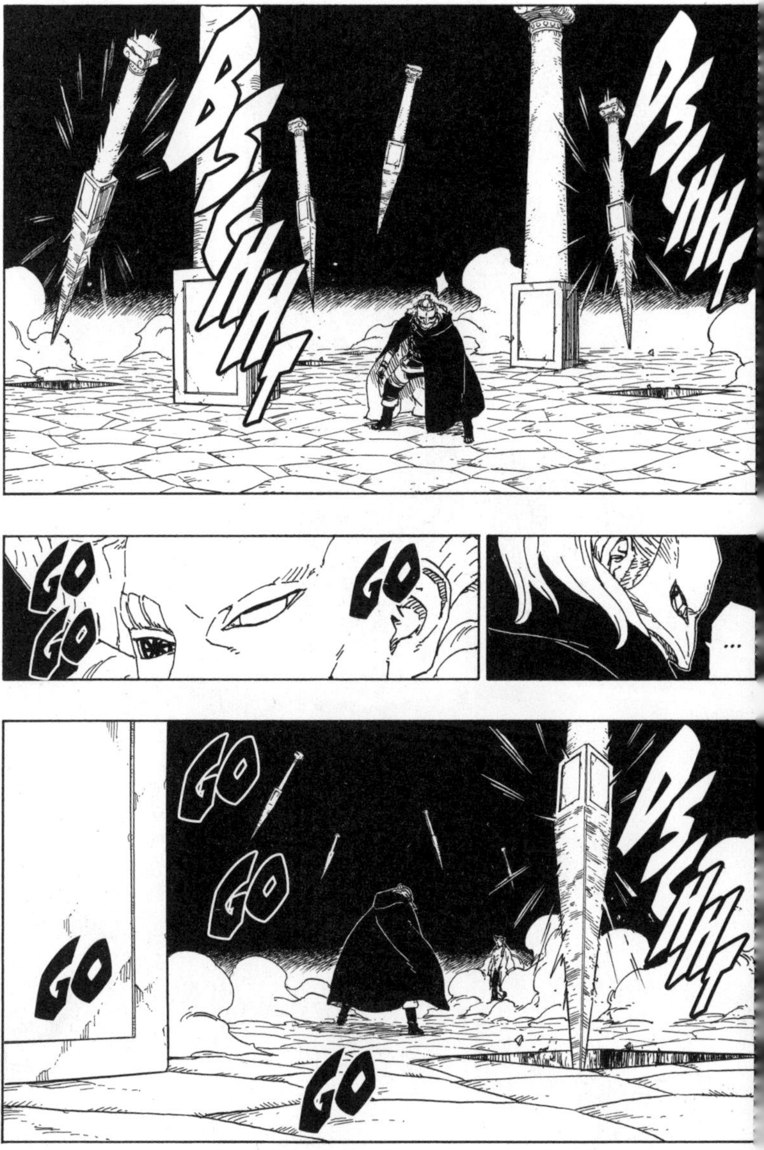
DSCHHT
BSCHHHT
...
GO
GO
GO
DSCHHT
GO
GO
GO
GO

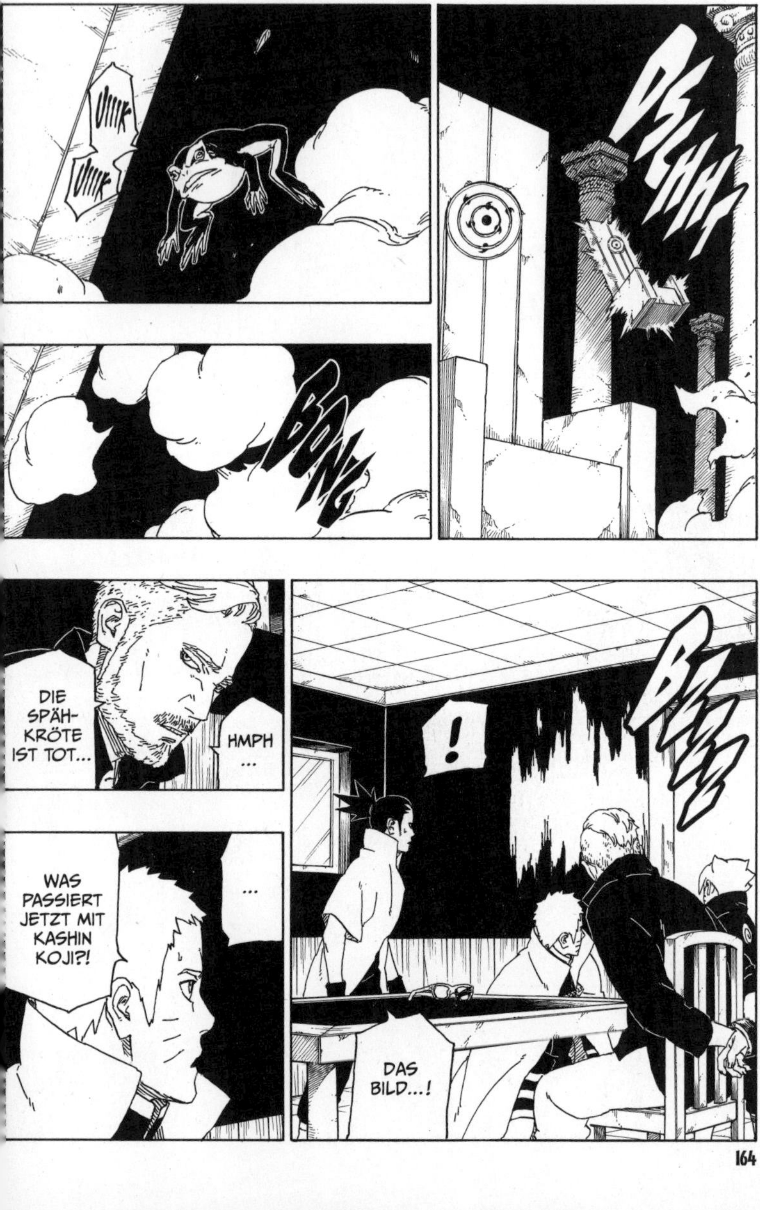
DSCHAK
UIIIK
UIIIK
BONG
!
DAS BILD...!
HMPH ...
DIE SPÄH-KRÖTE IST TOT...
...
WAS PASSIERT JETZT MIT KASHIN KOJI?!

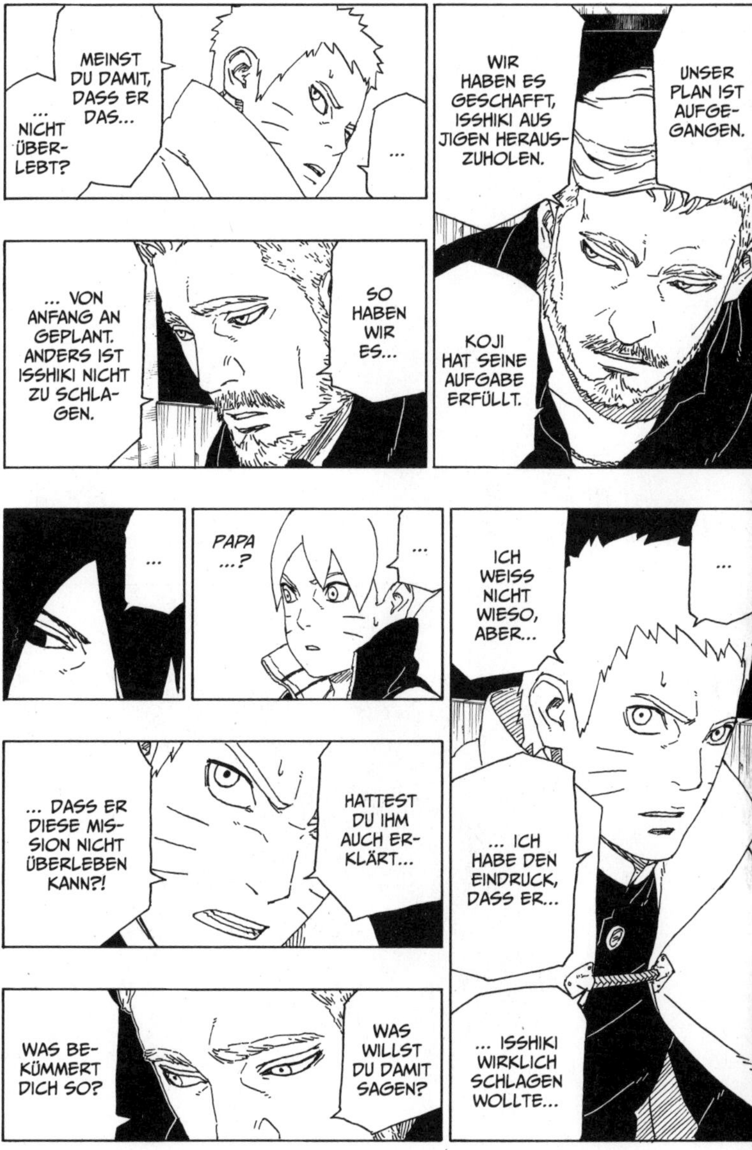
UNSER PLAN IST AUFGEGANGEN.
WIR HABEN ES GESCHAFFT, ISSHIKI AUS JIGEN HERAUSZUHOLEN.
KOJI HAT SEINE AUFGABE ERFÜLLT.
...
MEINST DU DAMIT, DASS ER DAS...
... NICHT ÜBERLEBT?
SO HABEN WIR ES...
... VON ANFANG AN GEPLANT. ANDERS IST ISSHIKI NICHT ZU SCHLAGEN.
...
ICH WEISS NICHT WIESO, ABER...
... ICH HABE DEN EINDRUCK, DASS ER...
... ISSHIKI WIRKLICH SCHLAGEN WOLLTE...
...
PAPA ...?
...
HATTEST DU IHM AUCH ERKLÄRT...
... DASS ER DIESE MISSION NICHT ÜBERLEBEN KANN?!
WAS WILLST DU DAMIT SAGEN?
WAS BEKÜMMERT DICH SO?

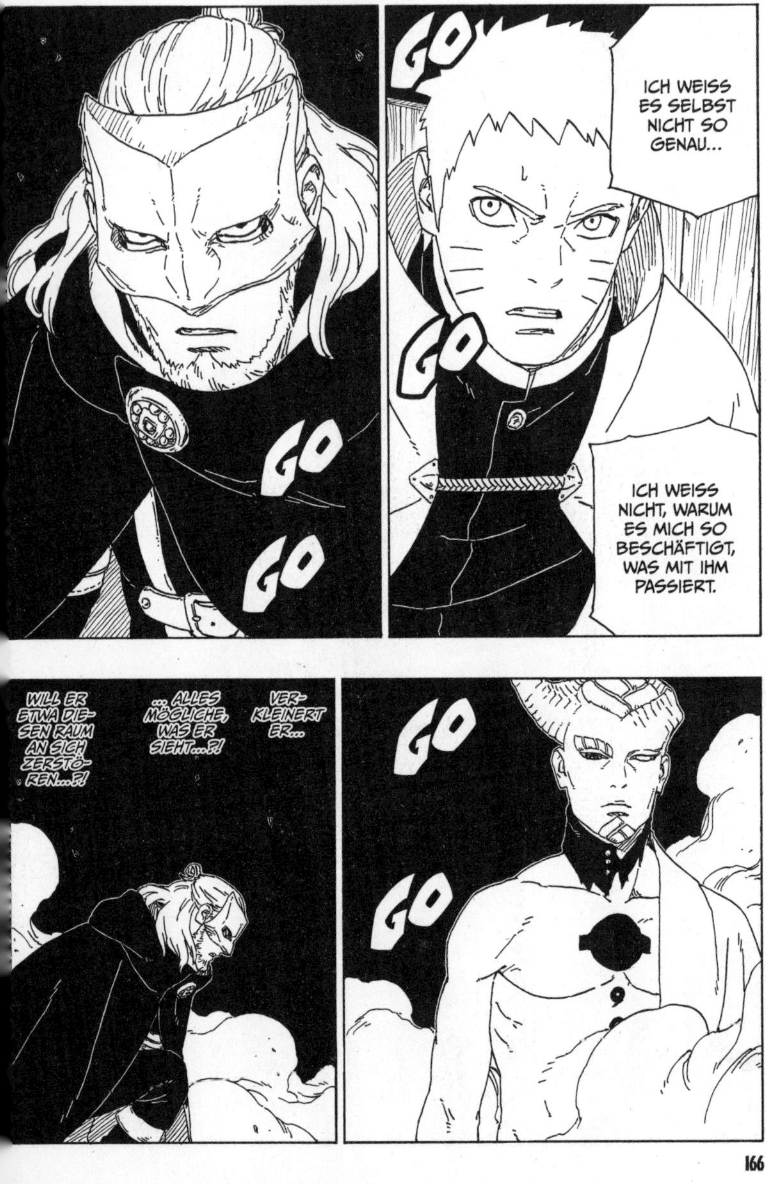
GO
GO
ICH WEISS ES SELBST NICHT SO GENAU...
ICH WEISS NICHT, WARUM ES MICH SO BESCHÄFTIGT, WAS MIT IHM PASSIERT.
GO
GO
GO
GO
VER-KLEINERT ER...
... ALLES MÖGLICHE, WAS ER SIEHT...?!
WILL ER ETWA DIESEN RAUM AN SICH ZERSTÖREN...?!

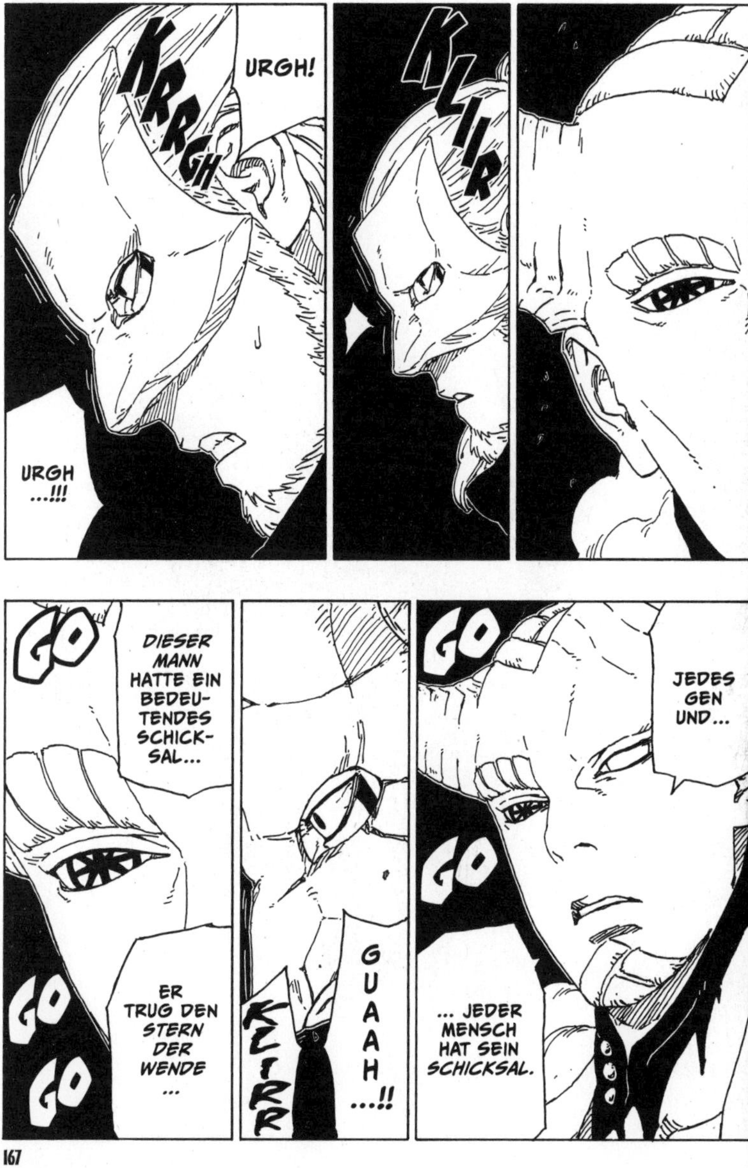
URGH!
KRRGH
URGH ...!!!
KLIIR
JEDES GEN UND...
GO
GO
... JEDER MENSCH HAT SEIN SCHICKSAL.
GUAAH ...!!
KLIRR
DIESER MANN HATTE EIN BEDEUTENDES SCHICKSAL...
GO
ER TRUG DEN STERN DER WENDE ...
GO
GO

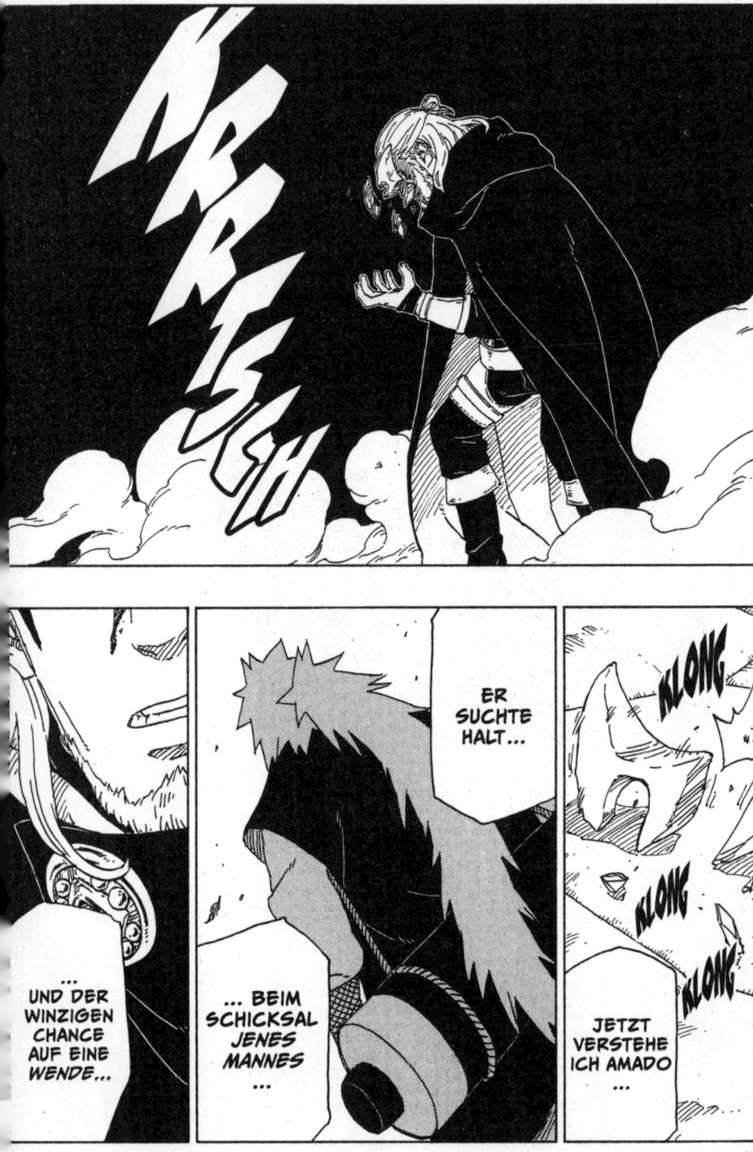
KLONG
KLONG
KLONG
JETZT VERSTEHE ICH AMADO ...
ER SUCHTE HALT ...
... BEIM SCHICKSAL JENES MANNES ...
... UND DER WINZIGEN CHANCE AUF EINE WENDE ...

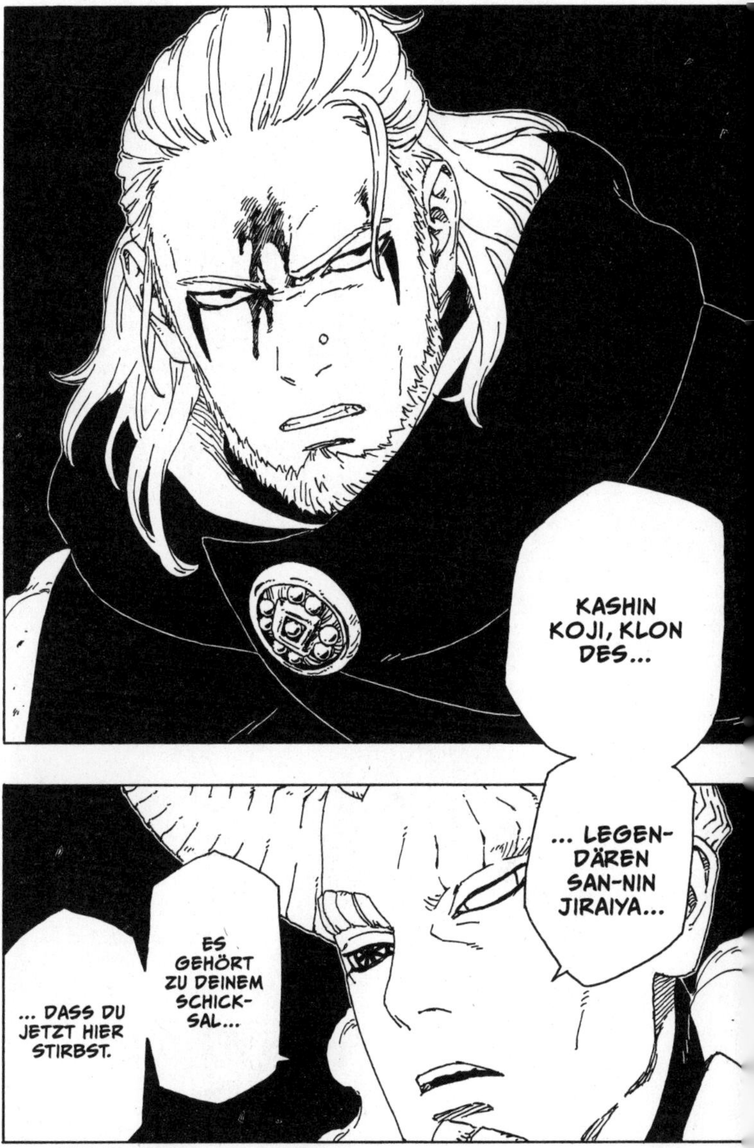
KASHIN KOJI, KLON DES...
... LEGENDÄREN SAN-NIN JIRAIYA...
ES GEHÖRT ZU DEINEM SCHICKSAL...
... DASS DU JETZT HIER STIRBST.

BORU GANG

TEIL 5

JC-FASSUNG!!

OTSUTSUKI UND KAMA: GRUNDSÄTZE DES WIEDERAUFLEBENS

DIE REGELN UND BEDINGUNGEN, NACH DENEN EIN OTSUTSUKI WIEDER AUFLEBT

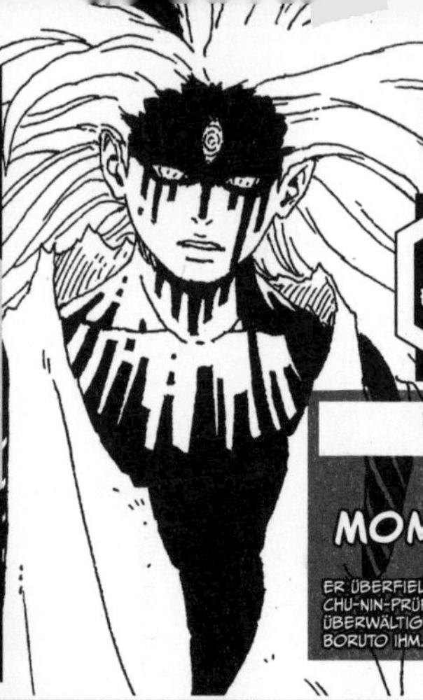

DER OTSUTSUKI, DER BORUTO EIN KAMA EINGEPRÄGT HAT

MOMOSHIKI OTSUTSUKI

ER ÜBERFIEL KONOHA VOR EINIGEN MONATEN WÄHREND DER CHU-NIN-PRÜFUNG. FÜNF KAGE, SASUKE UND ANDERE ÜBERWÄLTIGTEN IHN, DEN ENTSCHEIDENDEN SCHLAG VERSETZTE BORUTO IHM.

1 DIE VORBEREITUNG FÜR EIN WIEDERAUFLEBEN DURCH KAMA

EIN KAMA IST DIE KOMPRIMIERTE KRAFT EINES OTSUTSUKI. DIE PERSON, DER EIN KAMA EINGEPRÄGT WORDEN IST, WIRD »GEFÄSS« GENANNT.

KAMA BEDEUTET: EIGENE GEN-INFORMATIONEN UND CHAKRA KOMPRIMIEREN UND IM KÖRPER EINES GEFÄSSES EINSCHLIESSEN.

NACH DEM KAMPF HAT MOMOSHIKI MIT SEINER LETZTEN KRAFT BORUTO SEIN KAMA EINGEPRÄGT.

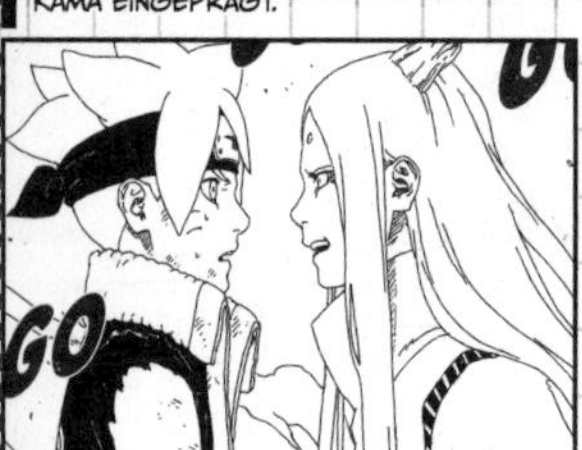

DIE KOMPRIMIERTEN GENE UND DAS CHAKRA WERDEN IM KÖRPER DES GEFÄSSES LANGSAM ENTPACKT.

DA DIE KRAFT RIESIG IST, BRAUCHT DAS ENTPACKEN VIEL ZEIT. KAWAKI WURDE DAS KAMA EINGEPRÄGT ALS ER KLEIN WAR UND ES IST IMMER NOCH NICHT VOLLSTÄNDIG ENTPACKT.

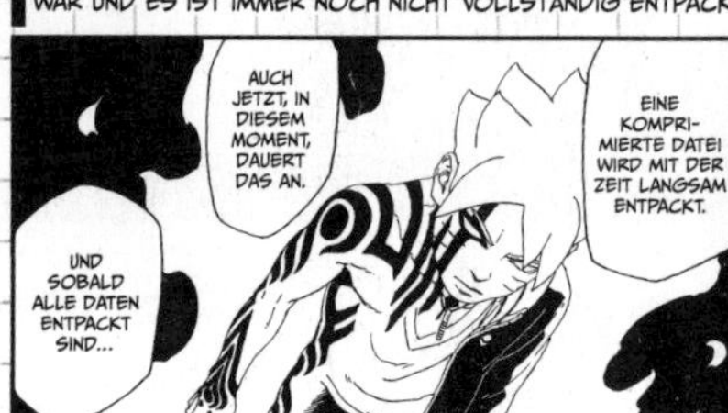

2 DAS GEFÄSS UND SEINE GESETZMÄSSIGKEITEN

EIN GEFÄSS IST SO LANGE NICHT EINSATZBEREIT, BIS DAS KAMA VOLLSTÄNDIG ENTPACKT IST.

SELBST EIN GEFÄSS, DAS BIOLOGISCH TOT IST, FUNKTIONIERT NOCH ALS GEFÄSS FÜR EIN WIEDERAUFLEBEN.

➡ SOLANGE EIN OTSUTSUKI NOCH ALS KAMA VORHANDEN IST, KANN ER WIEDER AUFLEBEN.

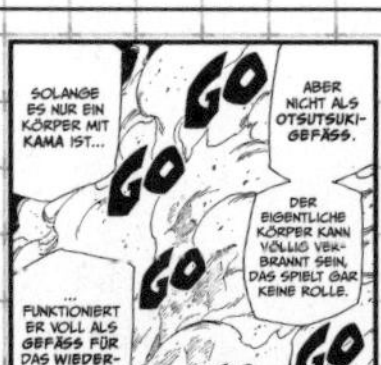

EIN OTSUTSUKI KANN ERST WIEDER AUFLEBEN, WENN DAS ENTPACKEN IN DEM AUSGEWÄHLTEN GEFÄSS VOLLENDET IST.

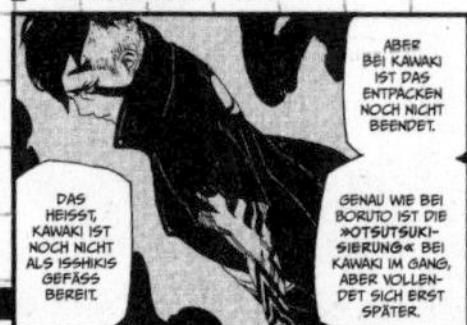

EIN GEFÄSS IST NICHT EINSATZBEREIT, SO LANGE DAS ENTPACKEN IM GANG IST, SELBST WENN ES DAS KAMA GUT VERTRÄGT (WIE KAWAKI).

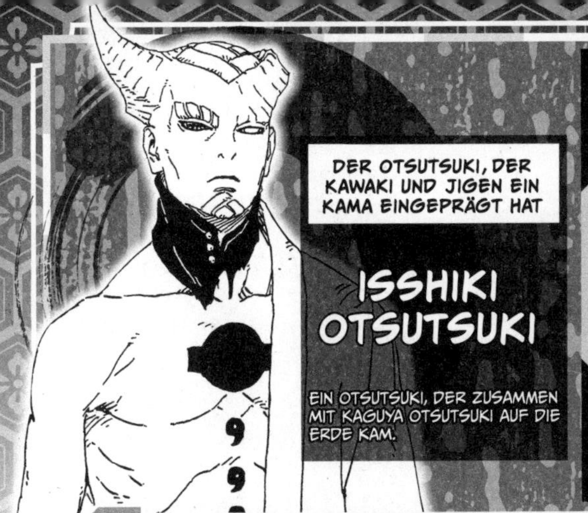

DER OTSUTSUKI, DER KAWAKI UND JIGEN EIN KAMA EINGEPRÄGT HAT

ISSHIKI OTSUTSUKI

EIN OTSUTSUKI, DER ZUSAMMEN MIT KAGUYA OTSUTSUKI AUF DIE ERDE KAM.

AMADO, DER LEITER DER ABTEILUNG FÜR TECHNISCHE FORSCHUNG UND ENTWICKLUNG VON KARA, ERKLÄRT DAS OTSUTSUKI-WIEDERAUFLEBEN UND DAS KAMA...!!

DAS KAMA UND SEINE GESETZMÄSSIGKEITEN

3 DIE BEDINGUNGEN FÜR EIN WIEDERAUFLEBEN DURCH EIN KAMA

EIN WIEDERAUFLEBEN FINDET NUR NACH BESTIMMTEN REGELN STATT. SELBST EIN OTSUTSUKI KANN SICH DIESEN REGELN NICHT WIDERSETZEN.

WENN EIN OTSUTSUKI STIRBT, LEBT ER AUTOMATISCH IN EINEM GEFÄSS WIEDER AUF.

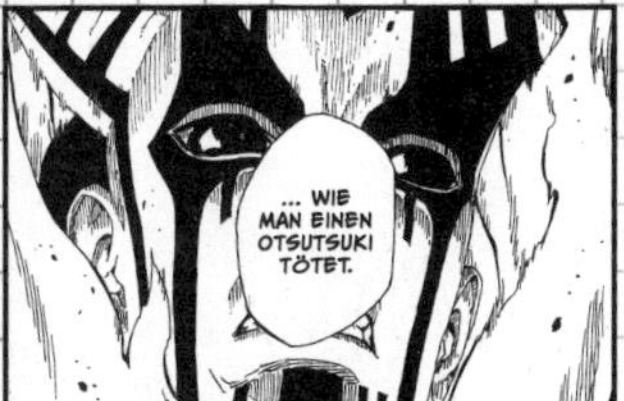

WENN EIN OTSUTSUKI STIRBT, LEBT ER ZWANGSLÄUFIG IM KÖRPER EINES GEFÄSSES WIEDER AUF, IN DEM DAS KAMA BEREITS ENTPACKT IST.

SOBALD DAS ENTPACKEN ERFOLGT IST, VERSCHWINDET DAS GEFÄSS. ES WIRD VON GENEN CHAKRA DES OTSUTSUKI GANZ ÜBERSCHRIEBEN.

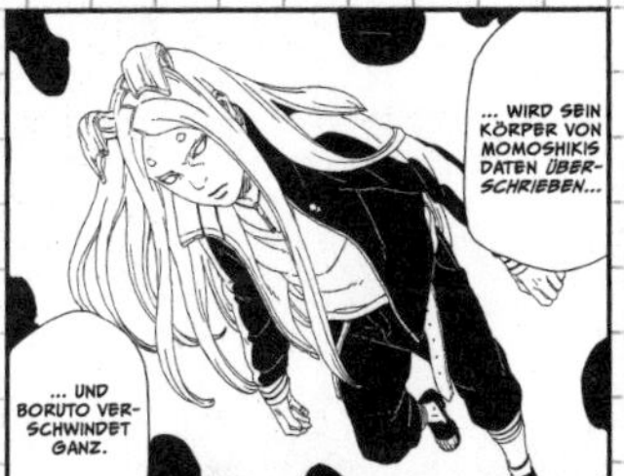

KEIN MENSCH KAN SICH DER UNGEHEUREN KRAFT EINES OTSUTSUKI W DERSETZEN. DIE GANZE EXISTENZ DE MENSCHEN – PSYCHE, PER SÖNLICHKEIT KÖRPER – WIRD BESETZT.

FALLS ES MEHRERE GEFÄSSE GIBT, IN DENEN DAS KAMA ENTPACKT IST, KANN DER OTSUTSUKI SICH AUSSUCHEN, IN WELCHEM GEFÄSS ER WIEDER AUFLEBEN WILL.

AUCH WENN ES MEHRERE GEFÄSSE MIT ENTPACKTEM KAMA GIBT, IST DAS WIEDERAUFLEBEN AN SICH ZWANGSMÄSSIG.

4 WIE EIN KAMA VERSCHWINDET

SOBALD EIN OTSUTSUKI WIEDER AUFGELEBT IST, LÖST SICH DAS KAMA DES GEFÄSSES AUF.

DIE AUFLÖSUNG DES KAMAS VERHINDERT, DASS MEHRERE EXEMPLARE DERSELBEN PERSON ENTSTEHEN KÖNNEN, DENN ES GILT: WENN EIN OTSUTSUKI WIEDER AUFLEBT, VERLIEREN AUCH ALLE **GEFÄSSE**, IN DENEN DER OTSUTSUKI NICHT AUFGELEBT IST, ZEITGLEICH IHR KAMA.

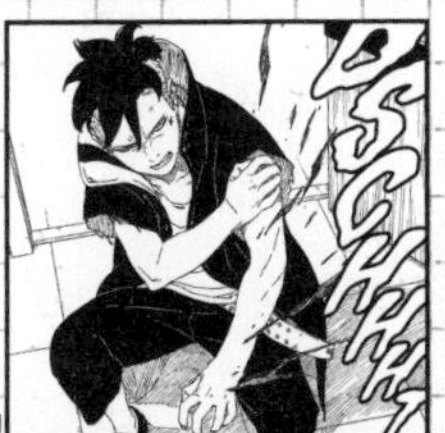

DA ISSHIKI OTSUTSUKI MIT JIGENS KÖRPER ALS GEFÄSS WIEDER AUF GELEBT IST, IST KAWAKIS KAMA VERSCHWUNDEN

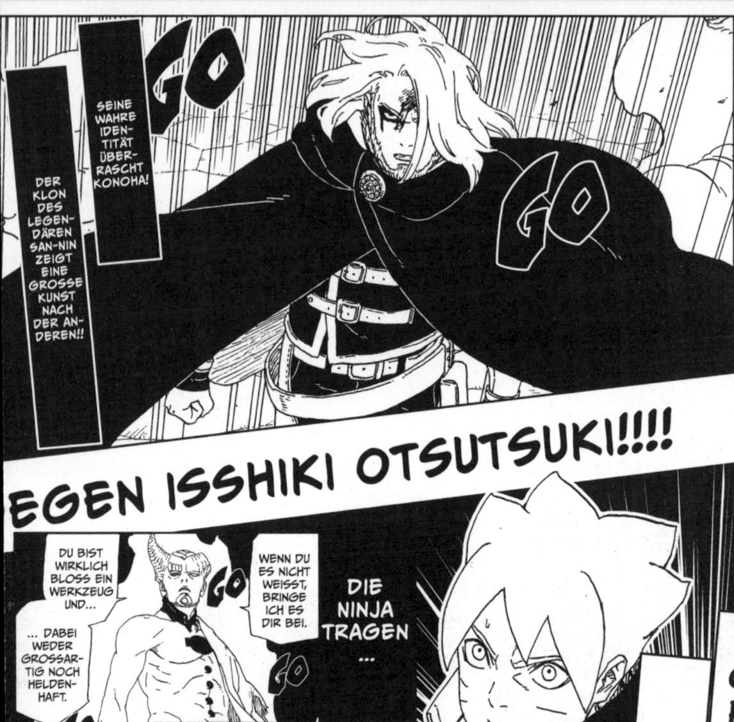

RIGINAL STORY AND SUPERVISING: MASASHI KISHIMOTO   MANGA: MIKIO IKEMOTO   SCENARIO: UKYO KODACHI

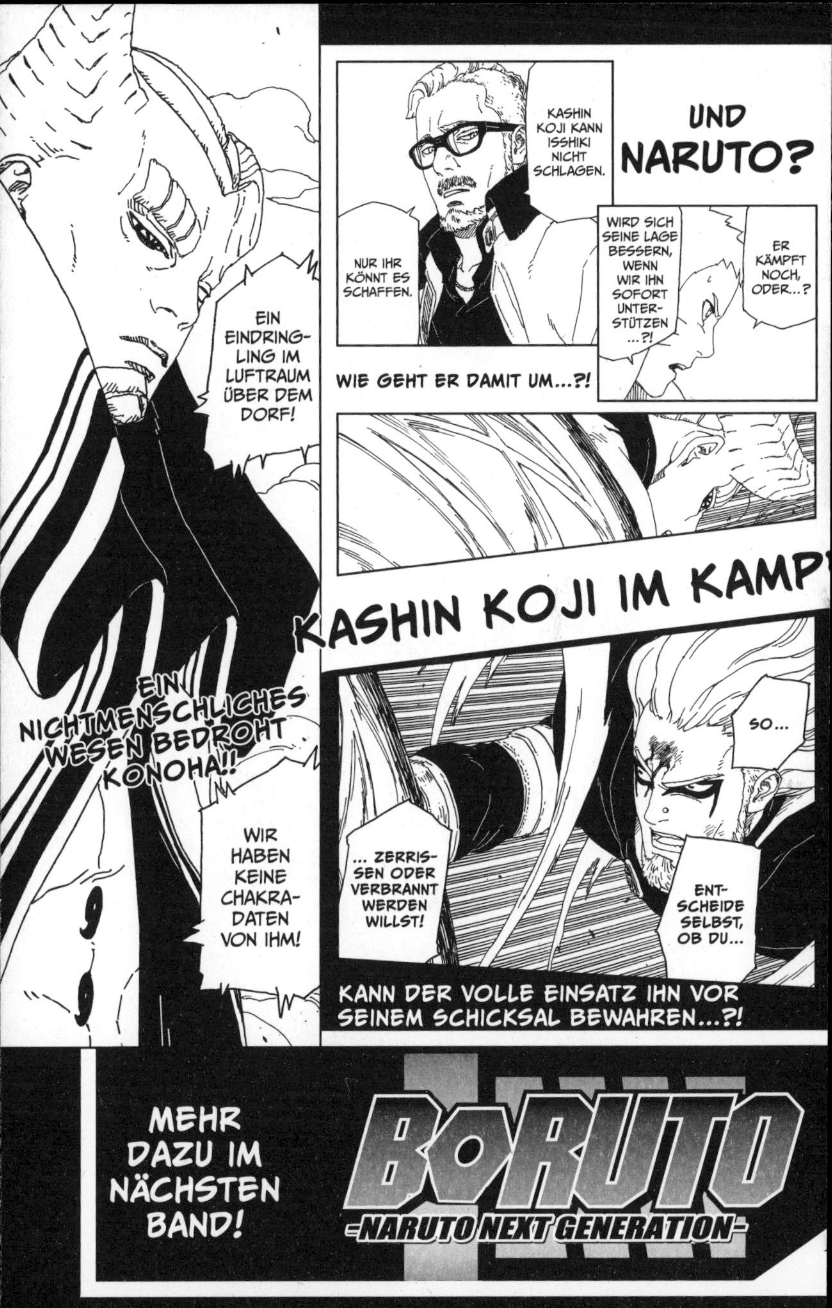
UND NARUTO?
KASHIN KOJI KANN ISSHIKI NICHT SCHLAGEN.
NUR IHR KÖNNT ES SCHAFFEN.
ER KÄMPFT NOCH, ODER...?
WIRD SICH SEINE LAGE BESSERN, WENN WIR IHN SOFORT UNTERSTÜTZEN ...?!
WIE GEHT ER DAMIT UM...?!
KASHIN KOJI IM KAMP
SO...
ENTSCHEIDE SELBST, OB DU...
... ZERRISSEN ODER VERBRANNT WERDEN WILLST!
KANN DER VOLLE EINSATZ IHN VOR SEINEM SCHICKSAL BEWAHREN...?!
EIN EINDRINGLING IM LUFTRAUM ÜBER DEM DORF!
EIN NICHTMENSCHLICHES WESEN BEDROHT KONOHA!!
WIR HABEN KEINE CHAKRADATEN VON IHM!
MEHR DAZU IM NÄCHSTEN BAND!
BORUTO
-NARUTO NEXT GENERATION-

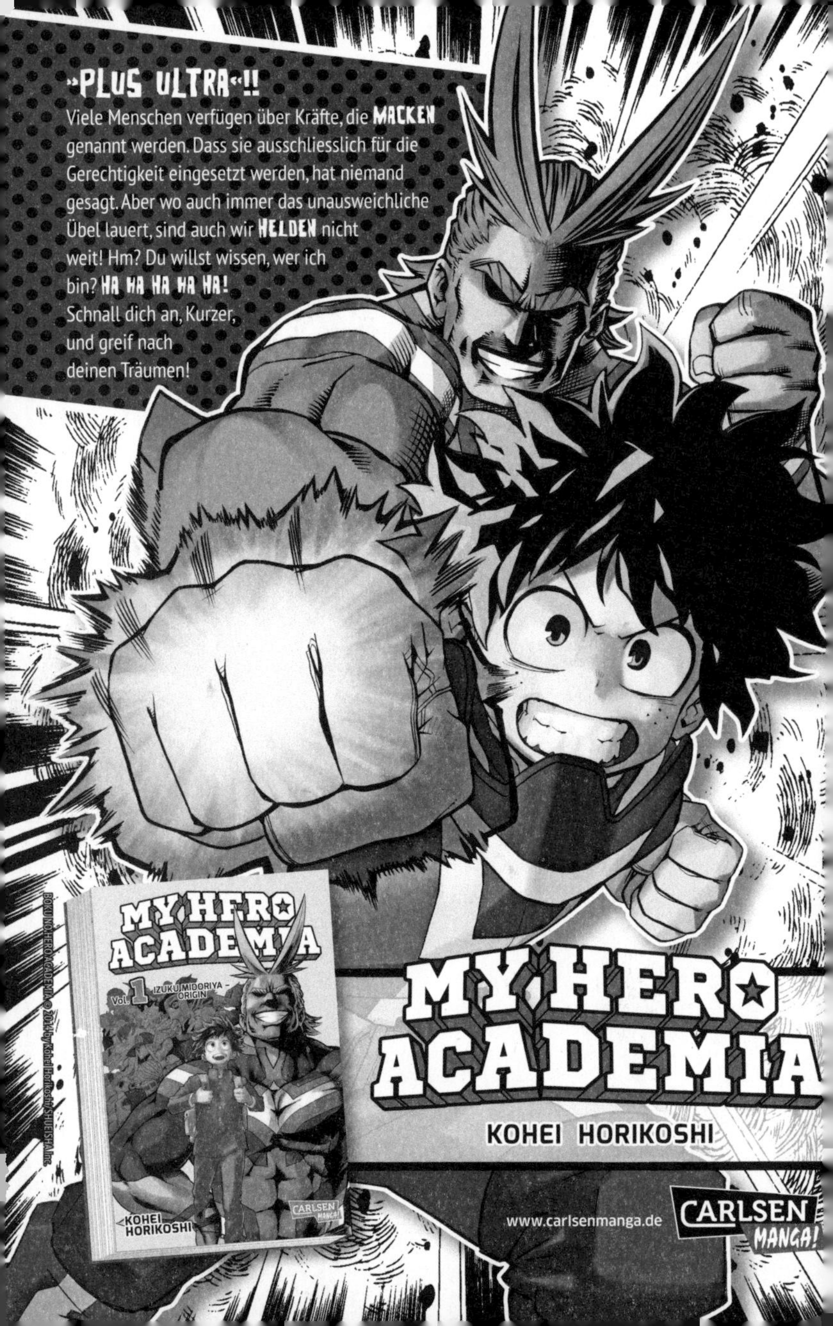
»PLUS ULTRA«!!
Viele Menschen verfügen über Kräfte, die MACKEN genannt werden. Dass sie ausschliesslich für die Gerechtigkeit eingesetzt werden, hat niemand gesagt. Aber wo auch immer das unausweichliche Übel lauert, sind auch wir HELDEN nicht weit! Hm? Du willst wissen, wer ich bin? HA HA HA HA HA! Schnall dich an, Kurzer, und greif nach deinen Träumen!
MY HERO ACADEMIA
Vol. 1 IZUKU MIDORIYA – ORIGIN
KOHEI HORIKOSHI
CARLSEN MANGA!
BOKU NO HERO ACADEMIA © 2014 by Kohei Horikoshi/SHUEISHA Inc.
MY HERO ACADEMIA
KOHEI HORIKOSHI
www.carlsenmanga.de
CARLSEN MANGA!

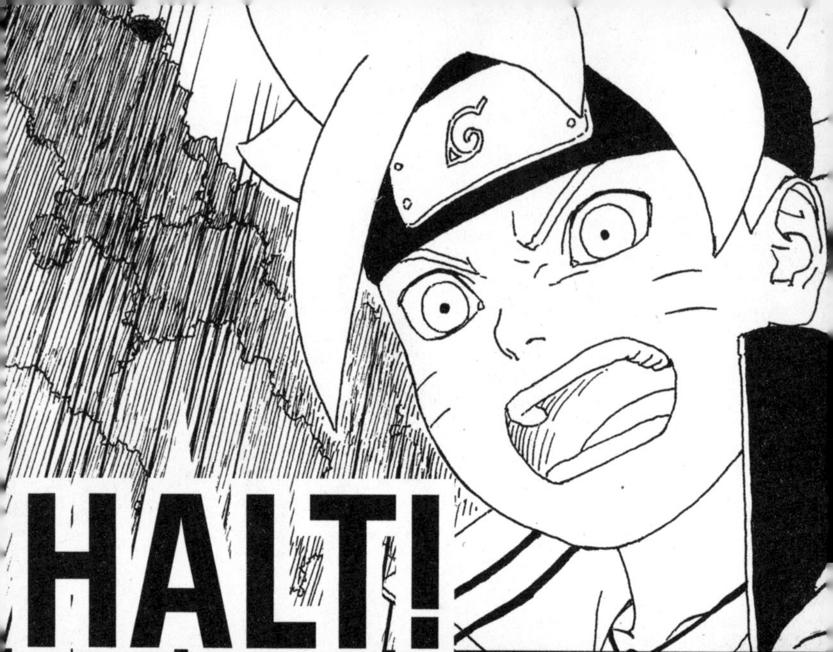

Das ist nicht die erste Seite des Buches. »Boruto« ist ein japanischer Comic. In Japan liest man von »hinten« nach »vorne« und von rechts oben nach links unten, also genau spiegelverkehrt zu dem, wie wir es gewohnt sind.

Auch die Bilder und Sprechblasen auf jeder Seite werden so gelesen, wie es in der Grafik gezeigt wird! Die Legende der neuen Generation beginnt!!

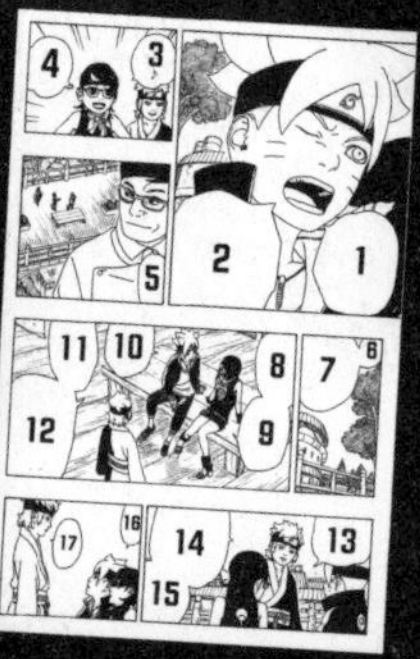

CARLSEN MANGA * Deutsche Ausgabe / German Edition * © 2021 Carlsen Verlag GmbH, Völckersstraße 14-20, 22765 Hamburg * Aus dem Japanischen von Miyuki Tsuji * BORUTO: NARUTO NEXT GENERATIONS © 2016 by Masashi Kishimoto, Mikio Ikemoto, Ukyo Kodachi All rights reserved. * First published in Japan in 2016 by SHUEISHA Inc., Tokyo. * German translation rights in Germany, Austria, Luxembourg and German-speaking Switzerland arranged by SHUEISHA Inc. through VME PLB SAS, France. * Redaktion: Anne Berling Textbearbeitung: Ina Schiele * Herstellung: Derya Yıldırım * Alle deutschen Rechte vorbehalten Bei Fragen zum Produkt: ca...de/kontakt * ISBN 978-3-551-77569-6